Tomáš Halík

Glaube und sein Bruder Zweifel

Tomáš Halík

Glaube und sein Bruder Zweifel

Aus dem Tschechischen von Markéta Barth
unter Mitarbeit von Benedikt Barth

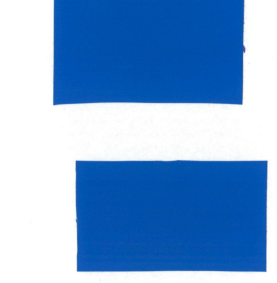

HERDER

FREIBURG · BASEL · WIEN

MIX
Papier aus verantwor-
tungsvollen Quellen
FSC® C083411

Wir danken dem Vier-Türme-Verlag für die freundliche Abdruck-
genehmigung der Textpassagen aus:
Tomáš Halík / Anselm Grün: Gott los werden? Wenn Glaube und
Unglaube sich umarmen, hg. v. Winfried Nonhoff © Vier-Türme
GmbH, Verlag, Münsterschwarzach 2016.

© Verlag Herder GmbH, Freiburg im Breisgau 2017
Alle Rechte vorbehalten
www.herder.de

Satz: Barbara Herrmann, Freiburg
Herstellung: CPI books GmbH, Leck

Printed in Germany

ISBN Print 978-3-451-37885-0
ISBN E-Book 978-3-451-81182-1

Inhalt

Vorwort

Im Jahre 1968, als ich zwanzig Jahre alt war, endeten unter den Ketten der sowjetischen Panzer die Hoffnungen des Prager Frühlings auf eine Liberalisierung des tschechoslowakischen Regimes. Drei Jahre später: In der bleiernen Zeit der sogenannten »Normalisierung«, einer 20 Jahre währenden Periode der Verfolgung der geistigen Kultur, der Kirchen und der Religion in der Tschechoslowakei, knüpfte ich Kontakte zur »Untergrundkirche« und entschied mich dazu, in ihr Priester zu werden. Als ich dreißig Jahre alt war, wurde ich in der Privatkapelle des Bischofs in Erfurt heimlich zum Priester geweiht. Mehr als zehn Jahre wirkte ich als Priester »in der Illegalität«. Dann eröffneten sich mir mit dem Fall des kommunistischen Regimes am Ende des Jahres 1989 neue Wirkungsräume – an der Universität, in der von mir gegründeten Universitätsgemeinde, in den Medien und im öffentlichen Leben. Ich unternahm Studien- und Vortragsreisen, die mich mit der Zeit auf alle Kontinente unseres Planeten führten. Neben dem Dialog mit den »Ungläubigen« begann ich, mich mit der Beziehung des Glaubens und der Theologie zur zeitgenössischen modernen und postmodernen Kultur und Philosophie zu beschäftigen und mich gleichzeitig dem interreligiösen Dialog zu widmen.

Im Alter von fünfzig Jahren fing ich an, Bücher zu schreiben. Für meine Bücher wählte ich das Genre des theologisch-philosophischen Essays, denn ich wollte mit meinen Überlegungen eine breite Lesergemeinde erreichen – also auch jene nachdenkliche Leser, die nur schwerlich nach einem theologischen oder philosophischen Fachbuch greifen würden. Vor dem fünfzigsten Lebensjahr ein respektables Buch zu schreiben schien mir anmaßend; der Mensch muss meiner Meinung nach zunächst genug durchgemacht, durchgearbeitet, durchdacht, durchreist, durchlitten haben, bevor er anderen etwas zum Bedenken vorlegen darf, hinter dem er stehen kann, ohne rot vor Scham zu werden. Als ich sechzig Jahre alt war, wurden die ersten meiner Bücher in andere Sprachen übersetzt. Fünf meiner Bücher erschienen bisher auf Deutsch im Verlag Herder. In insgesamt 18 Sprachen, einschließlich des Chinesischen, Koreanischen und Türkischen, erschienen bis heute Übersetzungen. Dazu wurden mir eine Reihe internationaler Würdigungen zuteil.

Als ich fünfundsechzig Jahre alt wurde, ging ich noch einmal zwölf meiner Bücher und einige in Zeitschriften publizierten Studien durch – also einen großen Teil der Früchte der fünfzehn Jahre meiner literarischen Tätigkeit, der Früchte von fünfzehn Sommerferien in einer Einsiedelei im Rheinland – und traf eine Auswahl von Zitaten aus diesen Büchern, die ich dreizehn thematischen Kreisen zuordnete. Auf diese Weise entstand dieses Buch. Ich muss an dieser Stelle anmerken, dass es sich dabei nicht immer um genaue wörtliche Zitate handelt. Hier und da habe ich die ursprüngliche Fassung für dieses Buch gekürzt oder leicht bearbeitet, damit die Passagen auch außerhalb ihres ursprünglichen Kontextes verständlich bleiben.

Dieses Buch kann auf zweifache Weise nützlich sein: Es kann denjenigen als »Konkordanz« dienen, die sich in der Welt meiner Gedanken besser orientieren wollen. Es kann jedoch auch zur »geistlichen Lektüre« dienen, wie eine gut gefüllte Vorratskammer an Gedanken, die der Leser zum Anlass einer persönlichen Betrachtung nehmen kann – z. B. als »Gedanken zum Tag«.

Der Titel des Buches knüpft an einen der Schlüssel-
gedanken an, den ich in meinem Buch »*Geduld mit Gott*«
so formuliert habe: »Die Berufung des Glaubens besteht
nicht darin, unseren Durst nach Sicherheit und Geborgenheit zu stillen, sondern uns zu lehren, mit dem Geheimnis
zu leben ...« Mir ist es wichtig, immer wieder zu betonen,
dass es Fragen gibt, die so gut und so wichtig sind, dass es
besser ist, sie nicht mit voreiligen Antworten zu zerstören.

Den Glauben begreife ich nicht als eine Zusammenstellung von Überzeugungen (als eine »Weltsicht« oder Ideologie), sondern als einen existenziellen Akt, der alle Dimensionen des menschlichen Lebens durchdringt. Meiner
Auffassung nach bedeutet der Glaube eine *dialogische Beziehung zur Wirklichkeit*. Er schließt das kontemplative
Zuhören ein und die geduldige Suche nach einem tieferen
Sinn. Zu ihm gehört jedoch auch die Bereitschaft zu
antworten – aber jene Antworten sollten eher in Taten ihren Ausdruck finden als in Behauptungen, also in einer *verantwortlichen Lebensweise*.

Der Glaube öffnet im Unterschied zur wissenschaftlichen oder technischen Lösung von *Problemen* ein *Geheimnis*, und mit ihm kann er nie »fertig werden«. Das Geheimnis »hat keinen Grund«. Deshalb verstehe ich den Glauben
als einen Weg, der Geduld und Mut erfordert. Der Glaube
braucht auf seinem Weg auch seinen »Bruder«, den Zweifel, und das beständige kritische Fragen. Er braucht ihn
deshalb, weil er sonst in eine seiner Karikaturen und Gegensätze, in den Fanatismus, den Fundamentalismus oder
in abergläubischen Götzendienst, umschlagen würde.

Ich bekenne mich zu einem Glauben, der die Prüfung
des Feuers, die Kritik der atheistischen Philosophen und
zahlreiche Krisen durchging, »dunkle Nächte« – sei es in
den persönlichen Lebensprüfungen der Gläubigen oder in

den »dunklen Nächten der Geschichte«, besonders in der Konfrontation mit den Tragödien des 20. Jahrhunderts. Es handelt sich nicht um einen naiven oder gedankenlosen »blinden Glauben«, sondern um einen »Glauben des zweiten Atems«, um einen »verwundeten Glauben«, der wie der auferstandene Christus die Wunden des Kreuzes trägt, der von den Schwierigkeiten und Paradoxien des Lebens weiß. Jedoch gerade mit diesen Wunden heilt der Glaube. Wer die »Wunden Christi in unserer Welt« ignoriert – das ganze materielle, moralische, aber auch geistige Elend –, ist meiner Ansicht nach kein wirklicher Christ, kein Jünger Jesu.

Meine Theologie steht einer ganzen Reihe von Gedanken der zeitgenössischen postmodernen philosophischen Theologie und der Religionsphilosophie nahe, besonders dem »Anatheismus« Richard Kearneys. Anatheismus bedeutet »von Neuem zu glauben«, über den Glauben neu nachzudenken, nachdem wir die moderne Religionskritik und das Stranden mancher früheren Denkweisen über Gott und den Glauben, »den Tod Gottes« ernst genommen haben. Diese originelle Richtung der gegenwärtigen postmodernen philosophischen Theologie halte ich für einen kontemplativen Partner im Dialog zwischen den Gläubigen und den Ungläubigen (oder besser: den »Andersgläubigen«) in unserer *postsäkularen* Welt.

Ich wünsche den Leserinnen und Lesern dieses Buches, dass ihnen das Buch einen intellektuellen wie auch geistigen Nutzen bringen möge, ganz gleich, welchen Zugang zu den vorgelegten Texten sie auch wählen mögen.

Tomáš Halík

1 Was heißt glauben?

Die Funktion des Glaubens besteht nicht darin, unseren Durst nach Sicherheit und Geborgenheit zu stillen, sondern darin, uns zu lehren, mit dem Geheimnis zu leben.

GEDULD MIT GOTT

Glaube und Unglaube (beziehungsweise die verschiedenen Formen des Glaubens) sind für mich nicht Aufstellungen von Überzeugungen hinsichtlich metaphysischer Fragen, sondern elementare Grundeinstellungen zum Leben: Wie erleben wir elementare Lebenssituationen und wie verstehen wir sie?

THEATER FÜR ENGEL

Es existiert ein impliziter »Glaube der Ungläubigen«, aber auch ein impliziter Unglaube der Gläubigen – ein Glaube, der bei einer verbalen Äußerung oder bei einer rationalen Überzeugung bleibt, aber keine Wurzeln in der Tiefe, im »Herzen« hat, und auch keine Früchte im praktischen Handeln trägt. Eines solchen Glaubens, sagt der Apostel Jakobus, sind auch Dämonen fähig: »Auch Dämonen glauben und zittern« (Jak 2,19b). Ein Glaube, der nicht von Angst befreit, sondern im Gegenteil Angst erzeugt, ist dämonisch, pervertiert.

GOTT LOS WERDEN?

Es existiert ein Typ von Religion, der danach strebt, den Glauben, religiöse Sicherheiten und sogar Gott selbst zu *besitzen*, »den Glauben zu haben«. Ein anderer Typ von Religion sucht nicht danach, den Glauben zu besitzen, zu

»haben«, sondern »im Glauben zu sein«. Fügen wir hinzu, dass dieses existenzialistische und dynamische Verständnis des Glaubens ein ununterbrochenes Suchen bedeutet, *den Weg in die Tiefe*; im Glauben zu sein bedeutet hier eher, im Glauben zu schreiten, als im Glauben zu stehen.

Es gibt sicher Augenblicke, in denen ein Mensch sagen muss: »Hier stehe ich und kann nicht anders«, aber es gibt auch Momente, in denen wir uns daran erinnern sollten, dass derjenige, der von sich sagte: »Ich bin die Wahrheit«, auch hinzufügte: »Ich bin der Weg und das Leben«. Die Wahrheit des Glaubens ist nicht statisch, unbeweglich wie ein toter Stein, sondern sie ist ein Weg, sie ist dynamisch wie das Leben selbst.

GOTT LOS WERDEN?

Einen Glauben ohne Inhalt und ohne Gegenstand, ein gegenstandsloses und inhaltsloses Gläubigsein, würden wir nur schwer als christlichen Glauben bezeichnen. Sicher, die Christlichkeit des Glaubens besteht in ihrer Ausrichtung auf Jesus Christus. Ist jedoch die einzige denkbare »Ausrichtung auf Christus« das, dass die Person von Jesus Christus, seine Geschichte und das, was die Kirche über ihn sagt, explizit der *Gegenstand* des Glaubens ist? Oder können wir auch einem Glauben einen christlichen Charakter zuschreiben, der sich zwar nicht *explizit* auf die Person Jesus bezieht (der nicht »Herr, Herr« zu ihm sagt), jedoch eine Lebenshaltung ist, die vom Geist Jesu durchtränkt ist – insbesondere einem solchen Glauben, der eine solidarische Liebe zu den Menschen als Frucht trägt?

GOTT LOS WERDEN?

Wenn ich sage: »Ich glaube an Gott«, dann bedeutet dies viel mehr als eine Deklaration meiner persönlichen »Ansichten über Gott«. Wenn man diese ersten Worte des Glaubensbekenntnisses, sowohl im Griechischen als auch im Lateinischen, also in der Mutter- und der Vatersprache der Kirche, genau übersetzt, könnten sie auch so klingen: »Ich glaube *auf* Gott *hin*.« Es handelt sich dabei um eine Richtungsbezeichnung, um die Kennzeichnung eines Weges, einer Bewegung: Ich glaube, und *durch meinen Glauben trete ich in das Geheimnis ein*, das Gott genannt wird.

NACHTGEDANKEN EINES BEICHTVATERS

Der Glaube offenbart die Wahrheit des Lebens: Das Leben ist ein unerschöpfliches *Geheimnis*, das Hoheitsgebiet Gottes, das wir nicht »privatisieren« können. Der Glaube lehrt uns, *mit diesem Geheimnis zu leben*, und die Last der Fragen zu ertragen, deren vollständige Beantwortung unsere Kompetenz übersteigt.

THEATER FÜR ENGEL

Die Wahrheit und die Reife des Glaubens erkennt man auch daran, *inwieweit der Glaube einen Raum für das Gewissen schafft*, es erleuchtet, ermutigt und stärkt. Ein reifer Glaube trägt zur Reife des Gewissens bei. Ein unreifer Glaube misstraut dem Gewissen und versucht, es durch einen reinen mechanischen Gehorsam gegenüber von außen herangetragenen Geboten und Verboten zu ersetzen.

GEDULD MIT GOTT

Der Glaube, wie ich ihn verstehe, ist die Fähigkeit, *die Wirklichkeit als Anrede wahrzunehmen*: Er ist die Bemühung, zuzuhören, verstehen zu lernen und eine Antwort zu geben. Ich bin davon überzeugt, dass das die kostbarste (und zugleich die interessanteste, die abenteuerlichste) Möglichkeit überhaupt ist, die das Menschsein bietet: *sein*

Leben als einen Dialog zu leben; in beständigem Zuhören und Antworten aufmerksam und verantwortlich zu leben.

THEATER FÜR ENGEL

Ein lebendiger Glaube, der Glaube an einen lebendigen Gott weist – im Unterschied zur Götzenverehrung – immer die Form des Fragens nach Gott, der Suche nach Gott auf; gleichzeitig besteht er in der Suche nach sich selbst, in der Frage, sich selbst zu begreifen. Die Unruhe dieses Fragens ist der Pulsschlag unserer Existenz auf der Erde; sie kann hier auf der Erde nicht gestillt werden; erst Gott durch seine Ewigkeit wird sie stillen; sie stillstellen zu wollen – auch mit »religiösen Sicherheiten« – würde bedeuten, vom Weg des Glaubens abzukommen. Kann ein Glaube ohne Suchen und ohne Fragen lebendig bleiben, kann er Glaube bleiben?

WAS OHNE BEBEN IST, HAT KEINE FESTIGKEIT

Der Glaube ist für mich eine Kraft, eine Energie, die das Leben vom Monolog in den Dialog umwandelt, was aus meiner Sicht das absolut Wichtigste ist. Es steht außer Frage, dass der Mensch die Tendenz hat, sein Leben als einen Monolog zu begreifen – als Selbsterklärung, als Selbstverwirklichung. Es ist für den Menschen ganz selbstverständlich, das Leben und die Welt vom eigenen Blickwinkel aus zu betrachten, aus der eigenen persönlichen Perspektive die persönlichen Erfolge und Misserfolge, die persönlichen Präferenzen, den eigenen Geschmack und die persönlichen Erfahrungen wahrzunehmen und zu bewerten. Psychologen bezeichnen diese natürliche anfängliche Selbst-Zentriertheit als »primären Narzissmus«, und unsere Kultur trägt stark dazu bei, dass sich der Mensch aus dieser Eingenommenheit von sich selbst nicht freimacht.

Was heißt glauben?

Doch der Glaube kann helfen, diese monologische Sichtweise des Lebens in eine dialogische Lebensweise zu verwandeln. Er lehrt zuzuhören, er ermutigt den Menschen, dass er die Grenzen seiner eigenen Interessen überschreitet und sich selbst und seine Lebenssituationen von einer bestimmten Obenansicht aus betrachtet, und zwar nicht nur »mit den Augen der anderen«, sondern so, dass er auch den Blick Gottes erspürt, dass er die Einladung annimmt und wenigstens für einen Moment dorthin hochsteigt, wo er frei von sich selbst ist und sich wirklich »von oben« sieht.

VERSÖHNTE VERSCHIEDENHEIT

Keinen Glauben zu haben oder den Glauben zu verlieren bedeutet, nicht die Fähigkeit oder die Bereitschaft zu haben oder zu verlieren, das *Leben als Dialog* wahrzunehmen.

THEATER FÜR ENGEL

Der Glaube ist gerade dadurch ein bemerkenswertes Phänomen, dass er die Begegnung des Göttlichen und des Menschlichen ist, dass er zugleich Geschenk der Gnade und freier Akt eines Menschen, also eine »Tugend« ist; dass sich in ihm die Dialektik von Gnade und Freiheit abspielt. Den Glauben kann man *von oben* betrachten: als Geschenk Gottes oder als Offenbarung, den Gegenstand des Glaubens, der sich in Schrift und in Tradition artikuliert. Möglich und legitim ist aber auch der Blick *von unten*: Wie der Mensch die Gnade des Glaubens annimmt, was in ihm wirkt, welche Voraussetzungen und Bedingungen es bezüglich der Offenheit für das Geschenk des Glaubens gibt, auf welchen Boden sein Samen fällt, also welche anthropologischen Grundlagen des Glaubens existieren.

VERSÖHNTE VERSCHIEDENHEIT

In Jesus begegnen sich das Menschliche und das Göttliche – und mit dem Glauben im christlichen Sinne des Wortes verhält es sich genauso. In der Theologie unterscheidet man die »Christologie von oben«, die Lehre von Christus, die seine Gottessohnschaft und die göttliche Natur betont, von der »Christologie von unten«, die von der historischen Gestalt des Jesus von Nazaret ausgeht. Ähnlich können wir mit Blick auf den Glauben eine Perspektive »von oben« unterscheiden, welche den Glauben vor allem als Geschenk der Gnade beschreibt, als »eingegossene Tugend«, und die Perspektive »von unten«, die sich auf die menschliche Seite des Glaubens fokussiert, auf seine »anthropologischen Voraussetzungen«: Sie untersucht die Weise der und das Maß an Offenheit des menschlichen Geistes und Herzens für das Geschenk des Glaubens und auch das, was der Glaube in einem Menschen bewirkt, wie er seine Gesinnung, seinen Charakter und sein Verhalten beeinflusst.

GOTT LOS WERDEN?

Die Muttersprache des Glaubens ist nicht die Sprache der Definitionen und Syllogismen. Ursprünglich findet der Glaube seinen Ausdruck in Geschichten und Erzählungen. Zu glauben beginnen bedeutet nicht, mit der Vernunft einen Katalog von Wahrheiten abzunicken, sondern dieser Geschichte den Raum des eigenen Lebens zu öffnen, damit sie sich in ihm fortsetzt. Es bedeutet, »*in die Geschichte einzusteigen*« und gleichzeitig diese Geschichte als den Schlüssel zum Verständnis des eigenen Lebens, der eigenen Geschichte anzunehmen; zu begreifen, dass die große Geschichte der Bibel, besonders die Erzählungen über das Leben, die Lehre, den Tod und die Auferstehung Jesu von Nazaret, und die Geschichte meines Lebens sich *gegenseitig interpretieren*. Diese Geschichte ist vielschichtig, sie wechselt von der Logik der Vernunft zur Logik des Herzens, von der Logik des Tages zur Logik der Nacht, sie ist voll von Paradoxa und Überraschungen – wie das Leben selbst.

ANGEBETET UND NICHT ANGEBETET

Der Glaube, die Liebe und die Hoffnung sind, von oben gesehen, aus der theologischen Perspektive, ein Geschenk Gottes, eine Tat Gottes, ein Eingießen der Gnade in unsere Seele. Es sind »theologische Tugenden«. Ich muss jedoch anmerken, dass ich jene, die *ausschließlich* auf dem Blick aus dieser »Perspektive von oben« beharren, manchmal verdächtige, dass sie sich zu sehr bemühen, »Gott über die Schultern zu schauen«. Auf den Glauben, die Liebe und die Hoffnung können wir auch *von unten* schauen, aus unserer alltäglichen menschlichen Perspektive: Es geht hier gleichzeitig um Akte der menschlichen Entscheidung, der menschlichen Freiheit am Kreuzungspunkt von Möglichkeiten: *Will ich – oder will ich nicht* glauben, lieben und hoffen? Wenn ich glauben will – Pascal wusste dies gut –, *dann* öffne ich mich vielen Argumenten der Vernunft für den Glauben. Wenn ich nicht glauben will, werde ich das ganze Leben bereitwillig über immer neue Gründe für meinen Unglauben stolpern.

BERÜHRE DIE WUNDEN

Die Erfahrung lehrt mich, zwischen einem *expliziten* und einem *impliziten* Glauben zu unterscheiden. Die erste, explizite Form des Glaubens, ist der reflektierte, bewusste, mit Worten ausgedrückte Glaube. Jedoch lassen sich zuweilen auch bei Menschen, die sich nicht zum Glauben bekennen und sich für Nichtchristen halten, in ihrem Handeln »implizit« vorhandene Werte finden, die für eine Glaubenshaltung von wesentlicher Bedeutung sind.

NACHTGEDANKEN EINES BEICHTVATERS

Dem Glauben, wie ich ihn verstehe, erscheint das Leben als ein Geschenk und als eine Herausforderung. Wir können wach gegenüber dieser Herausforderung sein oder schläfrig, offen oder verschlossen. Ein Mensch, der die Anrede annimmt, bindet sich dadurch an sie.

THEATER FÜR ENGEL

Der Glaube im Sinne der christlichen Theologie besteht nicht aus dem menschlichen Urteil über Gott, über seine Existenz oder sein Wesen, sondern besteht in der Antwort auf die Selbstmitteilung (die Offenbarung) Gottes. Trotzdem darf nicht vergessen werden, dass der *Glaubensakt*, auch wenn er immer ein »Geschenk der Gnade« ist, gleichzeitig ein *menschlicher* Akt bleibt – das heißt, dass er den verschiedensten Aspekten der menschlichen Beschränktheit ausgesetzt ist, wie beispielsweise der Beeinflussung durch die kulturelle Umgebung.

DURCHDRINGEN DER WELTEN

Der Glaube ist ein mutiger, riskanter Schritt unserer Freiheit, der über den kleinen Flecken dessen hinausgeht, was durch Beweise belegt und gesichert ist. Die Bibel versteht dieses Hinaustreten als Bedingung und Voraussetzung für die Begegnung des Menschen mit Gott. Wir können darüber diskutieren, inwieweit der *Glaube in diesem Sinne* auch in anderen religiösen Traditionen anwesend ist. Seine Anwesenheit ist jedoch dort nicht zu übersehen, wo die biblische Botschaft die Kultur der Beziehung des Menschen zur Welt formte: Uns begegnet sie im euro-atlantischen geistigen Raum fast auf jedem Schritt, auch jenseits der Grenzen der »Religion«.

WAS OHNE BEBEN IST, HAT KEINE FESTIGKEIT

Der Mensch befindet sich immer *zunächst* »in der Situation Gottes«. – Erst eine Konversion, eine wirkliche *Umkehr*, eine Verwandlung (*metanoia*), die Geburtsstunde und die Grundlage eines wirklich lebendigen Glaubens, bedeutet das »Suspendieren« unseres *Ichs* von dieser Position. Und es gibt sicher Menschen, die diese Konversion nie durchgemacht, die ihr Ich und ihre selbstzentrierte Welt nie dem absoluten Du geöffnet haben, die oft unreflektiert und unbewusst dauerhaft in dieser »göttlichen Position« verharren. Dies können Menschen sein, die sich für Atheisten halten, aber auch Menschen, die in irgendeiner Weise religiös leben, deren Glaube aber nicht von einer Umstrukturierung der eigenen Welt berührt wurde und die keine »Konversion«, eine existentielle Umkehr aus der Welt des Ich–Es zur Welt des Ich–Du, durchgemacht haben. Und ich möchte hinzufügen: Sie tun dies zum großen Schaden für sich selbst und ihre Nächsten.

NACHTGEDANKEN EINES BEICHTVATERS

Der christliche Glaube ist »inkarniert« – er ist die Teilnahme des einzelnen Gläubigen am Glauben der Kirche, am Schatz der Tradition, aber er ist gleichzeitig auch in dessen unwiederholbare Lebensgeschichte inkarniert, in seine Arten und Weisen des Denkens und der Wahrnehmung.

GOTT LOS WERDEN?

Das, was die Theologie mit dem Wort *Sünde* bezeichnet, ist nicht nur ein »Fehler« oder das »Verletzen von Regeln des Moralkodex«. Es ist vor allem eine Tat, mit der sich in unserem Leben für einen Moment wieder jene Bewegung durchgesetzt hat, die unser Ich in seine überwundene »göttliche« Position hievt. Es ist eine Tat, die sich gegen den lebendigen Gott richtet, gegen das »absolute Du«, das wir mit unserer Umkehr in die Mitte und in den Brennpunkt unseres Lebens eingeladen haben. Doch nun machen wir ihm diese Stellung von Neuem streitig.

NACHTGEDANKEN EINES BEICHTVATERS

Glaube bedeutet die Überwindung der Fixierung auf sich selbst, bedeutet eine Offenheit, zu der notwendigerweise eine Offenheit für andere gehört. Anders als für die »humanistische Psychologie«, eine der letzten Ideologien der Spätmoderne, liegt für den Glauben das Endziel des Lebens aber nicht in der »Selbstverwirklichung«. Eher ließe sich sagen, dass er die Selbstverwirklichung in der Selbstüberschreitung verwirklicht sieht. Vom Standpunkt des Glaubens aus ist die Selbstverwirklichung eine Nebenerscheinung, ein Begleitphänomen dieser Selbstüberschreitung; sie ist ein Wert, den diejenigen als Bonus bekommen, die primär nach etwas anderem suchen. Erinnern wir uns an die paradoxen Äußerungen Christi: »Denn wer sein Leben retten will, wird es verlieren. Wer aber sein Leben um meinetwillen verliert, wird es gewinnen.« (Mt 16,25) »Euch aber muss es zuerst um sein Reich und um seine Gerechtigkeit gehen; dann wird euch alles andere dazugegeben.« (Mt 6,33) »Wenn das Weizenkorn nicht in die Erde fällt und stirbt, bleibt es allein; wenn es aber stirbt, bringt es reiche Frucht.« (Joh 12,24)

WAS OHNE BEBEN IST, HAT KEINE FESTIGKEIT

Der Glaube ist die Möglichkeit, das zu re-interpretieren, was einem oberflächlichen »weltlichen« Blick so eindeutig erschien. Allein im Licht des Glaubens und der Hoffnung können wir in der Welt gleichzeitig auch das gute Werk Gottes sehen, und neben allem Jammern und der Kakophonie der menschlichen Bösartigkeit und Gewalt auch das göttliche »und es war gut so« vernehmen. Es wurde im Anfang gesagt und soll auch am Ende erklingen.

NACHTGEDANKEN EINES BEICHTVATERS

Ist denn nicht eine der möglichen Auslegungen des Wortes *religio* (Religion) vom Verb *re-legere* abgeleitet, vom Wieder-Lesen – von einem Lesen, das die Möglichkeit eines neuen Begreifens bietet? Besteht nicht der Glaube seinem Wesen nach in der Re-Interpretation, in einem *nicht banalen »Lesen« von Lebenssituationen*?

NACHTGEDANKEN EINES BEICHTVATERS

Die Welt, in der wir leben, ist zutiefst ambivalent und bietet tatsächlich zwei Interpretationsmöglichkeiten: eine atheistische und eine gläubige. Und Gott nimmt uns die Freiheit und die Verantwortung nicht ab, die mit dieser Wahlmöglichkeit verbunden sind.

NACHTGEDANKEN EINES BEICHTVATERS

Die Wirklichkeit steht vor uns als ein unerschöpfliches Geheimnis voll von Paradoxien und offen für viele alternative Interpretationen: Welche Interpretation wir wählen, ist unsere Wahl, ist unser Risiko, liegt in unserer eigenen Verantwortung. Wenn wir uns aber entscheiden, jene Weltinterpretation zu wählen, die ich mit dem Wort *Glauben* bezeichne, erwartet uns ein überaus großes Paradoxon: Wir begreifen dann, dass unser Glaube nicht *nur* »unsere Angelegenheit«, somit *nur* unsere Wahl, ist, sondern dass er bereits die *Antwort auf eine Einladung ist, die ihr vorausging:* »Nicht ihr habt mich erwählt, sondern ich habe euch erwählt«, sagt Jesus (Joh 15,16).

NACHTGEDANKEN EINES BEICHTVATERS

Glauben bedeutet nicht, dem biblischen Text einen Status zuzusprechen, dass er unerschütterliche »Fakten« genauestens wiedergibt, sondern sich gerade *in die Geschichte* hinein zu begeben. So entsteht ein hermeneutischer Zirkel zwischen unserer eigenen Geschichte und der biblischen Geschichte; beide erhellen und erklären sich gegenseitig. Die Bibel ist nicht die eine »Fotoaufnahme der Welt«, die den Menschen darüber informiert, wie die Welt ist, sondern sie ist ein Spiegel, der dem Menschen selbst vorgehalten wird und ihm hilft, sich selbst zu *verstehen* und dadurch sich und die Welt zu *verändern*.

THEATER FÜR ENGEL

In der Unsicherheit, in der uns die Vernunft (oder genauer gesagt die moderne Rationalität) belässt, sollten wir uns eine einfache, aber grundlegende Frage stellen: *Will ich, dass Gott ist oder dass er nicht ist?* Diese Frage wartet auf eine Antwort aus der größten Tiefe unseres Herzens, aus dem Grund unseres Wesens. Vielleicht ist die Antwort auf diese Frage viel schwerwiegender als unsere Antworten auf die häufig gestellte Frage, ob wir denken, dass Gott ist oder nicht.

ICH WILL, DASS DU BIST

Darüber, ob ich *wirklich*, also existenziell ein gläubiger oder ungläubiger Mensch bin, ob ich für Gott und seine Liebe offen oder stattdessen in eine verkehrte Selbstliebe eingeschlossen bin, entscheidet nicht das, was ich über die Existenz Gottes *denke*, sondern, ob ich in meinem Innersten *will oder nicht will*, dass Gott ist.

ICH WILL, DASS DU BIST

Ich will, dass du bist. Dieses *ich will* ist »kein bloßer Wunsch«, sondern eine *existenzielle Zustimmung*. Deswe-

Was heißt glauben?

gen kann die Frage, ob ein Mensch in seinem Wesen und aus der Tiefe seines Herzens heraus will, dass Gott ist, sowohl an die gestellt werden, die *meinen*, dass Gott nicht ist, als auch an jene, die *meinen*, dass er ist; und natürlich auch an diejenigen, die wissen, dass sie das nicht wissen.

ICH WILL, DASS DU BIST

Die Frage nach Gott ist nicht rein theoretisch zu beantworten, sondern existenziell. Wenn wir sie uns stellen, dann tun wir dies nicht auf »neutralem Boden«, und unsere Antwort bauen wir nicht auf die grüne Wiese wie ein Einfamilienhaus: In der Regel haben wir auf sie schon irgendwann früher einmal in den unbewussten Tiefen unserer Existenz geantwortet, bevor wir sie theoretisch und explizit stellen. Menschen, die auf den Wegen des Eigensinns gehen und in einer Lebenslüge leben, haben sich schon von vornherein entschieden: Sie müssen an die Nicht-Existenz Gottes glauben.

ICH WILL, DASS DU BIST

Der Glaube besteht darin, offen zu sein gegenüber dem Allesübergreifen und der Unerschöpflichkeit der Wirklichkeit. Beinahe würde ich sagen, dass gerade diese Unerschöpflichkeit und die alles übergreifende Tiefe der Wirklichkeit nah an jenem Geheimnis sind, das wir Gott nennen. Ich kenne keinen tieferen Ausdruck des Glaubens und der Hingabe als das Bekenntnis Marias: Denn für Gott ist nichts unmöglich. (vgl. Lk 1,37)

WAS OHNE BEBEN IST, HAT KEINE FESTIGKEIT

Gott kommt auf uns zu als Möglichkeit. Es ist jedoch notwendig, in diesen Möglichkeitsraum einzutreten – und der Eingang in die Möglichkeiten Gottes heißt Glaube.

THEATER FÜR ENGEL

Nicht nur für einen nicht gläubigen Menschen, sondern auch für einen gläubigen ist Gott hier auf der Erde nur als Möglichkeit. In diesen Möglichkeitsraum einzutreten, ist keine vorsichtige Annahme einer ungeprüften und unsicheren Hypothese. Es ist nicht möglich, dies »einfach mal ganz unverbindlich« auszuprobieren und sich dabei ein Hintertürchen offen zu lassen, um wieder zurückgehen zu können. Es ist ein schwerwiegender und verbindlicher Schritt, ein *Salto*, der das ganze Leben in ein religiöses Experiment verwandelt.

THEATER FÜR ENGEL

Der Glaube, wie ich ihn im Geist der biblischen Propheten und der großen Mystiker und Theologen des Christentums (aber auch des Judentums und des Islams) verstehe, ist und darf kein »Theismus« noch ein anderer »-ismus« sein, weil er sich dadurch in sein Gegenteil verkehren würde, in Ideologie und Idolatrie, in einen heidnischen Götzendienst. Der Kampf gegen den Götzendienst ist ein Kampf gegen die Verwechslung des Symbols mit dem, worauf es hinweisen soll. Heute besteht weitestgehend nicht mehr die Gefahr, dass die Menschen die Erzeugnisse ihrer Hände als Gott verehren, worüber sich seinerzeit die biblischen Propheten lustig machten. Stattdessen besteht die Gefahr, dass sie die Erzeugnisse ihrer Vernunft und ihrer Phantasie vergöttern und anbeten werden und dass wir dieser raffinierten Version des »Heidentums« in verschiedenen geschichtlichen Gestalten des Christentums begegnen können, auch in der akademischen Theologie.

NICHT OHNE HOFFNUNG

Glauben, *dem Glauben eine Chance zu geben*, bedeutet nicht, sich von der Vernunft zu befreien, sondern lediglich vom Hochmut der Vernunft. Dem Glauben Raum zu geben setzt voraus, dass wir uns von der Illusion befreien, dass

Was heißt glauben?

wir die Tiefe der Wahrheit mit unserem Wissen voll ergreifen und sie in unseren Besitz und in unsere Regie überführen könnten.

THEATER FÜR ENGEL

Die Vernunft wird unvernünftig, wenn sie nicht in der Lage ist, vernünftig zu unterscheiden und demütig die Grenzen ihrer Kompetenzen anzuerkennen. Dort, wo die Vernunft auf eigenen Flügeln bis zur Sonne des Geheimnisses gelangen will, welches nur dem Glauben und der Hoffnung gegeben wird, endet sie wie Ikarus mit verbrannten Flügeln – sie stürzt ab: entweder in die Finsternis des Wahnsinns (erinnern wir uns an Nietzsche!), oder sie endet noch schlimmer, indem sie zur Ideologie degeneriert, die dämonisch oder lächerlich sein kann (erinnern wir uns an den marxistischen »wissenschaftlichen« Atheismus!).

THEATER FÜR ENGEL

Das Geheimnis zu respektieren, bedeutet nicht, zu resignieren. Es bedeutet nicht, in der Anstrengung, mehr wissen zu wollen, nachzulassen; es bedeutet nicht, verantwortungslos, faul und undankbar das große Geschenk der Vernunft brachliegen zu lassen und die Offenheit unseres Geistes nicht zu nutzen. Nichtsdestotrotz behält das Pascal'sche Diktum stets seine Gültigkeit: Die größte Leistung der Vernunft ist es, ihre eigenen Grenzen anzuerkennen.

THEATER FÜR ENGEL

Der Mensch darf nicht undankbar das Geschenk der Vernunft verwerfen, das Gott ihm gab. Ein Glaube ohne Fragen stünde in der Gefahr, so sehr vom Unkraut menschlicher Vorurteile und Phantasien, von kulturell-religiösem Ballast überwuchert zu werden, dass dieses Unkraut den göttlichen Samen des Glaubens in uns ersticken würde. Solange sich unser Glaube im Status des Pilgerns befindet und sich nicht in das »selige Schauen« verwandelt hat, das denjenigen vorbehalten ist, die nach dem irdischen Wandeln im Schoße Gottes ruhen, braucht er das kritische Korrektiv der zweifelnden Vernunft: Gerade diese demütige Offenheit zum Dialog mit der Vernunft schützt ihn vor dem Absinken in den Schlick der Ideologie.

WAS OHNE BEBEN IST, HAT KEINE FESTIGKEIT

Der Glaube, wie ihn die christliche Tradition versteht, ist Bestandteil einer Trias: Er schreitet immer gemeinsam mit der Hoffnung und mit der Liebe. Begleitet wird er von der geduldigen Hoffnung – jedoch auch von der Liebe, deren Sehnsucht nach Erfüllung nicht gestillt werden kann.

THEATER FÜR ENGEL

Gott gibt uns das Geschenk des Glaubens und der Hoffnung – jedoch nicht als einen Gegenstand zum »Festhalten«, sondern als Licht, das in diesen sonst so düster wirkenden Raum fällt und uns die Möglichkeit gibt, die Wirklichkeit nicht nur von der einen, von unserer »weltlichen« Seite aus zu betrachten, sondern auch von der anderen, seiner Seite aus.

NACHTGEDANKEN EINES BEICHTVATERS

In dieser Welt, angesichts all dessen, was uns ein durch und durch zynisches Weltverständnis suggeriert, besitzt unser Glauben »nur« die Gestalt der Hoffnung. Ist es jedoch überhaupt legitim, etwas Derartiges wie das Wort Hoffnung mit dem Wörtchen »nur« zu kombinieren? Ist doch gerade die Hoffnung jene kolossale Kraft für das »und trotzdem« und »noch einmal«!

NACHTGEDANKEN EINES BEICHTVATERS

Was heißt glauben?

Der Glaube ist das Vertrauen in das, was das Fundament und die Tiefe des Lebens bildet und was des Vertrauens, der Liebe und der Hoffnung tatsächlich würdig ist.

ZACHÄUS ANSPRECHEN

Der Glaube braucht, damit er seine großen Taten vollbringen und uns zu unserem Heil führen kann, eine große Sehnsucht und eine starke Hoffnung. Eine Hoffnung, die sich nicht auf die »Dinge der Welt« stützt und sich an sie heftet, eine Hoffnung, die uns stattdessen davon befreit, sich an ihnen festzuklammern und uns aus ihrer Abhängigkeit löst. Jene Hoffnung, die die Schritte unseres Vaters Abraham lenkte, als er den Ruf des Herrn hörte und »wegzog, ohne zu wissen, wohin er kommen würde«. Die Hoffnung überbringt uns die Botschaft des Evangeliums, dass »Gott größer ist als unser Herz«, dass wir in diesem Lebenskampf trotz aller Niederlagen schließlich dadurch siegen werden, dass wir von Gott überwältigt werden.

NICHT OHNE HOFFNUNG

Wenn sich unsere Beziehung zu Gott nur auf der Überzeugung von seiner Existenz gründete, einer Überzeugung, zu der man schmerzfrei mittels Emotionen der Freude an der Harmonie des Weltalls oder mittels einer rationalen Berechnung einer Kette von Ursache und Wirkung gelangt, dann wäre sie nicht das, was ich meine, wenn ich vom Glauben spreche. Folgt man den Kirchenvätern, so ist der Glaube ein Strahl, mit dem Gott selbst ins Dunkel des menschlichen Lebens eindringt.

GEDULD MIT GOTT

Die Schwester des Glaubens ist die Liebe. Über sie lässt sich auch lesen, dass Gott uns früher geliebt hat als wir ihn, dass

er uns geliebt hat, »als wir noch Sünder waren«, dass Er –
und seine Liebe, denn Er ist die Liebe – »größer ist als unser
Herz«. So wie seine Liebe unserer Fähigkeit zu lieben vo-
rausgeht und diese trägt, so geht sein Glaube an uns – daran glaube ich – *unserem Glauben voraus und trägt unseren
Glauben*, er ermöglicht ihn und ist in ihm anwesend. Gott
selbst ist in unserem Glauben präsent – die traditionelle
Theologie bringt diese Wahrheit mit dem Satz, dass *der
Glaube Gnade ist,* zum Ausdruck. Und gerade wegen dieser
geheimnisvollen Präsenz bin ich davon überzeugt, dass unser Glaube mehr ist, als wir sehen, erfahren oder denken.
Wenn Gott selbst in unserem Glauben präsent ist, ist er
dort auch häufig verborgen oder reicht über ihn hinaus –
übersteigt das, was wir selbst über unseren Glauben urtei-
len, was wir von ihm »sehen«, wie wir ihn verstehen. Ist
in ihm Gott, der größer ist, als wir zu denken vermögen,
so ist auch unser menschlicher Glaube »größer«, als wir
uns bewusst sind. Auch in unserem scheinbar – in den
Augen der anderen und manchmal auch in unseren eigenen
Augen – *kleinen* Glauben, ja sogar auch in unserem Suchen
und Ringen kann irgendwie der große Gott verborgen sein.
Besitzen wir denn nicht genug Beweise, dass unser Gott
Paradoxa liebt?

GEDULD MIT GOTT

Das Christentum, wie ich es verstehe, ist vor allem eine
»Religion des Paradoxons«. Es ist ein Glaube, in dessen
Zentrum das Kreuz steht; ein Glaube, der auch angesichts
des Jubels über die Auferstehung den Aufschrei Jesu nicht
vergisst: »Mein Gott, warum hast Du mich verlassen?«

THEATER FÜR ENGEL

Ist denn die Welt nicht voller Tragödien, die so vielen Menschen das Antlitz Gottes derart verdunkeln, dass sie nicht an seine Güte und Liebe, Allmacht und Gerechtigkeit glauben können? Wenn das Erdenleben Jesu, mit irdischen Maßstäben betrachtet, mit der Tragödie am Kreuz endet, müsste das nicht diejenigen warnen und abstoßen, die sich auf einen ähnlichen Weg begeben möchten? Ist denn die Kirche und ihre Geschichte, nach irdischen Maßstäben betrachtet, nicht voll von Schandtaten und Verbrechen, und ihr beklagenswerter gegenwärtiger Zustand nicht ein einziges starkes Argument gegen den Glauben, dass der Geist Gottes sie lenke, beschütze und ganz erfülle? »Mit irdischen Maßstäben betrachtet« ist das alles ohne Zweifel wahr, und Gott hat vielleicht die »Weltlichkeit« der Welt, in der sich zwangsläufig auch der Ort befindet, von wo aus wir alles betrachten, gerade deshalb zugelassen, damit er sich erneut vor der Gefahr eines allzu billigen »schon habe ich dich!« noch tiefer verbergen könnte.

NACHTGEDANKEN EINES BEICHTVATERS

Bei vielen Menschen geraten der »einfache Glaube« – und von diesem abgeleitet eine »einfache Moral« – in eine ernste Krise, sobald sie mit einem Problem konfrontiert werden, mit dem wahrscheinlich jeder früher oder später konfrontiert wird: die Komplexität konkreter Lebenssituationen. Diese hängen häufig mit zwischenmenschlichen Beziehungen zusammen und mit der Unmöglichkeit, aus mehreren möglichen Lösungen eine auszuwählen, die in sich nicht verschiedene »Aber« bergen würde. Dies ruft dann »religiöse Erschütterungen« hervor, drängende Zweifel – genau das, womit ein auf solche Weise Glaubender überhaupt nicht leben kann.

NACHTGEDANKEN EINES BEICHTVATERS

Sofern der Glaube lebendig ist, wird er immer wieder verwundet werden, Krisen ausgesetzt sein, ja, manchmal auch »getötet« werden. Es gibt Momente, da unser Glaube (oder, freundlicher gesagt, seine bisherige Gestalt) abstirbt – um wieder auferweckt werden zu können. In der Tat ist nur *ein verwundeter Glaube*, an dem die »Narben der Nägel« sichtbar sind, glaubwürdig, nur er kann heilen. Ich befürchte, dass ein Glaube, der nicht die Nacht des Kreuzes durchschritten hat und nicht ins Herz getroffen wurde, nicht diese Macht besitzt.

BERÜHRE DIE WUNDEN

Ein Glaube, der nie *blind wurde*, der die Dunkelheit nicht erlebte, kann kaum denen helfen, die nicht sahen und die nicht sehen. Die Religion der »Sehenden«, die pharisäische, sündhaft selbstsichere, *unverwundete* Religion gibt statt des Brotes einen Stein, statt des Glaubens eine Ideologie, statt des Zeugnisses eine Theorie, statt der Hilfe eine Belehrung, statt der Barmherzigkeit der Liebe nur Befehle und Verbote. »Das Nicht-Sehen«, das ehrlich und demütig eingestandene Nicht-Sehen, eröffnet erst dem Glauben den Raum. Dem Glauben ist aufgegeben, *in diesem Nicht-Sehen zu verharren*. Er muss bis zum Ende darauf achten, dass der Raum des »Nicht-Sichtbaren« *leer, jedoch gleichzeitig offen* bleibt – wie der Tabernakel des Karsamstags in der Stunde der Verehrung der Wunden des Leibes und des Herzens Christi. Für diese wahrhaftig nicht einfache Aufgabe braucht der Glaube auch die Hoffnung und die Liebe.

BERÜHRE DIE WUNDEN

Große Kritiker des Christentums wie Nietzsche oder Jung fanden im Christentum ihrer Zeit nicht das, was ihnen sehr am Herzen lag: die Möglichkeit, sowohl der Wahrheit

Was heißt glauben?

des Tages als auch der Wahrheit der Nacht gerecht zu werden, sowohl die Welt der Vernunft und der Ordnung als auch die Welt der Tragik und der Leidenschaft ernst zu nehmen, die sich den »Spinngeweben der Vernunft« entziehen. Etwas Ähnliches meinte offenbar mein Lehrer Jan Patočka, als er vom Christentum als von einem »unvollendeten Projekt« sprach.

THEATER FÜR ENGEL

Eine Formulierung der traditionellen Theologie lautet: Der Glaube und die Hoffnung sind, genauso wie die Liebe, »eingegossene« göttliche Tugenden. Sie sind Frucht der *Gnade – gratia*, ein unverdientes Geschenk, Ausdruck der unbedingten Liebe Gottes. Diese Liebe *geht* unserer eigenen Liebe *voraus*. Und es sei hinzugefügt: Sie kann auch nach und nach – als eine »Kontrasterfahrung« – unsere eigenen bisherigen traumatisierenden Erfahrungen mit unserer in die Brüche gehenden Liebe korrigieren. Wie viele innere Verletzungen muss die menschliche Liebe ertragen, die einerseits auf die Härte der Welt stößt, andererseits an unsere eigenen Grenzen, an unsere Schwächen und unser Versagen, und schließlich an die Grenze der menschlichen Welt, den Tod!

NACHTGEDANKEN EINES BEICHTVATERS

Das Neue Testament behauptet an mehreren Stellen, dass vor dem Herrn nur derjenige Glaube bestehen wird, der *gelebt* wird. Gott würdigt die Haltungen, Handlungen und Taten, die den Wahrheiten des Glaubens entsprechen, selbst wenn sie nicht explizit aus einer »bewusst religiösen Motivation« entspringen. Im Gegensatz dazu bedeutet wiederum eine *bloße* »Überzeugung« (damit meine ich Ansichten, Worte, rituelle Gesten), die nicht in das Leben als solches eingeschlossen ist, in seinen Augen nichts – ist eigentlich Heuchelei, »toter« Glaube.

NACHTGEDANKEN EINES BEICHTVATERS

Den Glauben an den Schöpfer bezeuge ich nicht damit, dass ich an diesen oder jenen physikalischen, biologischen oder metaphysischen Theorien über den Ursprung und die Entstehung der Welt und des Lebens festhalte, sondern indem ich mich auf eine bestimmte Weise gegenüber der Natur und dem Leben, einschließlich des Lebens in seinen verletzbarsten Phasen – in der Phase des Anfangs und in den Endphasen – verhalte.

THEATER FÜR ENGEL

Ob du auf die von Gott offenbarte Wahrheit von der Schöpfung *mit dem Glauben* geantwortet hast, wird Gott selbst am Ende deines Lebens wahrscheinlich eher daran bewerten, wie du dich zur Welt um dich herum *verhalten hast*, als daran, was du über die Welt und über ihre Entstehung *gedacht hast*. Der Glaube ist das, was in deinem Verhalten, in deinen Lebenshaltungen *implizit* enthalten ist!

NACHTGEDANKEN EINES BEICHTVATERS

Man kann einen bestimmten Zugang des Menschen zur Welt, der bezeugt, dass er die Wirklichkeit als ein anvertrautes Geschenk begreift, als eine *Haltung des Glaubens* bezeichnen. Der entgegengesetzte Fall wäre: Ein bestimmter »Lebensstil« eines Menschen zeugt davon, dass er »sich selbst Gott« ist oder sich aufgrund eines partiellen Wertes vergöttlicht (verabsolutiert) hat – beides muss als »Götzendienst« bezeichnet werden, als purer Gegensatz zu einer gläubigen Haltung.

NACHTGEDANKEN EINES BEICHTVATERS

Was heißt glauben?

Ich *glaube nicht deshalb, weil der Glaube zu etwas gut ist*, sondern schlicht deshalb, weil ich überzeugt bin, dass das, woran ich glaube, wahr ist. Ich lehne es ab, vom Glauben wie ein Geschäftsmann zu sprechen, der die Vorteile des Kaufs einer Ware anpreist, die er anbietet. Ich habe nicht deshalb begonnen zu glauben, »weil mir das etwas gibt« oder »damit mir das etwas gibt«, sondern deshalb, weil ich bestimmte Dinge begriffen habe und sie mit all ihren Folgen, die sich daraus für meine Lebensführung ergeben, angenommen habe.

NICHT OHNE HOFFNUNG

Falls der Mensch deshalb zu einer Überzeugung gelangt, weil es ihm etwas bringt (und es muss dabei überhaupt nicht nur um handfeste materielle Vorteile gehen), hat er sich schon – so fürchte ich – falsch entschieden; wenn eine »Entscheidung für den Glauben« das Ergebnis eines Kalküls sein sollte, so wie der Mensch vor dem Einstieg in einen bestimmten Beruf, Verein oder eine bestimmte politische Partei die Vor- und Nachteile aufrechnet, würde sich diese Entscheidung in einer Niederung abspielen, in welche die Wahrheit nicht hinabreicht.

NICHT OHNE HOFFNUNG

Mit dem Apostel Thomas lässt sich mit vollem Recht ausrufen: Mein Herr und mein Gott! Vielleicht tut man jedoch gut daran, sich bewusst zu machen, dass die Aussage des Thomas als Ausruf einer freudigen Faszination zu werten ist, nicht aber als metaphysische Definition. Der Apostel Thomas stellte keine Gedankengänge im Stile eines Thomas von Aquin an. Das Evangelium und viele weitere Dokumente des Glaubens sind voll von ähnlichen Ausrufen einer plötzlichen Schau und Freude. Ich hatte immer den Eindruck, dass etwas verloren geht, wenn die Theologie diese glühenden Aussagen in die im Voraus vorbereiteten Förmchen der aristotelischen Logik gießt und sie in Form von metaphysischen Aussagen oder Definitionen auskühlen und hart werden lässt, statt auf dem spirituellen Weg zu jener Quelle der Freude zu führen, aus der diese glühenden Aussagen hervorsprudeln.

WAS OHNE BEBEN IST, HAT KEINE FESTIGKEIT

Als Jesus zum ersten Mal zu seinem künftigen Apostel Petrus kam, traf er ihn inmitten einer Gruppe von Fischern, die vom vergeblichen nächtlichen Fischfang frustriert waren: »Die ganze Nacht haben wir gearbeitet und wir haben nichts gefangen.« Aber der Glaube des Petrus wird aus dem Mut geboren, zu vertrauen, in das Unmögliche Vertrauen zu setzen: »*Doch wenn du es sagst, werde ich die Netze auswerfen.*« In diesem »doch« ist sein ganzer Glaube enthalten, in dieser Hoffnung, die sich im Mut äußert, es »*noch einmal*« zu versuchen.

NACHTGEDANKEN EINES BEICHTVATERS

Streiten und Ringen mit Gott sind innerhalb der Welt des Glaubens möglich, und nur dort. Wenn uns angesichts des Bösen Zweifel und Empörung schütteln, dann helfen uns keine spitzfindigen Theorien weiter; andere Götter sind unzuverlässig, nichtig; und die Leugnung Gottes hilft auch nicht viel weiter. Doch der lebendige Gott ist Ansprechpartner für solche Fragen.

NICHT OHNE HOFFNUNG

Die Schmerzen der Welt stellen uns tatsächlich vor ein großes Geheimnis, sie stellen uns letztendlich vor die Wahl, ob wir trotz allem in die Sinnhaftigkeit vertrauen oder ob wir die Welt als Chaos ohne Sinn begreifen – mit Macbeth Shakespeares gesprochen – als ein »sinnloses Stottern eines Thoren«.

VERSÖHNTE VERSCHIEDENHEIT

Nicht wenige vermuteten, dass es »nach Auschwitz« nicht mehr möglich sei, an Gott zu glauben. Für mich stellt sich eher die Überlegung, dass es nicht mehr möglich ist, an die Kraft des neuzeitlichen Humanismus zu glauben, die den Triumph des Bösen und der Gewalt in der Geschichte verhindern könnte, und dass es notwendig ist, die aufklärerisch-humanistische Vorstellung von Gott als eines Garanten der Harmonie in der Natur und in der Geschichte abzulegen. Für mich sind die dunklen Seiten der modernen Geschichte eher eine Herausforderung, das Drama Gottes zu entdecken, zu dem sowohl die Finsternis des Karfreitags gehört als auch die Hoffnung, dass diese Finsternis nicht das letzte Wort haben wird und haben darf.

VERSÖHNTE VERSCHIEDENHEIT

Der Weg des Glaubens, der Liebe und der Hoffnung ist ein »Gang auf dem Wasser«. Für die vielen, die es bevorzugen, im Boot sitzen zu bleiben, wird Jesus immer ein Phantom bleiben, und das Evangelium wird immer als ein großes Phantasiegebilde erscheinen. Durch den Glauben, aber auch durch die Liebe und die Hoffnung treten wir zwangsläufig in einen Raum ein, der »von außen«, also für denjenigen, der sich nicht für den Glauben, für die Liebe und die Hoffnung entscheiden kann, notwendigerweise absurd erscheinen muss, als ein Reich der Unvernunft und des Unmöglichen.

NICHT OHNE HOFFNUNG

Der wahre Ort des Glaubens ist nicht das Wunder, sondern die Abwesenheit des Wunders. Der durch ein Wunder erweckte oder hervorgerufene Glaube ist meiner Meinung nach nicht von allzu großem Interesse. Der Glaube wird erst dort zu einem wirklichen Glauben, wo die Wunder (auch wenn wir sie uns vielleicht sehnsüchtig herbeiwünschen) nicht geschehen. »Selig sind, die nicht sehen und doch glauben«, sagt Jesus dem Apostel Thomas zum Abschied.

NICHT OHNE HOFFNUNG

Die wirkliche Herausforderung für den Glauben ist nicht ein Wunder, sondern eher *das Gegenteil davon*: eine Situation, in der die Dinge sich ganz anders entwickeln, als wir es uns vorstellen und wünschen. Erst dort stehen wir nämlich an jener Kreuzung, an der wir uns entscheiden müssen, ob wir zu dem Glauben neigen, dass »es keinen Gott gibt« bzw. dass der Mensch ihm gleichgültig ist, oder ob wir begreifen, dass die eigentliche Chance jener »religiösen Krise« die Erkenntnis ist, dass *Gott ganz anders ist,* als wir ihn uns bisher vorgestellt haben.

NICHT OHNE HOFFNUNG

Ich bin tief davon überzeugt, dass sich Thomas von Aquin darüber im Klaren war, dass die philosophischen Kategorien des Aristoteles als Metaphern aufgefasst werden müssen, als er begann, den biblischen Herrn mit Hilfe dieser Kategorien zu beschreiben. Wenn theologisches Denken den Dialog und das gegenseitige Funkeln zweier Welten strömen lässt – der Welt der Bibel und der Welt der Metaphysik –, und wenn es darum weiß, dass beide Welten Bilder und Metaphern ihrer eigenen Art präsentieren, dann kann dies zu einem echten und wahren Abenteuer des Geistes werden und dem Menschen helfen, tiefer in das Geheimnis des Glaubens einzutauchen. Ich kann mich jedoch des Eindrucks nicht erwehren, dass aus der späteren scholastischen und neuscholastischen Theologie und den von ihr inspirierten Predigten und Katechismen diese fruchtbare Spannung vollkommen entwichen ist. Die Theologen begannen, das metaphysische Bild Gottes als eine »wahre«, das heißt als »wissenschaftliche« Aussage über Gott zu betrachten und die Schrift als eine Zusammenstellung von Zitaten, als Munition zur Verteidigung dieser Wahrheit. Die Philosophie, die Schrift und die Theologie – als Begegnung von Schrift und Philosophie – hatten ihre fruchtbare und inspirierende Kraft verloren. Aus dem christlichen Denken begann eine Ideologie zu werden.

WAS OHNE BEBEN IST, HAT KEINE FESTIGKEIT

Dort, wo die Bemühungen gewonnen haben, den Glauben in die Gestalt einer fertigen, unveränderlichen »Weltsicht«, eine Ideologie, zu pressen, dort fühlt sich diese Gestalt des Glaubens logischerweise bedroht und muss sich wehren. Ich stelle diesem statischen Verständnis des Glaubens ein Bild des Glaubens als eines Weges, als eines Flussstromes, entgegen, der durch ein verzweigtes Flussbett in das Meer der eschatologischen Vollendung strömt. Damit meine ich jedoch etwas völlig anderes als eine naive evolutionistisch-optimistische Sicht auf die Geschichte, einschließlich der Geschichte der Kirche, des Glaubens und der Theologie. Denn es handelt sich dabei nicht um einen Fortschritt, der wie in einer Einbahnstraße nur eine Richtung kennt, sondern es gibt dabei auch diverse Biegungen, Umwege, dunkle Abschnitte und »Täuschungen der Geschichte«.

VERSÖHNTE VERSCHIEDENHEIT

Versuche, sich in einer Illusion einzunisten, werden begleitet von der *Krampfhaftigkeit*, sich und anderen ständig etwas vortäuschen zu müssen. Die Bemühung eines Erwach-
senen, in das Kinderzimmer seines eigenen Kinderglaubens
oder in die ursprüngliche Begeisterung eines Konvertiten
einzutreten, ist genauso albern wie die Versuche, die
Grenze der Zeit zu überspringen und in die geistige Welt
einer vormodernen Religion einzutreten. Das Freilicht-
museum, das sich ein Mensch so errichtet, ist nämlich
weder ein lebendiges Dorf einer traditionellen Volksfrömmigkeit noch ein mittelalterliches Kloster. – In Wirklichkeit
sind diese romantischen Projektionen unserer Vorstellungen davon, wie es war, als die Welt und die Kirche »noch
in Ordnung« waren, nur eine kläglich-komische Karikatur
der Vergangenheit.

NACHTGEDANKEN EINES BEICHTVATERS

»Fundamentalismus« ist eine Krankheit des Glaubens, die
sich vor der beunruhigenden Kompliziertheit des Lebens in
den Mauern der Vergangenheit verschanzen will. Der damit oft verbundene Fanatismus ist dann die wütende Reaktion auf die daraufhin erfolgende Frustration, auf die bit-
tere und nicht akzeptierte Erkenntnis, dass dies kein
gangbarer Weg ist.

NACHTGEDANKEN EINES BEICHTVATERS

Das, was wir heute in der Regel als »Fundamentalismus«
bezeichnen, ist eine moderne politisch-religiöse Erscheinung. Fundamentalisten schwören hoch und heilig auf die
Tradition, aber in Wirklichkeit ist die Tradition gerade
das, was sie ablehnen und dem gegenüber sie sich wehren.
Die Tradition ist nämlich der lebendige Strom des Überge-
bens in immer neuen geschichtlichen Kontexten, der Strom

Was heißt glauben?

einer ständigen Re-Interpretation. Fundamentalisten dagegen reißen aus der Tradition nur einen bestimmten Teil heraus und versuchen dann, diesen versteinern zu lassen.

VERSÖHNTE VERSCHIEDENHEIT

So wie es Gläubige gibt, die davon überzeugt sind, dass sie die Wahrheit selbst verlassen und verraten, wenn sie ihre Position als Besitzer der Wahrheit verlassen würden, gibt es auch Gläubige, die kein Interesse daran haben, mit Suchenden zu sprechen. Lieber suchen sie gerade diejenigen, die ihnen feste und unerschütterliche Sicherheiten bieten.

THEATER FÜR ENGEL

Gerade »in Zeiten des Umbruchs« wächst die Anzahl derer, die von der Religion das genaue Gegenteil dessen fordern, wie ich den christlichen Glauben erlebe und ihn mir vorstelle. Sie fordern eine feste Sicherheit und klare Antworten. Sie wollen etwas Ewiges und Unveränderliches, und ihre Sehnsucht nach einer verlässlichen Regungslosigkeit ist so groß, dass sie sich nicht bewusst werden, dass diese Ansprüche nur eine tote Religion vollkommen erfüllen könnte.

THEATER FÜR ENGEL

Eine Religion, die in einem bestimmten geschichtlichen Augenblick den Zustand, in dem sie sich gerade befindet, für endgültig und vollkommen *ansieht*, gibt das auf, was das Christentum nie aufgeben darf: die eschatologischen Hoffnungen, die Offenheit für jene absolute Zukunft, die Gott als das Ziel der Geschichte selbst ist.

THEATER FÜR ENGEL

Die *Authentizität* des Glaubens und seine tatsächliche Kraft bestehen weder in den Emotionen, die den Glauben begleiten, noch in einer subjektiv empfundenen Sicherheit der Überzeugung, sondern in dem Maß, mit dem der Glaube die Ganzheit des Lebens verwandelt, den Stil des Denkens *und* des Handelns. Es geht um einen *Stil* des Denkens und Handelns, nicht nur um »gute Taten«. Einen Baum »erkennt man« sicher »an den Früchten«, aber es geht nicht nur um die Früchte, sondern um den Baum als Ganzes. Die entscheidende Grenzlinie bildet dabei nicht die Unterscheidung zwischen einem starken und schwachen Glauben, sondern zwischen einem lebendigen und einem toten.

THEATER FÜR ENGEL

Auf die Frage, warum manche einen Glauben haben, andere aber nicht, warum bei manchen Menschen der Glaube schnell verwelkt und bei anderen dauerhaft Früchte trägt, antwortet Jesus mit dem Gleichnis vom Weizenkorn. Gott als der freigiebige Sämann sät das Korn großzügig in alle Richtungen aus, aber der Erfolg des Säens hängt vor allem von der »Qualität des Bodens« ab. Das Geschenk des Glaubens braucht ein günstiges »Ökosystem«: Wenn der Samen auf einen Boden fällt, der von Dornen überwuchert ist, oder auf einen harten und steinigen Boden, ist die Wahrscheinlichkeit, dass er Wurzeln schlägt, viel kleiner, als wenn er in eine fruchtbare und aufgelockerte Erde fällt.

GOTT LOS WERDEN?

»Die mündige Welt ist Gott-loser und darum vielleicht gerade Gott-näher als die unmündige Welt«, schrieb Dietrich Bonhoeffer, der große Theologe des 20. Jahrhunderts, in seinen berühmten, vor der Hinrichtung im nationalsozialistischen Gefängnis verfassten Briefen. Ja, die vorchristliche und außerchristliche Welt »voll von Göttern und Dämonen« war wirklich für den Gott der Bibel verschlossen und feindlich ihm gegenüber. Der Glaube der Christen, Juden und Muslime hielt es deshalb immer für seine erste Pflicht, zu verkünden, dass *die Welt nicht Gott* ist und dass es notwendig ist, alle Götzen und Dämonen aus der Welt zu vertreiben.

NICHT OHNE HOFFNUNG

Vielleicht ist auch unser Glaube durch vieles verschüttet worden. Er wurde von unseren persönlichen Vorstellungen, Projektionen, Wünschen, von jenen allzu menschlichen Erwartungen, von unseren Definitionen und Theorien, von der Welt unserer Märchen und Mythen und schließlich von einem »billigen Glauben« bestimmt. Vielleicht haben wir von diesem allen noch nicht genug und wollen noch eines drauflegen: Gib uns *mehr* Glauben, mehr Sicherheiten und mehr Absicherung vor den Komplikationen des Lebens! Christus sagt jedoch: »Habt göttlichen Glauben« (vgl. Mk 11,22). Nicht den »menschlichen«, der sich zwischen den Ideologien und Weltsichten dieses Zeitalters verlieren könnte. *Der göttliche Glaube* – das bedeutet das Unscheinbare, das Kleine, das sich in der Optik dieser Welt der Wahrnehmung fast ganz entzieht!

NACHTGEDANKEN EINES BEICHTVATERS

Vielleicht haben wir von vielen »religiösen Dingen«, an die wir uns gewöhnt haben, etwas zu übereilt gedacht, dass sie »göttlich« seien. Dabei waren sie menschlich, *vielleicht sogar allzu* menschlich – und erst dann, wenn sie radikal *verkleinert* werden, kann das, was in ihnen wirklich *göttlich* ist, zu Wort kommen.

NACHTGEDANKEN EINES BEICHTVATERS

Ein kleiner, unscheinbarer Glaube muss nicht nur Frucht der Sünde der Kleingläubigkeit sein. In einem »kleinen Glauben« kann manchmal mehr Leben und Wahrheit sein als in einem »großen«. Gilt nicht auch für den Glauben das, was Jesus im Gleichnis vom Weizenkorn sagte: dass es, wenn es ohne Veränderung bleibt, nutzlos eingeht, *wenn es* jedoch *stirbt*, einen großen Nutzen bringt? Muss nicht der Glaube im Leben eines Menschen und im Laufe der Geschichte auch eine Zeit des Absterbens, der radikalen Verkleinerung durchlaufen? Und ist nicht diese Krise eigentlich eine *Zeit der Heimsuchung*, des »*kairos*«, wenn wir diese Situation im Geist der paradoxen Logik des Evangeliums wahrnehmen, in der das Kleine das Große überwiegt, ein Verlust und ein Sich-Freimachen ein Gewinn sind und das *Kleinmachen* des eigenen Selbst das Offensein für das Wachsen des Werkes Gottes bedeutet?

NACHTGEDANKEN EINES BEICHTVATERS

Viele Gestalten des Glaubens, die »groß« und »fest« erscheinen, sind in Wirklichkeit nur schwerfällig, verhärtet und aufgeblasen. Groß und fest sind sie nur durch ihren *Panzer*, hinter dem sich häufig Angst vor der Ausweglosigkeit verbirgt.

NACHTGEDANKEN EINES BEICHTVATERS

Der Gegensatz zu jenem *kleinen Glauben*, um den es mir geht, ist ein »billiges Glauben«, welches zu leichtfertig »Sicherheiten« und ideologische Konstrukte anhäuft, bis schließlich wegen der vielen Bäume einer solchen Religiosität der *Wald* des Glaubens mit seiner Tiefe und seinem Geheimnis nicht mehr zu sehen ist.

NACHTGEDANKEN EINES BEICHTVATERS

Was heißt glauben?

Ein *kleiner Glaube* ist nicht ein »leichter Glaube«. Die größte Aufmunterung auf diesem Weg, den Glauben zu verstehen, war für mich die Mystik des Karmels: Es war Johannes vom Kreuz, der lehrte, dass es nötig sei, bis an die Grenze unserer menschlichen »Seelenfähigkeiten«, der Vernunft, des Gedächtnisses und des Willens zu gehen. Er lehrte, dass erst dort, wo wir erfahren, dass wir in eine Sackgasse geraten sind, der wirkliche Glaube, die Liebe und die Hoffnung geboren werden. Dies vollzieht sich – bis hin zum »kleinen Weg« der Thérèse von Lisieux, der in den dunklen Stunden ihres Sterbens reif wurde.

NACHTGEDANKEN EINES BEICHTVATERS

Kennen wir denn nicht die Worte des Apostels Paulus, dass das, was in den Augen der Menschen groß ist, in den Augen Gottes klein ist, und was klein in den menschlichen Augen ist, groß ist vor Gott? Also kann auch ein Glaube, der sehr klein erscheinen mag, weil er frei ist von jenen großen »Sicherheiten« und absichernden Vorstellungen, also kann auch ein solch kleiner glühender Funke »göttlicher Glaube« sein. Erst wenn er sich von den zahlreichen allzu menschlichen Ablagerungen befreit, vom Gewand, in das er sich im Verlauf der Geschichte auch unseres Lebensweges kleidete, erst dann kann ein derart *nackter Glaube*, der auf sein Zentrum konzentriert ist, ein wirklich lebendiger Glaube sein. Ein Glaube, in dem Gott anwesend ist, das heißt derjenige, der in dieser Welt »nichts« ist, wie Meister Eckhart sagt. Erst derjenige, der sich nicht auf Äußerlichkeiten fixiert, der befreit, innerlich frei ist, der wird Gott »wie ein Nackter einem Nackten« begegnen. »Wer gleich *nichts* ist, ist Gott gleich«, sagt Eckhart. Das ist jener kleine Glaube, von dem ich schreibe.

VERSÖHNTE VERSCHIEDENHEIT

Die Beziehung von Moral und Glauben ist sehr spezifisch, auch wenn sie in etwa der Beziehung von Glauben und Lehre oder von Glauben und »Religion« ähnelt. Wenn sich der Glaube den Charakter einer lebendigen, authentischen Offenheit gegenüber der »tiefsten Grundlage der Wirklichkeit« bewahrt – um dies ein wenig im Geiste des Theologen Paul Tillich zum Ausdruck zu bringen –, dann ist meiner Meinung nach die Moral seine natürliche Dimension; so natürlich, dass sie in der Regel nicht einmal besonders reflektiert wird. Wenn aber die Moral – oder eher die Zusammenstellung der moralischen Regeln, Grundsätze und Ideale – zum »Gegenstand des Glaubens« wird, sogar zu seinem zentralen, spezifischen und ausschließlichen Gegenstand, kommt es zu einer grundlegenden Verschiebung.

WAS OHNE BEBEN IST, HAT KEINE FESTIGKEIT

Jeder Mensch hat (von Gott, ob er sich dessen bewusst ist oder nicht) ein bestimmtes Maß an *Macht* bekommen, *das heißt die Freiheit, etwas zu tun.* Er *kann* etwas und deshalb *kann er* auch *etwas dafür.* Wer diese Macht missbraucht oder vernachlässigt, wer lieber nicht bereit ist, seine Freiheit zu entdecken und zu realisieren – weil er sich selbst nur als ein Opfer und Produkt der äußeren Verhältnisse sieht –, *ist schuldig.* Er ist nicht treu jener wesentlichen Verpflichtung, die die zweite Seite der menschlichen Freiheit ist.

THEATER FÜR ENGEL

Oft habe ich die ironische Bemerkung gehört, dass der Glaube nur eine »Stütze« ist, welche den Schwachen und Hinkenden hilft, während die Starken ihn nicht brauchen. Sicherlich ist er nicht mit einem »Krückstock« zu vergleichen; vielleicht jedoch mit einem Wanderstab, der uns auf

Was heißt glauben?

unserem Lebensweg begleitet. Vielleicht fällt jemandem dieser Stab aus der Hand, wenn er gerade über die Schwelle des Zuhauses geht, wo er ihn nicht mehr gebrauchen wird; kein Wunder, wenn er in diesem Moment das Gleichgewicht verliert. Aber auch in diesem Moment müssen wir uns nicht fürchten – »von der anderen Seite her gesehen« erwarten uns, die wir für eine Weile aller Stützen und Gewissheiten beraubt sind, hinter der Schwelle die offenen Arme der Liebe, die uns nicht in die Leere fallen lassen.

GEDULD MIT GOTT

Der Glaube an die »letzten Dinge« ist auf seine Art der Prüfstein für die Wahrhaftigkeit unseres Glaubens an Gott überhaupt. Wenn wir uns auf die Spielwiese dieses Lebens beschränken, genügt uns vielleicht vom Christentum das, was von ihm nach dem aufklärerischen Ausverkauf der Transzendenz übrig geblieben ist: einige moralische Grundsätze und humanitäre Errungenschaften. Dies ist ein gewisser Typus des Existenzialismus in einer moderneren Version, der mit einem poetischen Sinn für das Geheimnisvolle verbunden wird. Wenn aber der Vorhang auf der Bühne unseres irdischen Lebens fallen wird, werden wir mit einem Mal im Zuschauerraum unheimlich alleine sein. Dann wird der Gott einer solchen humanitären Religion in der Versenkung verschwunden sein, weil er für die Konfrontation mit dem Geheimnis des Todes zu schwach ausgerüstet war.

NACHTGEDANKEN EINES BEICHTVATERS

Vielleicht versagt nicht die Bereitschaft, an das »Leben der zukünftigen Welt« zu glauben, selbst, sondern eher die *Vorstellung*, die häufig den Glauben begleitet. Manche Menschen verwechseln manchmal die Vorstellung mit dem Glauben selbst: Zu glauben bedeutet für sie, sich von etwas eine lebendige Vorstellung zu machen und diese Vorstellung in die eigene innere Welt einzubauen. Wenn Menschen behaupten, dass sie etwas nicht glauben, besteht der Grund in der Regel nicht darin, dass es nicht »vernunftmäßig bewiesen« ist. Das wird aber häufig als sekundäre Begründung angeführt. Oft wollen sie damit sagen, dass sie es sich einfach nicht vorstellen können – »sie wissen nicht, wovon eigentlich die Rede ist«, es ist zu weit weg für sie. Man kann jedoch einwenden, dass der Glaube gerade der Weg ist – eigentlich der einzige und unersetzbare Weg – dorthin, wohin ich mit meiner Vorstellungskraft nicht gelangen kann, in das Reich dessen, »*was kein Auge gesehen und kein Ohr gehört hat, was keinem Menschen in den Sinn gekommen ist*«. Gerade die Nacktheit des Glaubens, ohne Bilder und Vorstellungen, rühmten die Mystiker einschließlich Eckharts und Johannes' vom Kreuz.

WAS OHNE BEBEN IST, HAT KEINE FESTIGKEIT

Ich fürchte einen Glauben, der keinen Raum mehr bietet für das demütige Wörtchen »vielleicht«. Ich fürchte eine religiöse Sicherheit, die keinen Raum bietet für *wirkliche Wunder*: für Gott, der überraschend alle unsere bisherigen Sicherheiten umstoßen kann, einschließlich unserer religiösen Sicherheiten. Ich fürchte einen Glauben, der sich nach spektakulären Wundern sehnt und das Wunder des alltäglichen Lebens übersieht.

NICHT OHNE HOFFNUNG

Was heißt glauben?

2 Der Glaube und sein Bruder, der Zweifel

Das Thema zieht sich wie ein roter Faden durch alle meine Bücher und Überlegungen: die Suche nach einer wie auch immer gearteten Partnerschaft zwischen dem Glauben und dem Zweifeln. Diese Suche ist letztendlich ein anderer Ausdruck dessen, was Johannes Paul II. oft betonte und auch sein Nachfolger Benedikt XVI. bekräftigte: Ein Glaube ohne Denken, ohne Vernunft und ohne philosophische Reflexion kann sehr gefährlich sein. Andererseits ist eine Rationalität, die sich vor den aus dem Glauben hervorgehenden spirituellen und ethischen Aspekten verschließt, genauso einseitig und ebenso sehr gefährlich. Glaube und Zweifel sind wie zwei Brüder, die gegenseitig kompatibel sind, die sich gegenseitig korrigieren und unterstützen können. Sie gehen auf einem schmalen Steg oberhalb jenes Abgrundes, der die Ambivalenz der Welt ist – und wenn sie nicht Hand in Hand schreiten würden und sich einer vom anderen losreißen wollte, würden sie sich auf dem Steg nicht halten können und in den Abgrund stürzen – in den Abgrund eines Fanatismus ohne jede Vernunft oder in den Sumpf des Zynismus und Nihilismus ohne jegliches grundlegende Ur-Vertrauen.

VERSÖHNTE VERSCHIEDENHEIT

Unser Leben ist ein ständiges Balancieren zwischen zwei Perspektiven. Es gibt Momente, in denen wir gemeinsam mit allen Rebellen und notorischen Skeptikern, mit allen Traurigen und vergeblich Suchenden die Welt, Jesus und auch die Kirche vor lauter Zweifel und Einwänden total im Schatten liegen sehen. Und dann gibt es Momente, in denen durch die Wolken ein Lichtstrahl durchbricht. Dann können wir, ja, dann sind wir gehalten und verpflichtet, all diesen Rebellen, Skeptikern und Weinenden in uns und um uns herum zu sagen: *Vielleicht, trotz allem, allem zum Trotz* kann man dies alles auch ganz anders sehen, bewerten und ertragen.

NACHTGEDANKEN EINES BEICHTVATERS

Wenn der Glaube auf seinem Weg seinen Bruder, den Zweifel, verlieren würde, würde er aufhören, ein Suchender und ein Fragender zu sein; er könnte in eine geistlose religiöse Praxis absinken, in einen Ritualismus oder eine Ideologie. Wenn der Zweifel seinen Bruder, den Glauben, verlieren würde, könnte er der Verzweiflung verfallen oder in eine alles verätzende, zynische Skepsis abgleiten. Vielleicht ist unsere Zeit der Umbrüche, in der sich jede »Unerschütterlichkeit« wie eine Schneeflocke auf der warmen Hand auflöst, eine »günstige Zeit« – *kairos* – für solche sich gegenseitig bereichernden Begegnungen und für eine Koexistenz von Glaube und Zweifel. Allem Anschein nach musste zuvor der Grund der Sicherheiten, auf dem wir bisher geschritten sind, genug erschüttert werden – und er wird lange beben, vielleicht für immer. Glaube und Zweifel müssen gemeinsam ihren Weg gehen und sich gegenseitig stützen, wenn sie nicht von der schmalen, wackelnden Brücke, die sie heutzutage nicht umgehen können, in den Sumpf des Fanatismus oder der Hoffnungslosigkeit abstürzen wollen.

WAS OHNE BEBEN IST, HAT KEINE FESTIGKEIT

Mit dem Zweifel, von dem ich in diesem Buch wiederholt als vom »Bruder des Glaubens« sprechen werde, meine ich auf keinen Fall – dies sei klargestellt – den »Zweifel an Gott«, an seiner »Existenz«, an seiner Güte und an seinem

Der Glaube und sein Bruder, der Zweifel

Willen, sich mitzuteilen und unsere menschliche Existenz zu teilen. Ich meine damit eher das Bewusstsein um die Problematik, Unzulänglichkeit, Bedingtheit und Beschränktheit der Fähigkeit des Menschen, die Wirklichkeit, die uns radikal umgreift, wahrzunehmen und zu beschreiben. Der Zweifel sorgt dafür, dass wir den Abgrund nicht übersehen, der uns vom verborgenen Gott trennt, damit wir einerseits nicht bezaubert vom eigenen beschränkten religiösen Verständnis aus der eigenen Religion einen Götzen machen – eine Karikatur Gottes – oder andererseits die verschiedensten Wege des religiösen Suchens der anderen hochmütig verurteilen.

WAS OHNE BEBEN IST, HAT KEINE FESTIGKEIT

Was den menschlichen Glaubensakt betrifft, ist der Zweifel, von dem ich spreche, wie erwähnt kein »Zweifeln an Gott«, sondern eher ein ständiger kritischer Blick darauf, wie *wir* uns auf Gott beziehen, wo wir ihn suchen, was wir über ihn aussagen, welchen Begriff und welche Vorstellung von Gott wir bilden. Ein solcher Zweifel sollte uns vor der Versuchung schützen, aus vorletzten Dingen letzte Dinge zu machen, Symbole gegen das zu vertauschen, was sie symbolisieren, oder menschlich (das heißt kulturell, historisch, psychologisch, sozial) beeinflusste religiöse *Vorstellungen* mit dem Geheimnis zu verwechseln, das alle diese Vorstellungen unendlich übergreift. Wenn ich ein Bild aus einer anderen kulturellen Tradition entlehnen darf, dann würde ich sagen, dass es wichtig ist, *den Finger, der auf den Mond zeigt, nicht mit dem Mond selbst zu verwechseln.*

VERSÖHNTE VERSCHIEDENHEIT

Wenn sich ein Mensch bewusst ist, dass sein persönlicher Glaube notwendigerweise subjektiv eingefärbt ist und dass es einen Unterschied gibt zwischen dem, wie sich uns das Geheimnis Gottes in der Fülle der Offenbarung darstellt, und unserer Fähigkeit, es aufzunehmen und eingeschränkt zu begreifen und zu beschreiben, wird er infolgedessen demütiger. Er weiß auch, dass gerade hier der Ort für Fragen und Zweifel ist: Sie betreffen das, was ich von Gott denke, wie ich ihn zum Ausdruck bringe und wie ich ihn verstehe. Ich sehe ihn immer auf eine menschliche, unzureichende Weise. Das sind weder Zweifel an Gottes Existenz noch Zweifel an der Kirche, die seine Offenbarung dolmetscht, sondern es sind vor allem Zweifel an mir selbst, an meinem Zugang und an meinem Begreifen. Und solche Zweifel sind sicher legitim. Denn wir sind kein Wachs, in das sich das göttliche Geheimnis mechanisch und vollkommen einprägt. Die Offenbarung eröffnet den Weg zum Geheimnis, aber sie stört und zerstört es nicht.

VERSÖHNTE VERSCHIEDENHEIT

Die Theologen zeigen uns, dass der Glaube die Begegnung Gottes mit dem Menschen ist, der Gnade mit der Freiheit. Deshalb hat der konkrete Glaube jedes Gläubigen zwei Seiten, »die natürliche und die übernatürliche«, und die sind im Leben des Gläubigen, im menschlichen Glaubensakt, gegenseitig tief zusammengewachsen. Vielleicht machen gerade die Zweifel und die kritischen Fragen, von denen wir hier sprechen und die ausschließlich die »menschliche Seite« des Glaubens betreffen, letztendlich den Raum der Gnade des Glaubens frei. Vielleicht entfachen manchmal gerade kritische Fragen das Flämmchen der Gnade, damit sie der Berg des »allzu menschlichen« Holzes in unseren religiösen Vorstellungen und scheinbaren Sicherheiten nicht erstickt. Vielleicht würde manchmal ohne ihre Hilfe das, worum es geht, überhaupt nicht Feuer fangen. Der Mensch würde wegen der schönen Worte der »religiösen Sicherheiten«, Theorien und Vorstellungen Gott selbst in seinem Schweigen nicht hören. Auch deshalb brauchen sich der Glaube und der Zweifel gegenseitig wie Brüder: Sie ergänzen und korrigieren sich gegenseitig, aber manchmal zanken sie auch – wie im Neuen Testament die Geschwister Martha und Maria.

WAS OHNE BEBEN IST, HAT KEINE FESTIGKEIT

Erst im Raum der Unsicherheit, ohne die Krücken und die Rettungsnetze der »Beweise«, jenseits der breiten Straßen der Offensichtlichkeit wird der Glaube frei und mutig wie beim Aufstieg auf einen steilen Felsen. Wenn er jedoch unterwegs an irgendeiner Stelle seinen Bruder abschütteln möchte, wenn er nicht mehr bereit ist, immer wieder Antworten auf seine Fragen zu suchen, wird er unverantwortlich. Gott schenkte uns diese Welt und dieses Leben als ein kompliziertes und nicht eindeutiges, Gott lässt die Geschichte als einen vielfarbigen Strom des Guten und Bösen, der Freude und des Leids strömen, Gott legte auch in die heiligen Schriften Paradoxa und Rätsel – warum das alles? Allem Anschein nach wollte er einen freien Raum für den Glauben und für den Zweifel bewahren, für ihre gegenseitigen Begegnungen und ihr Ringen. In diesem Gegenüber von Glaube und Zweifel reift so die unruhige Freiheit des menschlichen Herzens, während wir auf dem Weg bis an die Tore der Ewigkeit sind. Hüten wir uns davor, diesen lebendigen Strom des Suchens im Sumpf toter Sicherheiten versickern zu lassen, seien es »religiöse« Sicherheiten oder die Sicherheiten eines selbstbewussten Atheismus.

WAS OHNE BEBEN IST, HAT KEINE FESTIGKEIT

Wenn ich von einer »Partnerschaft« spreche und dem notwendigen Zusammenleben zwischen dem Glauben und den Zweifeln dieser Art, wird man von mir sicher die Erläuterung erwarten, dass diese Partnerschaft begreiflicherweise asymmetrisch ist, weil der Zweifel Ausdruck der menschlichen Schwäche ist, während der Glaube – wenngleich wir hier immer von seiner »menschlichen Seite« sprechen – letztendlich ein Geschenk Gottes ist. Jedoch bin ich davon überzeugt, dass auch jene Zweifel, von denen ich hier spreche, von Gott selbst in unserem Inneren erweckt oder zumindest zugelassen werden. Der Zweifel, den ich hier im Sinn habe, schützt den Glauben vor seinem absoluten Gegensatz, dem Götzendienst.

WAS OHNE BEBEN IST, HAT KEINE FESTIGKEIT

Wie vor einer überraschenden Straßensperre *drehen* manche Gläubige bei unerwartet auftretenden eigenen Zweifeln um und kehren *zurück* in die erwartbare Sicherheit der Anfänge – sei es in das »Kinderstadium« ihres eigenen Glaubens oder in irgendeine Nachbildung der kirchlichen Vergangenheit. Solche Menschen suchen dann häufig Zuflucht in einer sektiererischen Religion. Es gibt Milieus, welche die verschiedensten Freilichtmuseen der *kirchlichen* Vergangenheit bieten: Sie bemühen sich beispielsweise, die Welt der »einfachen Volksfrömmigkeit« oder eine von der »Modernität nicht verdorbenen« Theologie, Liturgie und Spiritualität der letzten Jahrhunderte zu simulieren. Aber auch hier gilt: »Du steigst nicht zweimal in denselben Fluss.«

NACHTGEDANKEN EINES BEICHTVATERS

Mein Glaube ist nicht unerschütterlich, er zittert ständig: nicht jedoch aufgrund der Zweideutigkeit meines Herzens

Der Glaube und sein Bruder, der Zweifel

oder aufgrund des Kitzelns der klassischen Zweifel der neuzeitlichen Rationalität. Er zittert aufgrund der Ehrfurcht vor dem Geheimnis, er zittert aus Scham vor den großen Worten, ohne die er nicht bestehen könnte. Er zittert aufgrund der Unlust zum Formalismus und wegen der kühlen Professionalität jener Menschen mit einem verhärteten Herzen und Gehirn, er zittert aufgrund der Angst vor der Gefahr, die von den »Wahrheitsbesitzern« ausgeht. Er zittert vor dem Gedanken an die eigene Schwäche und Unwürdigkeit in Bezug auf das, womit ich angesprochen und beschenkt wurde. Er zittert vor dem Erleben des unendlichen Abgrunds zwischen der Unaussprechlichkeit und der Unermessbarkeit Gottes und der Angst meines Herzens und meines Geistes und der Beschränktheit meiner Gedanken und Worte.

WAS OHNE BEBEN IST, HAT KEINE FESTIGKEIT

Das Zittern, das ich im Sinn habe, ist nicht Ausdruck einer feigen Angst, auch wenn sie vielleicht manchmal von Furcht oder Sorge herrührt. Es scheint mir, dass dieses Zittern letztendlich selbst der Puls des Lebens ist, eine Bewegung, die aus der Tiefe der gesamten Wirklichkeit stammt; dass es in einem tiefen Einklang mit dem schöpferischen und erneuernden Wehen des Geistes steht, mit dem Gott selbst ununterbrochen seiner Schöpfung die endgültige Form gibt und sie belebt. Es ist eine Bewegung, die es uns nicht erlaubt, zu erstarren, innerlich zu verhärten oder empfindungslos zu werden.

WAS OHNE BEBEN IST, HAT KEINE FESTIGKEIT

Ja, ich fürchte und meide die »Unerschütterlichen«, weil ich spüre, wie von ihnen eine Kühle des Todes und eine Feindschaft zum Leben, zu seiner Beweglichkeit, Wärme und Vielfalt ausgeht. Ich meide sie, weil ich der zur Schau gestellten Festigkeit ihres Glaubens einfach nicht trauen kann. Ich kann mir nicht helfen, aber hinter ihrer Unnachgiebigkeit spüre ich krampfhaft unterdrückte Fragen und nicht verarbeitete Probleme, ungelöste innere Konflikte, vor denen sie vergebens in Kämpfe mit den »Andersdenkenden« zu entfliehen versuchen.

WAS OHNE BEBEN IST, HAT KEINE FESTIGKEIT

Die unerträglichsten, intolerantesten und fanatischsten Gläubigen sind meiner Meinung nach Menschen, die selbst große Zweifel haben. Eigentlich kämpfen sie mit sich selbst, mit ihren eigenen nicht akzeptierten Zweifeln, die sie jedoch nicht annehmen oder ertragen konnten. Und deshalb projizieren sie sie auf die anderen. Dort kämpfen sie dann in Wirklichkeit mit ihrem eigenen Schatten. Dieser Mechanismus der Projektion ist in der Psychologie, insbesondere in der Tiefenpsychologie C. G. Jungs, gut beschrieben.

VERSÖHNTE VERSCHIEDENHEIT

Meine Erfahrung mit Fanatikern der einen oder anderen Seite (mit nicht toleranten »Gläubigen« sowie dogmatischen, militanten Atheisten) sagt mir, dass besonders diejenigen zu unerträglichen, gehässigen Menschen werden, die nicht in der Lage sind, einen Zweifel an der eigenen Position anzuerkennen. Sie befreien sich von den Zweifeln dadurch, dass sie sie auf andere projizieren; sie schreiben sie den anderen zu, und durch den Kampf mit ihnen kämpfen sie eigentlich mit den eigenen unerkannten Schatten und »Dämonen«.

THEATER FÜR ENGEL

Der Glaube und sein Bruder, der Zweifel

Prävention und Therapie des religiösen Fanatismus, der ein
so großes Problem unserer Zeit darstellt, setzt voraus, dass
wir uns einer Sache bewusst sind: Mein persönlicher
Glaube darf keine absoluten Ansprüche haben, ich sollte
ihn nicht mit der Fülle der Erkenntnis verwechseln. Ich
muss kritische Fragen nicht unterdrücken, ich sollte jedoch
auch wissen, dass ich nicht auf alle Fragen in diesem Leben
vollständige Antworten bekommen kann.

VERSÖHNTE VERSCHIEDENHEIT

Ich denke, dass jedem, der über seinen Glauben nachdenkt,
naturgemäß die unterschiedlichsten Zweifel und kritische
Fragen kommen. Aber ich fürchte mich vor denen, die nicht
in der Lage sind, ihre eigenen kritischen Zweifel und Fragen zu ertragen, die – weil sie wollen, dass ihnen ihr Glaube
schon definitive Sicherheiten bietet – die Sichtweise ihres
Glaubens mit der eschatologischen *visio beatifica* verwechseln, mit dem »seligen Schauen«. Sie verwechseln sozusagen die Erde und den Himmel.

Menschen, die nicht fähig sind, ihre eigenen Zweifel
auszuhalten, projizieren sie oft auf andere. Sie befreien
sich von ihnen durch den Mechanismus der Projektion: Sie
verdächtigen andere, zu zweifeln oder einem Irrglauben an-
zuhängen, und kämpfen dann hart gegen diese anderen.

VERSÖHNTE VERSCHIEDENHEIT

Mein Glaube braucht kritische Fragen. Sie sorgen dafür,
dass er immer wieder neu geweckt, belebt und beunruhigt
wird. Gleichzeitig bin ich mir jedoch bewusst, dass auch
meine Skepsis und mein Fragen einen Horizont des Vertrauens voraussetzen. Sie leben aus der Entscheidung zu
glauben; sie überprüfen, durchdenken und vertiefen diese.
Ich habe gelernt, im Doppelhaus der Skepsis und des Ver-

trauens zu leben; *ich wurde mir selbst zur Frage.* Ich weiß, dass ich sie nicht ohne Denjenigen beantworten kann, der alle meine Versuchungen, genauso überheblich wie die Atheisten zu werden, in Zweifel zieht. Aber auch Er, meine Hoffnung und mein Felsen, bleibt in mir vor allem in der Form einer dauerhaften Frage anwesend. Die Frage, die ich Gott stelle, und die Frage, die mir Gott stellt, ist dieselbe Frage.

WAS OHNE BEBEN IST, HAT KEINE FESTIGKEIT

Ein christlicher Theologe ist kein Ideologe, er ist ein »von der Kirche bezahlter Zweifler« – und wenn er nicht aufhören darf zu zweifeln, muss er letztendlich auch an den Zweifeln zweifeln. Der Unglaube (Fundamentalismus) unterdrückt die Zweifel (und projiziert sie oft auf die anderen), während ein erwachsener Glaube *trotz der Zweifel glaubt.* Er macht einen mutigen Schritt des Vertrauens in die Tiefe des Geheimnisses und hat genug Kraft, kritische Fragen und Zweifel zu ertragen, auch wenn er auf manche von ihnen bisher keine befriedigende Antwort geben kann. Zum Glauben gehört auch die »eschatologische Geduld«.

VERSÖHNTE VERSCHIEDENHEIT

3 Das Geheimnis namens Gott

Die Aussage »Gott existiert« muss man ähnlich wie die Aussage »Gott ist tot« zunächst richtig deuten: Wir sollten auf sie nicht überstürzt mit *ja* oder *nein* antworten, denn die richtige Antwort sollte zunächst eine Gegenfrage sein: Was meinst du damit? Was meinst du mit dem Wort »Gott« und was meinst du mit dem Wort »existieren«? Denn ich kann mir eine Reihe von Auffassungen vorstellen, die sich hinter der Antwort »ja, Gott existiert« verbergen können, die ich aber dennoch als christlicher Theologe ablehnen müsste.

VERSÖHNTE VERSCHIEDENHEIT

Der Gott, von dem die Schrift und die christliche Tradition sprechen, ist nicht »ein übernatürliches Wesen« irgendwo hinter den Kulissen der sichtbaren Welt, sondern ein Geheimnis, das die Tiefe und die Basis aller Wirklichkeit ist – und wenn wir unser Leben nach ihm ausrichten, dann *verwandelt sich* unser Leben (und unsere Beziehung zum Leben und zur Wirklichkeit) *von einem Monolog in einen Dialog*, und das, was uns bis dahin als unmöglich erschien, wird zur Möglichkeit.

NACHTGEDANKEN EINES BEICHTVATERS

Gott »ist nicht« – Gott geschieht.

THEATER FÜR ENGEL

Wenn wir über Gott nachdenken, balancieren wir wie ein Seiltänzer auf einem sehr dünnen Seil, mit dem Abgrund links und rechts von uns: »Das, was du verneinen kannst, ist nicht Gott« (Bonaventura) und »Wenn du etwas begreifen kannst, ist es nicht Gott« (Augustinus). Auf dieser sehr dünnen Kante, quasi wie auf Messers Schneide, kann nur ein von Hoffnung und Liebe gestützter Glaube schreiten, nur ein Glaube, der von der Gnade getragen ist.

NICHT OHNE HOFFNUNG

Gott ist die Tiefe der Wirklichkeit. Insoweit wir in unserem Leben und bei unserem Begreifen des Lebens und im Verständnis der Welt die Versuchung zur Seichtheit und Oberflächlichkeit überschreiten, befinden wir uns auf dem Weg, der zur Wohnung des Lichts führt.

NICHT OHNE HOFFNUNG

Gott ist nicht auf der Erdoberfläche und er ist auch nicht im Jenseits, vor dem sich Nietzsche so ekelte (und zwar zu Recht, insofern er in ihm nur ein feiges Asyl vor der Verantwortung für die Welt gesehen hat). Gott ist auch nicht in jenem Himmel, den Heine »den Engeln und den Spatzen« zu überlassen empfahl. Und wenn ich sage, dass er *inwendig* ist, habe ich nicht einen pietistischen Tempel im Herzen im Sinn. *Gott ist die Tiefe der Wirklichkeit*; ich stimme mit Tillich überein, dass derjenige, der »von der Tiefe weiß, von Gott weiß«. Tiefe ist in diesem Fall nicht das Gegenteil von Höhe, sondern das Gegenteil von Seichtheit und Oberflächlichkeit.

NICHT OHNE HOFFNUNG

Gott ist eher unser Fundament als unser »Gegenüber«, die Quelle nicht nur unserer Existenz, sondern auch dessen, wodurch diese Existenz verwirklicht wird. Deshalb ist er auch das Fundament und die Quelle unseres Suchens und Ausblickens, unserer Offenheit, unseres Selbstüberschreitens – unserer Transzendenz.

GEDULD MIT GOTT

Gott verbirgt sich noch in der Ambivalenz der Welt, hinter dem Paravent des doppelsinnigen Wörtchens *vielleicht*, das sowohl Zweifel (am Glauben oder am Atheismus) als auch Hoffnung bedeuten kann. Der Glaube kann es sich noch nicht auf der Liege der Sicherheiten gemütlich machen und fett werden, er kann sich nicht von Risiken freimachen, er muss mutige Tat bleiben, er muss »in das Paradox hineinspringen«, die Last der Unsicherheiten aushalten und Ausdauer beim Warten vor dem Tor zum Geheimnis zeigen: einem Warten, das sowohl die Qual einer unerfüllten Sehnsucht als auch die wärmende Ruhe des unendlichen Vertrauens in sich birgt.

NICHT OHNE HOFFNUNG

Der Glaubensakt kann nur dann authentisch sein, kann nur dann die *Tugend des Glaubens* sein, wenn es sich um einen freien Akt handelt. Gott bleibt als Gegenstand des Glaubens ein Geheimnis, und deshalb schließt der Glaube den Mut ein, in die Wolke des Geheimnisses einzutreten; die Vernunft kann dabei helfen, die Glaubwürdigkeit des Glaubens zu verteidigen; der christliche Glaube ist ein »vernünftiger Glaube«, als Christ darf ich nicht gegen die Vernunft und gegen das Gewissen glauben, jedoch reichen die rationalen Gründe für den Glauben nicht aus. Eine bloße menschliche Spekulation, eine bloße rationale Zustimmung kann den Glauben nicht ersetzen, der Glaube ist immer ein »Geschenk der Gnade«

GOTT LOS WERDEN?

Gott ist ein Geheimnis, und zwar nicht »irgendein Geheimnis«, sondern das zentrale Geheimnis der Wirklichkeit.

NICHT OHNE HOFFNUNG

Wenn etwas seit jeher die Basis einer religiösen Beziehung zum Leben darstellt, dann sind dies nicht Vorstellungen von Gott oder Göttern, sondern das tief empfundene Bewusstsein, dass das Leben ein Geschenk ist. Wenn etwas wirklich gottlos ist, dann ist das die undankbare Achtlosigkeit gegenüber der grundlegenden Tatsache, dass die Existenz unseres Lebens nicht selbstverständlich ist, gegenüber der Tatsache, dass wir uns selbst geschenkt sind. Wirklich *gottlos* ist, das Leben banal als »Zufall« aufzufassen, als rein biologisches Faktum ohne jeden geistigen Inhalt und Sinn. Den Charakter des Lebens als eines Geschenks gilt es nicht nur theoretisch anzuerkennen, sondern auch tief zu erleben. Wenn jemand dieses Erlebnis kennt und in diesem Zusammenhang sich weigert, von Gott zu sprechen – und lieber von Dankbarkeit gegenüber dem Leben oder der Natur spricht –, dann bedeutet das in der Regel nur, dass seine persönliche Vorstellung von Gott zu eng ist, als dass sie dieses Erlebnis fassen könnte, und dass er die Begriffe »Leben« oder »Natur« eigentlich als »Pseudonyme« für das Wort »Gott« benutzt. Aber warum sollte man das Leben und die Natur mythologisch vergöttlichen, wenn es ein Wort gibt, das gerade das ausdrückt, was die Natur und das Leben trägt, aber gleichzeitig auch unendlich übersteigt? Warum sollte man etwas vergöttlichen, das nicht Gott ist? Warum sollte man das Bedingte für das Unbedingte ausgeben? Warum sollte man die Erscheinungen des Lebens absolut setzen, wenn wir hier ein Wort haben, welches das Absolute selbst bezeichnet, ein Absolutes, das sachlich und real alles zu relativieren erlaubt, was nicht absolut ist?

ICH WILL, DASS DU BIST

In die Dunkelheit des göttlichen Geheimnisses selbst dringt das Licht der menschlichen Vernunft nicht durch, sondern die Vernunft ist auf die Erleuchtung durch den Strahl der Gnade angewiesen, der aus der Tiefe dieses Geheimnisses selbst ausgeht. Er geht von Gott aus, der sich auf viele verschiedene Weisen erkennen lässt – und der sich manchmal in der Anonymität verbirgt, unter Pseudonymen auftritt.

GOTT LOS WERDEN?

Mit dem Wort »Gott« gehe ich sparsam um; ich bezeichne mit ihm ausschließlich jenes höchste Geheimnis, jenes Unbekannte, das durch das Leben, so wie wir es kennen, hindurch schimmert. Oder ist uns so viel daran gelegen, wider alle Erfahrung zu behaupten, dass wir schon alles kennen und das, was wir nicht kennen, früher oder später mit dem Licht unserer Vernunft und ihrer Instrumente durchdringen werden? Ist es nicht demütiger und gleichzeitig weiser, mit Pascal zu sagen, dass die höchste Leistung der Vernunft darin besteht, ihre eigenen Grenzen anzuerkennen, oder die »Arbeitsdefinition Gottes« von Anselm anzunehmen, nämlich, dass Gott das ist, über das hinaus Größeres nicht gedacht werden kann?

ICH WILL, DASS DU BIST

Wenn wir *nicht wissen*, *wie* Gott ist und *was* Gott »seinem Wesen nach« ist, und trotzdem uns unser Glaube, unsere Hoffnung und unsere Liebe die Sicherheit geben, *dass* Gott ist, dann ändert sich dadurch unser Weltverständnis, unsere Beziehung zur Wirklichkeit grundlegend. Dann hört für uns die Welt auf, nur eine Oberfläche zu sein, die wir überblicken, gegebenenfalls unter unsere Kontrolle bekommen können. Wir beginnen, mit einer neuen Dimension der

Wirklichkeit zu rechnen – mit dem *Geheimnis*, und zwar mit dem »absoluten Geheimnis«: einem solchen Geheimnis, das »keinen Grund und Boden« hat.

Man kann auch sagen, dass der Streit darüber, ob Gott »ist oder nicht ist«, eigentlich nur im Umfeld eines bestimmten philosophisch-religiösen Denkens möglich ist, nämlich dort, wo Gott als *Entität*, als ein *Seiendes* begriffen wird – wenn auch das höchste und vollkommenste. Wenn jedoch Gott nicht als Seiendes unter Seienden begriffen wird, sondern vielmehr als »Quelle allen Seins«, dann ergibt es eigentlich keinen Sinn, darüber zu sprechen, ob er »ist oder nicht ist«. Vielmehr stellt sich die Frage, welchen Charakter etwas hat, was das Grundlegendste, das Äußerste und das Tiefste ist. Die Behauptung, dass so etwas »nicht ist«, ist für sich allein sinnlos.

Das Sein Gottes, an den wir glauben, unterscheidet sich vom Sein der Dinge, die im Sinne eines gegenständlichen, unseren Sinnen zugänglichen Vorhandenseins *existieren*. Gott *ist nicht* so, wie die Dinge *sind*. Wenn er ist, dann *ist er anders*. Wenn Gott ist, dann *existiert er* auf seine eigene, göttliche, einzigartige Art und Weise – so, wie nur er ist und niemand anders. Wenn er anders wäre, wäre es nicht Gott, der eine und einzigartige, es wäre nur ein Exemplar einer Gottheit, ein Götze, ein Abgott, ein Seiendes unter anderen Seienden, ein Ding unter Dingen.

Der Gott, von dem die Bibel spricht, erscheint in seinem Werk, in seiner Schöpfung und insbesondere in der Mensch-

Das Geheimnis namens Gott

werdung seines Sohnes; trotzdem bleibt – wie die großen christliche Theologen betonen – das, was Gott »in sich selbst« ist und »wie Gott *ist*« (was das Verb »sein« bedeutet, wenn es auf das Sein Gottes bezogen ist), für uns ein unbegreifliches Geheimnis. Im Geist der christlichen *negativen Theologie* Meister Eckharts schrieb Dietrich Bonhoeffer: »Einen Gott, den es gibt, gibt es nicht.« Das bedeutet: Gott *ist nicht* »ein Sein« inmitten von anderen Seienden der Welt – in dieser Welt der gegenständlichen Seienden ist Gott vielmehr »ein Nichts« – und du, Mensch, musst auch »ein Nichts« werden (dich auf *nichts* in dieser Welt fixieren und dich *mit nichts* ganz identifizieren, »arm« bleiben – das heißt *innerlich frei*), wenn du Ihm begegnen möchtest (»wie ein Nackter dem Nackten«). Nur in dieser deiner »Nichtigkeit« (der Armut, der Freiheit) kannst du »Gott gleich« sein.

BERÜHRE DIE WUNDEN

Ist es denn möglich, von Gott zu sprechen und dabei das eigene Leben außen vor zu lassen? Wäre nicht ein solcher »äußerlicher« Gott nicht nur ein Götze? Und ist es möglich, von sich zu sprechen und nichts über Gott zu sagen? Würde ich mich damit nicht selbst in die Position Gottes erheben? Und können wir tatsächlich von der Welt sprechen, ohne auf ihr Geheimnis hinzuweisen? Würden wir dann die Banalität, die Flachheit und die Ödnis einer eindimensionalen Welt aushalten können? Und ist es wohl möglich, von den erhabenen Wahrheiten des Glaubens ernsthaft zu sprechen, ohne zu sagen, dass der Glaube vor allem ein Weg ist; ein Weg, der auch finstere, ausgetrocknete Abschnitte kennt, auf denen es vonnöten ist, vielen quälenden Fragen und Zweifeln standzuhalten? Und ist es möglich, anders von diesen Dingen glaubwürdig zu sprechen, ohne zu versuchen, zumindest etwas von unserer persönlichen Erfahrung darzulegen?

WAS OHNE BEBEN IST, HAT KEINE FESTIGKEIT

Eine echte religiöse Suche in unserem Leben hier auf der Erde kann nie das gleiche Ende finden wie die erfolgreiche Suche nach einem Gegenstand: mit dem Auffinden und Besitzen dieses Gegenstands. Die religiöse Suche richtet sich nämlich nicht auf irgendein gegenständliches Ziel, sondern sie zielt auf das Herz des Geheimnisses, das unerschöpflich ist, das keinen Grund und Boden hat.

GEDULD MIT GOTT

Die Wirklichkeit hat keinen Grund und Boden, sie *ist radikal offen* – und also müssen auch mein Geist und mein Herz *offen* bleiben. Ich muss achtsam bleiben, wachsam und das Geheimnis respektierend. Ich kann nicht in das Geheimnis einbrechen, mich seiner bemächtigen, es beherrschen, es beseitigen, »mit ihm fertig werden«. Ich kann nur in der Stille offen sein und dabei wissen, dass jenes Geheimnis nicht den Charakter eines »*Es*« trägt, es ist nicht unbelebt, blind und taub, es ist weder gleichgültig noch stumm.

NACHTGEDANKEN EINES BEICHTVATERS

Warum braucht der Mensch »einen Gott«? Einfach deshalb, weil der Mensch von seinem Wesen her »religiös« ist. Er kann sich nicht nicht auf das beziehen, was ihn übersteigt (auch wenn die Vorstellungen davon, was dieses ist, und auf welche Art man sich darauf bezieht, grundlegend verschieden sein können). Der Mensch »braucht« deswegen Gott, damit er sein »religiöses Bedürfnis« nicht mit irgendeinem Ersatzgegenstand, »irgendeinem Gott« bzw.

heutzutage mit der weit verbreiteten Illusion befriedigen würde, dass er selbst Gott sei.

NICHT OHNE HOFFNUNG

Gott brauchen wir vor allem deswegen, um zu begreifen, dass *wir nicht Gott sind und uns nicht als Gott aufspielen sollen*. Der Grundstein des Bundes vom Sinai besteht aus zwei Sätzen: »Ich bin der Herr, dein Gott … Du sollst neben mir keine anderen Götter haben«; alles andere ist wohl schon menschlicher Kommentar dazu.

NICHT OHNE HOFFNUNG

Wenn man das Wort »Gott« biblisch und nicht deistisch-metaphysisch begreift, ist es ein Zeichen der Hoffnung, dass die irdischen Mächte, so stark auch immer sie erscheinen mögen, nicht das letzte Wort haben dürfen und haben werden, dass zu Babel keine Türme in den Himmel wachsen werden. Wenn wir von Gott und seiner Autorität (dem »Reich Gottes«) im Geist der Bibel sprechen wollen, und nicht in der Art einer wissenschaftlichen Beschreibung eines weltlichen Dinges, müssen wir uns im Klaren sein, dass wir uns auf Wirklichkeiten mit eschatologischem Charakter beziehen: auf etwas, das nicht »evident« und »beweisbar« ist und sein kann, das jedoch die Bedingung der *Offenheit* der Wirklichkeit der Welt und des menschlichen Lebens ist. Ja, wenn ich in der Diskussion darüber, wie die Präambel der europäischen Verfassung aussehen soll, die *Invocatio Dei* (den Gottesbezug) verteidigen sollte, dann würde ich dies gerade und einzig in diesem Kontext tun – *im Kontext des biblischen Kampfes des Glaubens gegen die Idolatrie*, des Hinweises auf den eschatologischen Horizont, der es ermöglicht, alle Bemühungen anzuzweifeln, die irgendeinen innerweltlichen Wert absolut setzen wollen.

ANGEBETET UND NICHT ANGEBETET

Gott ist uns nicht als eine simple Tatsache unter anderen Tatsachen gegeben, als Gegenstand unter anderen Gegenständen. Er ist uns als Gegenstand des Glaubens gegeben. Deshalb ist die Sehnsucht, das Wollen, dem Wesen des Glaubens weitaus näher als eine bloße »Überzeugung«, als unsere bloßen Meinungen.

ICH WILL, DASS DU BIST

Gott kann natürlich nicht durch mein Wollen »herbeigerufen« werden. Er wäre dann jener Feuerbach'sche oder Freud'sche *Gott als Projektion unserer Wünsche*, »nichts als« ein Wunsch. Das Wollen, von dem hier die Rede ist, ist kein »Trachten«, keine Begierde (*concupiscentia*), sondern eine essenzielle *Sehnsucht* des Herzens.

ICH WILL, DASS DU BIST

Gott ist mit Sicherheit absolut unabhängig von meinem Wollen oder Nichtwollen. Jedoch ergibt sich aus seinem Respekt vor dem Geschenk der Freiheit, dem größten Geschenk, mit dem er unsere Natur beschenkte, dass seine explizite Anwesenheit in meinem Leben (meine Begegnung mit ihm im Glauben und das Verweilen mit ihm in der Liebe) ein sehnendes »ich will« voraussetzt und erfordert. In der Sprache der Mystiker gesagt: Gott selbst sehnt sich nach unserer Sehnsucht.

ICH WILL, DASS DU BIST

Gott gehört in das Reich des Unmöglichen, sagt der inspirierende postmoderne Philosoph John Caputo. Gott gehört zu jenem Unerwarteten, Überraschenden, ganz Anderen. Er ist die »absolute Zukunft«, welche die relative, vorsehbare und planbare Zukunft der »vernünftigen Erwartungen« und Möglichkeiten übersteigt – jener Erwartungen und

Das Geheimnis namens Gott

Möglichkeiten, die durch das eröffnet werden, was wir bereits zur Verfügung haben. Er ist etwas, das sich immer nur im Paradox zeigt und in der »entweder A oder Nicht-A«-Logik immer als ein unmöglicher dritter Weg erscheinen wird. Nachdem ihr vernünftiger Einwand nicht greift, sagt Maria ihr Ja zu Gott, »bei dem nichts unmöglich ist«, bei dem auch das möglich ist, was für uns und aus unserer Perspektive heraus unmöglich ist. Zu glauben beginnen bedeutet, aus den Schablonen des schon gedachten Denkens, aus den »Spinngeweben der Vernunft« auszubrechen und sich mutig und kreativ dem zu öffnen, das alles Beschriebene überschreitet. Deshalb ist der lebendige Glaube eher ein Verbündeter der Kunst, die immer wieder die Horizonte des bereits Dargestellten und Gestalteten überschreitet, als jener Wissenschaft, die auf der mechanistischen Physik der Neuzeit basiert.

WAS OHNE BEBEN IST, HAT KEINE FESTIGKEIT

Der Gott, von dem die Bibel spricht und der sich den menschlichen Versuchen, ihn zu benennen, entzieht und sich manchmal sogar dagegen wehrt, lässt es von Zeit zu Zeit zu, dass seine Tempel zerstört werden. Er hüllt sich in Schweigen, setzt die Welt der Erfahrung seiner Ferne aus, die – wie die Mystiker gut wussten – nicht weniger tief und authentisch sein kann als die Erfahrung seiner beglückenden Nähe. Er ist sowohl im hellen Licht des Tages als auch in der Finsternis der Nacht anwesend, sowohl in Worten als auch im Schweigen; er ist sowohl im Leben derer anwesend, die ihn sehnsüchtig suchen, als auch derer, die mit ihm leidenschaftlich ringen; er umschließt swohl die Leben derer, die ihn bekennen, als auch derer, die ihn nicht kennen. Er ist hier und wird hier »*vocatus atque non vocatus*« sein – gerufen und nicht gerufen, angebetet und nicht angebetet, benannt und nicht benannt. Denen, die vermuten, dass er sich in ihrer Reichweite befindet, aber auch denen, die wie Elija auf dem Weg zum Berg Horeb erschöpft und nah der Verzweiflung und der Resignation am Untergehen sind, richtet er aus: *Steh auf, du hast noch einen weiten Weg vor dir!*

ANGEBETET UND NICHT ANGEBETET

Vielleicht haben wir schon die Verlegenheit angesichts der biblischen Erzählungen über den leidenschaftlichen, schwer berechenbaren Gott verspürt; dieses Gottes, der wiederholt bedauert, dass er die Menschen geschaffen hat, und der seine Getreuen extrem schweren Prüfungen aussetzt wie im Falle Abrahams oder Ijobs. Vielleicht erschien uns der griechische apathische unbewegte Erste Beweger in seiner überweltlichen Vollkommenheit sehr fern, abstrakt und ein bisschen langweilig. Der Versuch, das Geheimnis des Unbegreifbaren in jenen Funken zu erblicken, die entstehen, wenn *wir diese beiden so diametral entgegengesetzten Bilder nebeneinander legen*, schien mir immer genial zu sein. – Die größte Aufgabe der Theologie sehe ich daher darin, diese spannungsgeladene Dynamik aufrechtzuerhalten und ständig auszubalancieren, und dabei nicht zu vergessen, dass ich von Gott nur in Paradoxa denken und sprechen kann.

WAS OHNE BEBEN IST, HAT KEINE FESTIGKEIT

Wo existiert also Gott, wo können ihm auch unsere ungläubigen Freunde begegnen? *Er existiert in den Geschichten, die über ihn erzählt werden.* Das ist heute der Himmel, in dem Gott wohnt, das ist der Himmel, der sich demjenigen öffnet, der bereit ist, »*in die Geschichte einzutreten*«.

THEATER FÜR ENGEL

Das Geheimnis namens Gott

Damit wir dem Gott der Bibel begegnen können, *müssen wir* »in die Geschichte *eintreten*«; *es ist notwendig, mit Ehrfurcht* und Verständnis *einzutreten*. Wir müssen vieles davon ablegen, was wir mit uns tragen. Eine solche Last kann beispielsweise die fundamentalistische, »wortwörtliche« Auslegung der Bibel sein oder die Auffassung, die Bibel sei ein Naturkunde-Lehrbuch oder ein Geschichtsbuch. Beides ist in Wirklichkeit nur eine unkritische Applikation neuzeitlicher positivistischer Kriterien auf einen Text, dem ein derartiges Verständnis der Wirklichkeit und der Wahrheit völlig fremd ist.

THEATER FÜR ENGEL

Gott ist nicht unser Schatten, unsere Schöpfung, die Projektion unserer Phantasie; wir sind Sein Bild und die Schöpfung Seiner schöpferischen Phantasie.

THEATER FÜR ENGEL

Der Gott, an den ich glaube, *funktioniert nicht.* Er ist kein göttlicher Erfüller menschlicher Forderungen (und schon gar nicht der Diener meines Willens). Er *ist* – er ist *so, wie er ist* (vgl. Ex 3,14), nicht so, wie ich ihn mir wünsche – und ich bin es, der sich bemüht (wenn auch mit zu wenig Eifer und schwach, wie ich eingestehen muss), Seinen Willen zu erfüllen.

THEATER FÜR ENGEL

Gott – ein Verbündeter und Garant der politischen Macht; ein Gott, der Angst verbreitet und Gewalt an Unschuldigen legitimiert? Gott – ein Regisseur der Welt und der Geschichte; ein Gott, der der menschlichen Freiheit keinen Raum und keine Verantwortung lässt und die Freiheit und die Vernunft des Menschen eifersüchtig behindert? Ein solcher Gott existiert wirklich nicht! *Einen solchen* Gott kann man und muss man notwendigerweise negieren, denn »über« ihn hinaus kann und muss in der Tat noch etwas »Größeres« gedacht werden.

NICHT OHNE HOFFNUNG

Es ist zu fragen, welchen Charakter dasjenige hat, über das hinaus, mit Anselm von Canterbury gesprochen, nichts Größeres gedacht werden kann. Im Geist Anselms könnten wir sagen: Einen Gott, *der nicht sein könnte*, gibt es wirklich nicht; aus der Definition Gottes selbst ergibt sich, dass Gott kein kontingentes, zufälliges Seiendes sein kann. Gottes Nichtsein zu denken ist nicht möglich. Wenn nämlich Gott die Quelle des Daseins ist und nicht ein Seiendes unter Seienden, dann wäre ein »nicht seiender Gott« ein Absurdum, ein logischer Widerspruch.

Wenn also ein Atheist behauptet, dass Gott nicht existiert, und er damit aussagen will, dass Gott nicht als eine Sache oder als Gegenstand existiert, dann stimme ich dem völlig zu.

VERSÖHNTE VERSCHIEDENHEIT

Wenn dem heiligen Anselm mit seinem genialen *ontologischen Gottesbeweis* aus dem Begriff Gottes heraus etwas gelungen ist, dann ist das nicht der überzeugende Beweis der »realen« Existenz Gottes, sondern der logische Beweis, dass *man Gott nicht als nichtexistent denken kann.* Weil das Sein essenziell zum Begriff des vollkommenen Wesens gehört, ist ein »nichtexistierender Gott« ein Widerspruch. Er ist kein Gott, sondern ein Götze. Der heilige Bonaventura drückte dies mit dem genialen Satz aus: »Wenn Gott Gott ist, ist Gott.« Denn das, was »nicht ist«, das ist in Wahrheit kein Gott.

NICHT OHNE HOFFNUNG

Das Geheimnis namens Gott

Ein Gott, *der auch nicht sein könnte,* der in irgendeiner seltsamen Sphäre der zufälligen Seienden wohnen würde, über die sich diskutieren ließe, ob sie »sind« oder »nicht sind« – das ist nicht der Gott meines Glaubens. Ich glaube nicht an einen Gott hinter der Wirklichkeit oder außerhalb der Wirklichkeit, sondern an Gott als die Tiefe der Wirklichkeit.

THEATER FÜR ENGEL

Ich lehne das Bild Gottes als eines »übernatürlichen Wesens« ab, das hinter den Kulissen der sichtbaren Welt unseren Forderungen nachkommt – und dem wir die Existenz zu- oder aberkennen, je nachdem, wie unser Urteil über die Effektivität seiner Leistung ausfällt: Wenn er unseren Vorstellungen gemäß funktioniert, dann existiert er und »wir glauben an ihn«, wenn er unsere Kriterien nicht erfüllt, dann »ist er nicht«. Bezüglich eines solchen Gottes stehe ich völlig auf der Seite der Atheisten. In meine Welt und in die Welt meines Glaubens gehören keine »übernatürlichen Wesen« dieser Art und schon gar nicht ein solch erbärmliches Exemplar dieser Gattung.

THEATER FÜR ENGEL

Solange wir in dieser Welt leben, bleibt ein gewaltiger Graben zwischen der Tiefe der Selbstmitteilung Gottes und unserer Fähigkeit, sie fassen zu können; das Wort von Paulus, dass wir Gott hier auf Erden nur teilweise erkennen können, im Spiegelbild, in Rätseln, gilt nicht nur für die »natürliche« Erkenntnis Gottes in seiner Schöpfung, sondern auch für das Verständnis seiner Worte und Taten in der Heilsgeschichte.

NICHT OHNE HOFFNUNG

Die Sprachphilosophie lehrt uns, dass wir zum Verständnis eines beliebigen Satzes dessen Kontext kennen müssen. Ohne den Kontext können wir die Aussage nur schlecht oder überhaupt nicht begreifen. Die Ereignisse, die wir erleben, unsere ganze persönliche Geschichte genauso wie der Teil der Geschichte, in den wir gestellt sind, sind nur ein bestimmtes Fragment, ein Bruchstück. Gott ist der Kontext des Lebens von jedem von uns, der Kontext der menschlichen Geschichte und auch der Gesamtkontext des Geschehens in der Natur und im Kosmos. Das Problem liegt aber darin, dass uns dieser Kontext nicht zur Gänze vor Augen steht, dass wir ihn geduldig enthüllen müssen und dass er sich uns in seiner Fülle erst am Ende der Zeiten zeigen wird.

VERSÖHNTE VERSCHIEDENHEIT

Jeder Satz verrät seinen Sinn nur in einem bestimmten Kontext. Wenn wir den Kontext nicht kennen, kann es sein, dass wir ihn missverstehen oder er uns absurd erscheint. *Gott ist der Kontext unseres Lebens* und des großen Dramas der Geschichte und der Natur; wenn wir diesen Kontext nicht berücksichtigen, können wir die eigene Geschichte (geschweige denn die Geschichte der Menschheit und der Natur) missverstehen, oder sie kann uns absurd vorkommen.

NICHT OHNE HOFFNUNG

Gott, jener geheimnisvolle Kontext unseres Lebens, *ist uns nur als Gegenstand der Hoffnung gegeben.* Und auch wenn wir uns bemühen sollen, alle seine Botschaften sorgfältig zu lesen, die Worte und die geheimnisvollen Chiffren, die Heiligen Schriften und die Schätze der Tradition und die Zeichen der Zeit, und auch wenn wir gemeinsam mit dem großen katholischen Gehorsam an all das glauben, »was

Das Geheimnis namens Gott

die heilige Kirche zum Glauben vorlegt« – alle diese guten, nützlichen, ja sogar unverzichtbaren Schritte ändern nichts an dieser Tatsache.

NICHT OHNE HOFFNUNG

Gott bleibt ein radikales Geheimnis. – Gerade deshalb sind die Versuche, »über ihn Regie zu führen«, so lächerlich und blasphemisch. Jedoch ist Gott sowohl verborgen als auch Ausschau haltend – er gibt sich zu erkennen, er hält selbst nach denen Ausschau, die ihn suchen, wie es die Schrift über die Weisheit Gottes sagt. Gott hält nach denen Ausschau, die nach ihm Ausschau halten – und vielleicht können wir noch etwas mehr sagen: Auch unser Ausschauhalten – unsere geistliche Erfahrung und die geistliche Erfahrung der anderen – sind eine Art und Weise seines Ausschauhaltens, die Art und Weise, wie er unter uns ist. Er ist in unserem Offensein.

GEDULD MIT GOTT

Das Sein Gottes (und die konsequent zu Ende gedachte Idee Gottes) ist etwas, das die neuzeitliche Unterscheidung zwischen Subjekt und Objekt, zwischen dem Inneren und dem Äußeren, radikal überschreitet. Ich kann gut nachvollziehen, dass in dieser neuzeitlichen Trennung von Subjekt und Objekt die Idee Gottes nicht in das System hineinpasste. Und wenn man sie dort zu platzieren versuchte, kam eher eine Karikatur Gottes heraus, die die Leugnung durch den Atheismus geradezu herausfordert. Gott ist also weder »außen« noch »innen«, weil er nicht ein *Teil* von uns selbst ist, auch nicht ein Teil der Welt. Gott ist nicht nur irgendeine Tiefe der menschlichen Seele, auch wenn sich sicher sagen lässt, dass »er in dieser Tiefe wohnt«; und Gott ist auch nicht irgendein Objekt »außerhalb von uns«, irgendwo innerhalb der Schöpfung, auch wenn er im gewissen Sinne die ganze Schöpfung einschließt und gleichzeitig überschreitet. Von Gott theologisch zu denken bedeutet, diese Trennung der Welt in Subjekt und Objekt zu überschreiten, aus diesem neuzeitlichen Paradigma auszubrechen.

VERSÖHNTE VERSCHIEDENHEIT

Die *göttliche Verborgenheit* ist immens und so radikal, dass es nicht darum geht, dass wir unsere alte Vorstellung von Gott durch eine neuere ersetzen könnten, sondern darum, dass wir den Mut finden, alle unsere menschlichen Vorstellungen von Gott abzulegen (oder zumindest »in Anführungszeichen zu setzen«) und schweigend und staunend vor dem Geheimnis stehen zu bleiben. Das ist das Ergebnis der harten Lektion, die Ijob durchmachte – seine Worte: »Ich lege meine Hand auf meinen Mund.«

NICHT OHNE HOFFNUNG

Ich bemühe mich, zu zeigen, dass Gott einerseits ein wahrhaft radikales und unaussprechliches Geheimnis ist, das sich unseren Worten und Vorstellungen, unserem Beweisen und Leugnen entzieht. Andererseits ist er jedoch auch derjenige, der in die Geschichte als das inkarnierte Wort eintritt und damit die »menschliche Natur« heiligt und öffnet. Er ist auch derjenige, der die Pluralität der geschaffenen Welt heiligt, denn er macht aus ihr das Symbol seiner eigenen Pluralität – das Symbol des Geheimnisses der Dreifaltigkeit.

VERSÖHNTE VERSCHIEDENHEIT

Die Auffassung Gottes als eines Gottes, der Einheit und Verschiedenheit verbindet, hat auch bedeutende Folgen für das Verständnis der Welt, hat politische Konsequenzen sowie Einfluss auf das Verständnis der Kirche. Die Gesell-

Das Geheimnis namens Gott

schaft und die Kirche, die – insoweit sie menschlich ist (ähnlich wie der Mensch) – das Bild Gottes sein will, können nicht, wie ein Monolith, wie aus einem Guss sein, sie können auch nicht starr patriarchal sein. Damit meine ich, dass es in der Kirche und in der Gesellschaft allgemein auch einen Platz für diejenigen geben muss, die das freie, prophetische (»störende«) Wehen des Geistes repräsentieren.

VERSÖHNTE VERSCHIEDENHEIT

Gegenüber Judentum und Islam betont das Christentum die Tatsache, dass die Einheit Gottes auch die Verschiedenheit in sich beinhaltet. Im Dialog mit Judentum und Islam ist es nicht einfach, aufzuzeigen, dass dieses Motiv keinen Verrat am Monotheismus darstellt und auch keine heimliche Rückkehr zum heidnischen Polytheismus.

VERSÖHNTE VERSCHIEDENHEIT

Die große Aufgabe der christlichen Theologie heute besteht darin, immer tiefer die Konsequenzen der Auffassung Gottes als Dreieinigkeit durchzudenken – eines Gottes, der die Verbindung von Einheit und Verschiedenheit ist, die Verbindung jener mit nichts zu vergleichenden *Einzigartigkeit* Gottes mit der inneren Pluralität der Gemeinschaft der »Personen«. Gott, der in sich selbst eine Gemeinschaft ist, ist nämlich die heilige Quelle der Pluralität der geschaffenen Welt, er sagt *Ja* zu unserer Verschiedenheit, Buntheit und Vielschichtigkeit.

VERSÖHNTE VERSCHIEDENHEIT

Hinter dem Bekenntnis vieler Christen: »Ich glaube an den einen Gott«, verbirgt sich eher ein allgemeiner Theismus, wenn nicht gar ein Deismus. Sowohl viele »Bekenner« als auch Leugner Gottes verwechseln den Gott des christlichen

Glaubens unisono mit einem anthromorphen »übernatürlichen« Wesen, das sich hinter den Kulissen der Natur und der Geschichte verbirgt, oder mit einer vagen, amorphen »höheren Kraft«. Diesbezüglich stehe ich, wie ich in meinen Büchern und Vorträgen zeige, eher auf der Seite der Atheisten – insofern sie ein solches Verständnis Gottes ablehnen.

VERSÖHNTE VERSCHIEDENHEIT

Das Christentum negiert alles süßliche und erhabene Reden über Gott, das die Realität der Liebe zum Menschen außer Acht lässt. Das Evangelium sagt, dass derjenige, der die Liebe zu Gott beeidigt, den er nicht gesehen hat – und *niemand hat Gott je geschaut*, sagt die Schrift –, aber nicht fähig ist, den anderen in Liebe anzunehmen, ein Heuchler ist, dessen Glaube hohl ist.

ZACHÄUS ANSPRECHEN

Eine Beziehung zu Gott, die die Beziehung zum Menschen ignoriert, widerspricht dem Evangelium: Es lässt sich paradoxerweise sagen, dass ein derart »entmenschlichter« Gottesbegriff nur eine menschliche Projektion oder Selbsttäuschung ist.

ZACHÄUS ANSPRECHEN

Gott als Gott und der Mensch als der Nächste sind nicht Objekte, gegenständlich Seiende. Von Gott können wir nicht irgendwie »objektiv und unvoreingenommen« wie von einem Gegenstand sprechen. Auch einen Menschen, unseren Nächsten, sollten wir nicht als »jenen« oder »etwas« bezeichnen, sondern ihn als einen Partner betrachten, der unser menschliches Ich mitkonstituiert.

ZACHÄUS ANSPRECHEN

Eben darin liegt unsere »Ähnlichkeit« mit Gott: in unserer Selbstüberschreitung. Darin sind wir Gott, der sich selbst ununterbrochen in Liebe überschreitet und ausgießt, am »ähnlichsten«. Und mehr als nur ähnlich: Er selbst »gießt« sich nicht nur in unser Suchen »aus«. Gott ist auch in unserem Suchen als solchem präsent – und so durch unser Suchen auch in der Welt gegenwärtig.

GEDULD MIT GOTT

Die Theologie ist keine Projektion der Anthropologie, Gott ist keine Projektion, kein Schatten des Menschen, wie Feuerbach vermutete und letztendlich auch Marx, Freud und Nietzsche. Die Theologie ist eher eine »Ökologie der Anthropologie«: Frömmigkeit im Sinne der Hochachtung vor der heiligen Dimension des Lebens ist ein Umfeld, das dem menschlichen Leben und der menschlichen Liebe zu den anderen unverzichtbare Nährstoffe liefert.

ZACHÄUS ANSPRECHEN

Gott handelt sicher nicht gegen die Vernunft, die er selbst dem Menschen gegeben hat. Er ist jedoch zu groß, als dass er sich mit diesem seinem geschaffenen Geschenk erfassen, umschließen und erschöpfen ließe. »Begreifst du, so ist es nicht Gott«, lehrt der heilige Augustinus.

THEATER FÜR ENGEL

Wenn die Welt ohne Fehler und vollkommen wäre, wäre sie eigentlich selbst schon Gott. Dann würde sie vielleicht auch keine Fragen mehr erwecken, die sich über den Horizont des schon Sichtbaren und Erreichbaren hinaus richten. Gerade das Erlebnis des Schmerzes beunruhigt unser Herz, weckt (mit Augustinus gesprochen) eine heilige Unruhe in uns, treibt uns weiter zu suchen, von der Oberfläche in die

Tiefe. Es erweckt jedoch Fragen, auf die wir nicht nur einfache Katechismus-Antworten geben können, auf die wir
nicht nur im Stil der klassischen Theodizee und einer rein
rationalen theologischen »Verteidigung Gottes« antworten
können. Hüten wir uns vor der Versuchung, im Stile der
Freunde Ijobs zu vernünfteln!

VERSÖHNTE VERSCHIEDENHEIT

Das Buch Ijob macht trotz all seiner Rätselhaftigkeit eine
Sache deutlich: Gott befindet sich nicht im Direktorenzim-
mer der Schöpfung, von wo aus er das Drama des Lebens,
der Natur und der Geschichte *von außen* verfolgen würde,
er befindet sich *inmitten* dieses Dramas, »er spricht aus
dem Wettersturm«. Und dadurch ist er uns nah, weil auch
wir nicht aus den Wetterstürmen des Lebens aussteigen
können, auch wenn wir uns darum mit den verschiedensten
(auch religiösen) Tricks bemühen. Und es ist uns vor allem
nicht gegeben, auf die Brücke des Schiffs des Lebens zu
klettern und von dort aus wie ein Kapitän alles übersehen
und »objektiv bewerten« zu können.

NICHT OHNE HOFFNUNG

Gott garantiert weder einen schmerzfreien Verlauf noch einen strahlenden Erfolg der Sache, zu der er uns auffordert.
Er verspricht nur: Ich werde mit dir sein. Ich werde auch in
den dunklen Nächten auf diesem Weg mit dir sein, so wie
ich mit Jakob war: Manchmal werde ich dich mit Schlaf
voll von prophetischen Träumen stärken, ein anderes Mal
werde ich mit dir kämpfen wie damals am Ufer des Flusses
Jabbok. Ich werde mit dir sein wie mit Abraham in dem
entscheidenden Moment der schrecklichen Prüfung auf
dem Berg Morija, ich werde mit dir sein wie mit dem er-
schöpften Elija in der Wüste, als ich ihm die Aufforderung

Das Geheimnis namens Gott

zusandte, dass er die Wanderung fortsetzen solle, aber ihm auch Brot zur Stärkung für die Reise gab.

NICHT OHNE HOFFNUNG

Selten weist etwas so stark auf Gott hin und ruft so eindringlich nach Gott wie gerade das Erleben seiner Abwesenheit. Diese Erfahrung kann manche Menschen dazu führen, Gott »anzuklagen«; und diese Anklage kann mit der Ablehnung des Glaubens enden. Es existiert jedoch – insbesondere in der Tradition der Mystiker – eine Reihe von anderen Interpretationen dieser Abwesenheit, anderer Formen der Mystik, wie man sich mit ihr abfinden kann. Ohne die schmerzhafte Erfahrung einer »gottlosen Welt« können wir nur schwerlich den Sinn des religiösen Suchens begreifen.

GEDULD MIT GOTT

Wenn der Mensch die Abwesenheit Gottes (sei es in der Welt oder im eigenen Leben) als Herausforderung und Berufung wahrnimmt, sollte er voller Demut, aber auch voller Mut in diese Leere eintreten. Vielleicht haben diejenigen recht, die sagen, dass Gott in dieser Zeit keine Hände zur Verfügung hat als unsere und keinen Mund als unseren; dass er in der Zeit seiner Verborgenheit in der Welt durch unseren Glauben, unsere Hoffnung und unsere Liebe anwesend sein will, in unserem Gebet, in unserer Treue und in unserem Zeugnis.

THEATER FÜR ENGEL

Kein Mensch hört ununterbrochen Gott. Der Glaube ist das Leben, das auch Augenblicke und manchmal sogar lange Wegstrecken umfasst, in denen wir dem Schweigen Gottes ausgesetzt sind. Sogar derjenige, der selbst das fleischgewordene Wort Gottes war, hat diese Verlassenheit in Getsemane und am Kreuz erfahren müssen. Eindringlich ruft uns daher der Psalmvers zu: »Wenn ihr heute seine Stimme hört, verhärtet nicht euer Herz.« Es ist also notwendig, dass wir *offen* bleiben, dass wir jenen »höchsten Ort in uns« für denjenigen offen halten, dem allein er gehört.

NACHTGEDANKEN EINES BEICHTVATERS

Wenn wir unsere Gebete gen »Himmel« schicken, dann drücken wir damit aus, dass das Geheimnis Gottes nicht in den Grenzen gefesselt ist, die für uns erreichbar sind. Man muss Gott jedoch nicht »am Himmel« suchen – er ist in diesen Gebeten schon auf der Erde real anwesend, wie Paulus lehrt: Wenn wir beten, betet der Geist Gottes selbst in uns mit Seufzen, das wir nicht in Worte fassen können (vgl. Röm 8, 26). Er ist in unserem Gebet, in unserer Sehnsucht, in unserem Suchen, in unseren Fragen.

GEDULD MIT GOTT

Gott ist in der Welt in den Akten des Glaubens, der Liebe und der Hoffnung der gläubigen Menschen »anwesend« und »erkennbar«, aber nicht wie eine andere begreifbare *Entität*.

NACHTGEDANKEN EINES BEICHTVATERS

Wenn ich behaupte, dass zu Gott kein anderer Weg führt als der Weg des Glaubens, so bedeutet dies nicht, dass ich Gott auf irgendetwas »nur Subjektives« reduzieren oder degradieren würde. Ein wesentlicher Zug dieser menschlichen Glaubenserfahrung, falls es sich *tatsächlich* um Glauben handelt, ist gerade die Erfahrung dessen, dass Gott *etwas ist, das die Kapazität sämtlicher menschlicher Akte unendlich übersteigt*. Der Versuch, Gott auf etwas »rein Mensch-

Das Geheimnis namens Gott

liches« zu reduzieren, würde bedeuten, Gott durch einen Götzen zu ersetzen.

NACHTGEDANKEN EINES BEICHTVATERS

Auch religiös selbstsicheren, »satten« Menschen in der Kirche können wir versuchen zu zeigen, dass es wichtig ist, zumindest manchmal auch auf Menschen zuzugehen, die am Rande der Kirche stehen. Und zwar nicht nur deshalb, damit wir sie »zur Umkehr bewegen«, damit sie sich uns angleichen, sondern um wenigstens für einen Moment beobachten zu können, wie Gott in der Perspektive eines suchenden, zweifelnden, fragenden Menschen aussieht – ist dies nicht eine neue, notwendige und nützliche »religiöse Erfahrung«?

GEDULD MIT GOTT

Wenn Gott *zu mir* als »Möglichkeit aus dem Reich der Unmöglichkeit« kommt, als die Offenheit der Wirklichkeit in der Tiefe und Breite, die meine Möglichkeiten überschreitet (einschließlich der Möglichkeit, sie sich vorzustellen, sie vor sich zu stellen), dann stehe ich vor der Wahl, dieses Angebot anzunehmen oder mich ihm zu verschließen, aber nicht vor der überflüssigen und irreführenden Spekulation, ob (und »wo« und »wie«) diese Herausforderung (oder irgendein ihr zugehöriger »Gegenstand«) »ist«.

THEATER FÜR ENGEL

Wenn wir Gott den Eingang verbarrikadieren – indem wir uns selbst oder etwas anderes vergöttlichen, »das nicht Gott ist« (und darin besteht die Definition des Begriffes »Welt« bzw. Schöpfung) –, dann werden wir ihn nicht hören können. Wenn jemand, der sich selbst oder einen beliebigen relativen Wert verabsolutierte und damit vergöttlichte, gleichzeitig behauptet, dass »Gott nicht ist«, dann ist ihm insofern recht zu geben, dass es sich dabei um eine Aussage handelt, die ehrlich und realistisch seine persönliche momentane Erfahrung der Abwesenheit Gottes, der Abgerissenheit von Gott, widerspiegelt. Präziser und nüchterner wäre es allerdings, davon zu sprechen, dass der betreffende Mensch Gott momentan nicht wahrnimmt, »seine Stimme nicht hört«.

NACHTGEDANKEN EINES BEICHTVATERS

Nur unter einer einzigen Bedingung beginnt Gott durch unser Leben zu sprechen: *dass wir vom »Thron Gottes« herabsteigen, den wir bewusst oder unbewusst okkupiert haben* – denn dieser Ort ist so weit von jenem Ort entfernt, der uns zugedacht ist, dass die Stimme, die für uns bestimmt ist und die sich an uns wendet, bis dorthin nicht durchdringt. Wenn wir uns so aufspielen, als seien wir Gott, oder seinen Platz mit etwas anderem besetzen, das wir wie einen Gott verehren, dann können wir Gott nicht begegnen.

NACHTGEDANKEN EINES BEICHTVATERS

Die *Rede Gottes* ist kein okkultistisches Stühlerücken oder ein romantisches, geheimnisvolles »Flüstern im Herzen«, auf das wir leicht unsere Sentimentalität und unsere Wünsche projizieren könnten. *Seine Rede ist das Leben selbst*, das Leben, das ununterbrochen unsere Wünsche und Illusionen (manchmal auch schmerzhaft) korrigiert.

NACHTGEDANKEN EINES BEICHTVATERS

Gott wohnt in jedem Menschen, insofern ihn der Mensch nicht daran hindert, insofern der Mensch »in Wahrheit lebt« und nicht in einer existenziellen Lüge (diese ist dabei

Das Geheimnis namens Gott

nicht auf »Verstöße gegen die Moral« zu reduzieren, auch wenn das *Sein in der Wahrheit* mit dem moralischen Leben wesentlich zusammenhängt). Gott wohnt früher in einem Menschen, als dies der Mensch erkennt, benennt, bekennt, durch den Glauben annimmt.

THEATER FÜR ENGEL

Der Mensch entdeckt Gott durch den Glauben, erschafft ihn aber nicht (er erschafft nur *seine Vorstellung* von ihm). Gott »wohnt« jedoch auch dort, wo er nicht »thematisch«, explizit erkannt und mit Namen genannt wird; Gott hat seine Geschichte auch mit jedem »Ungläubigen«.

THEATER FÜR ENGEL

Gott begegnet dem Menschen auch still, unauffällig; der Mensch begreift oft erst rückwirkend – vielleicht erst in dem Augenblick, wenn er den Raum und die Zeit dieser Welt und des Lebens in ihr überschreitet – sein Leben als einen »Dialog« mit einem verborgenen, jedoch immer gegenwärtigen Partner. Er begreift, dass Gott zu ihm zwar nicht aus einem brennenden Dornbusch oder aus einem tobenden Sturm gesprochen hat, aber aus dem »sanften, leisen Säuseln« – in seinen eigenen Gedanken, in Begegnungen mit Menschen, in Büchern, in den Alltagsgeschehnissen seines Lebens und auch im Geschehen in der Gesellschaft um ihn herum.

THEATER FÜR ENGEL

Gott ist nicht der mächtige Gott der Mächtigen, er ist auch in den Kranken und den Machtlosen. Der Glaube an ihn gibt den Gläubigen kein Alibi dafür, untätig zu sein, sondern beruft sie und ermächtigt sie zum Dienst.

THEATER FÜR ENGEL

Der wahre Gott tritt nie als Ersatz oder Konkurrent unserer Freiheit auf, als jemand, der uns von unserer Verantwortung befreien würde. Im Gegenteil: Er appelliert an unsere Freiheit und vertraut seine Sache unserer Verantwortung an: in der Form der Berufung und der Verheißung.

NICHT OHNE HOFFNUNG

Keine geschichtliche Gestalt einer Religion oder einer religiösen Erkenntnis innerhalb der Geschichte kann Gott in seiner allesübergreifenden geheimnisvollen Fülle erfassen. Wenn sie es versuchen würde, würde sie aus Gott einen Götzen machen, aus dem Glauben eine bloße Ideologie und aus der Familie des Glaubens, dieser »Gemeinschaft von Pilgernden«, eine bloße, starre Institution.

THEATER FÜR ENGEL

Ja, der Dreieinige Gott hat sich offenbart, er *gibt sich hin* und öffnet sich. Gleichzeitig bleibt er selbst jedoch *in seinem Wesen* unbegreiflich, trotz unserer angeborenen Fähigkeit, ihn zu erkennen und in diesem Leben von »Angesicht zu Angesicht« zu schauen. Doch ich kann ihn in drei Wirklichkeiten »wie in einem Spiegel« kontemplativ erfahren: in der Welt, im Menschsein Jesu und in der Kirche. Die Welt – alles, was nicht Gott ist; das Menschsein Jesu und in seinem Licht das Menschsein jedes Menschen; die Kirche mit all ihrem Reichtum, wozu die Schrift und die Tradition, die Heiligen und die Sakramente, der Papst und auch die »getrennten Brüder und Schwestern« gehören, jene Kirche, von der der russisch-französische Denker Pavel Evdokimov sagte: »Wir sehen, wo sie ist, doch es steht uns nicht zu, zu beurteilen, wo sie nicht mehr ist.«

NACHTGEDANKEN EINES BEICHTVATERS

Das Geheimnis namens Gott

Die Worte »Ich glaube an den *einen* Gott« ernst zu nehmen, bedeutet, sie im Leben lebendig werden zu lassen, sich dauerhaft um eine *innere Freiheit* zu bemühen. Derjenige, *der sich um diese Freiheit ehrlich bemüht, der lebt,* »*als gäbe es Gott*«, auch wenn ihm bezüglich der Frage nach der Existenz Gottes mehr Fragezeichen als Ausrufezeichen in den Blick kommen.

THEATER FÜR ENGEL

An einen Gott zu glauben bedeutet vor allem, frei zu sein – befreit zu sein von der Herrschaft der »Götzen«. Es bedeutet, bevollmächtigt zu sein (und gleichzeitig langfristig beauftragt zu sein), den Ansprüchen relativer Werte sich zu widersetzen, die in unserem Leben die Rolle des Absoluten einnehmen möchten.

THEATER FÜR ENGEL

Wenn ich vor dem Beichten den Dekalog durchgehe, dann überlege ich mir beim ersten Gebot (Du wirst an einen Gott glauben) nicht, von welchen Emotionen diese meine Überzeugung begleitet war (also ob ich *stark* geglaubt habe, ob ich nicht gezweifelt habe), sondern, *welche Rolle Gott* in meinem Leben *spielte*. Was bestimmte mein Handeln, wem habe ich erlaubt, auf Platz eins zu stehen, wem habe ich die meiste Zeit und Energie gewidmet, was war mir *heilig*?

THEATER FÜR ENGEL

An Gott den *Vater* zu glauben bedeutet nicht, in das unvorstellbare Absolute Geheimnis die menschliche Idee der Vaterschaft oder Erfahrungen mit dem eigenen Vater hineinzuprojizieren, sondern aus dieser Metapher heraus ganz praktische Konsequenzen abzuleiten: Wenn Gott der

»*Vater* aller Menschen« ist, dann sind alle Menschen – unabhängig von ihrer Nation, Rasse, Kultur, Überzeugung oder sozialen Gruppe – gegenseitig Brüder und Schwestern.

THEATER FÜR ENGEL

Die Metapher des »Vaters«, die Jesus so gerne als Bezeichnung Gottes benutzte, ist heute in der Folge des Zerfalls der Familie und der Krise der väterlichen Autorität für viele noch entleerter, als es die Metaphern »Person« oder »Himmel« sind. Symbole sind Brücken, die insoweit begehbar sind, wie sie unsere Erfahrungen berühren. Inwieweit ist das Wort »Vater« insbesondere bei jungen Menschen heute in einer »vaterlosen Gesellschaft« ein leerer Laut, der mit keiner Erfahrung verbunden ist? Oder sogar ein Wort, das belastet ist mit schmerzhaften Assoziationen, mit Erinnerungen an traumatische Erfahrungen mit dem eigenen Vater, der der Rolle des gütigen und aufopfernd liebenden Beschützers nicht gerecht geworden ist? Aber hier findet sich zumindest ein bedeutender Grund für die Bewahrung dieser Metapher: Wenn wir bekennen, dass Gott *der Vater* aller Menschen ist, dann verpflichten wir uns dadurch dazu, dass wir alle Menschen, über alle Unterschiede hinweg, als Brüder und Schwestern wahrnehmen und uns ihnen gegenüber auch so verhalten werden.

ICH WILL, DASS DU BIST

An Gott als an den *Erschaffer der Welt* zu glauben, bringt mit sich die Verpflichtung, sich ehrfurchtsvoll und verantwortungsvoll der Welt und der Umwelt gegenüber zu verhalten und jede rücksichtslose Manipulation der Natur (einschließlich der halsbrecherischen Nutzung wissenschaftlicher Entdeckungen z. B. in Fragen der Genmanipu-

Das Geheimnis namens Gott

lation) sowie die rücksichtslose Ausbeutung der natürlichen Ressourcen abzulehnen.

THEATER FÜR ENGEL

Die Welt offenbart *mir* Gott den Schöpfer, den *Vater*; das Menschsein Jesu offenbart mir das ewige Wort des Vaters, des Erlösers, des *Sohns*; die Kirche offenbart mir den *Heiligen Geist*. In diesen drei Wirklichkeiten offenbart sich mir die Dreieinigkeit; sie spiegelt die gegenseitige Durchdringung (*perichoresis*) der »Personen« wider, aber auch deren Unverwechselbarkeit: Denn durch sein Menschsein ist Jesus fest in der Welt und ihrer Geschichte verwurzelt (wiewohl er sie gleichzeitig überschreitet); die Kirche »wächst« wiederum »aus Christus heraus«, sie ist die »mystische Verlängerung« seines Menschseins.

NACHTGEDANKEN EINES BEICHTVATERS

Wenn wir Gott als Person bezeichnen, handelt es sich dabei um einen metaphorischen, zutiefst analogischen Satz. Vor allem betont er, dass Gott kein »etwas« ist. Der westliche Mensch nimmt Gott nicht vielleicht deshalb als Person wahr, weil er sich ganz kindlich Gott in der Art eines Menschen vorstellt, sondern deshalb, weil er einfach keine erhabenere Kategorie kennt als gerade die Kategorie »Person«.

VERSÖHNTE VERSCHIEDENHEIT

Wenn wir für Gott die Metapher »Person« benutzen, dann nicht deshalb, weil wir in ihm etwas in der Art der geschaffenen endlichen Wesen erblicken würden, sondern weil wir damit vor allem zwei Dinge zum Ausdruck bringen möchten: Erstens, dass er *ansprechbar und ansprechend* ist (dass er ansprechbar im Gebet ist und uns durch die Gesamtheit des Lebens und der Wirklichkeit anspricht). Zweitens, dass er *in seinem tiefsten Wesen in Beziehung* ist. Wir glauben an den Gott, der in der Gemeinschaft der Dreifaltigkeit lebt – das heißt, dass er Vater in der Beziehung zum Sohn ist und dass er durch den Sohn und den Geist wesentlich in Beziehung zu uns Menschen ist. Das Christentum behauptet, dass Gott nicht Gott ist ohne Beziehung und jenseits der Beziehung zu den Menschen, und der Mensch nicht ganzer Mensch ist ohne Beziehung beziehungsweise jenseits einer Beziehung zu Gott (und dass er in einer Beziehung zu Gott auch dann ist, wenn er sich dieser Beziehung nicht bewusst ist, »nicht an ihn glaubt«, ihn nicht so nennt, wie ihn die Christen nennen). Gott hat auch mit jedem »Atheisten« seine Geschichte.

BERÜHRE DIE WUNDEN

Das Christentum lehrt, dass das »Wort Fleisch wurde« – also kein Engel, kein »unsichtbarer Geist« – und es sich selbst und uns damit der Notwendigkeit ausgesetzt hat, alle Beschränkungen zu ertragen, die die »Körperlichkeit« (das beschränkte, von Natur und Geschichte bedingte Dasein, das in einen konkreten Raum und in eine bestimmte Zeit geworfen wird) notwendigerweise mit sich bringt.

THEATER FÜR ENGEL

Indem Jesus Gott »darstellt«, stellt Er Ihn vor uns und uns vor Ihn; indem Er Ihn (seine Rolle) re-präsentiert (vergegenwärtigt), macht Er Ihn gegenwärtig – Er ist bei uns und wir sind bei ihm. Jesus ist kein Ersatzspieler für einen toten Gott, sondern der Stellvertreter eines lebendigen, jedoch nicht anwesenden Gottes.

THEATER FÜR ENGEL

Das Geheimnis namens Gott

Gott lebt für den Gläubigen, der ihn (als den nicht Anwesenden) erlebt, erfährt und in Jesus erkennt; für andere
ist er tot.

THEATER FÜR ENGEL

Das, was sich in der Geistesgeschichte des Westens ereignete, nämlich der Verlust der unmittelbaren Gegenwart Gottes, ist allem Anschein nach unumkehrbar; unsere Welt bietet keine unmittelbare Erfahrung Gottes, wir brauchen
einen Vermittler, einen Stellvertreter. Jesus als der Stellvertreter Gottes ist nicht nur dort gegenwärtig, wo er ausdrücklich angebetet wird, sondern implizit auch überall
dort, wo der Mensch stellvertretend an der Stelle Gottes
handelt und leidet.

THEATER FÜR ENGEL

Jesus selbst *verbirgt* – ganz im Geiste des Gebotes, »den
Namen nicht zu missbrauchen« – den Begriff »Gott« konsequent in den Chiffren und Metaphern seiner Gleichnisse –
vom König, vom Sämann, vom guten Hirten, vom barmherzigen Vater, der den verlorenen Sohn umarmt. Nicht jedes »Schweigen über Gott« ist Ausdruck von Undankbarkeit, Gleichgültigkeit und Ignoranz!

NICHT OHNE HOFFNUNG

Die negative Theologie können wir vielleicht für einen legitimen Erben jenes authentischen christlichen und biblischen »Atheismus« halten, der das Geheimnis der Gottheit nicht nur vor der materiellen, sondern auch vor jeder
intellektuellen und begrifflichen Vergegenständlichung ver-
teidigt. So wie der biblische und altchristliche »Atheismus«
die Freiheit und Größe Gottes vor der Einkerkerung des
Göttlichen in Holz und Metall schützte, schützten die Mys-

tik und die negative Theologie die Freiheit und Größe Gottes vor der Einkerkerung in Begriffe und Theorien.

THEATER FÜR ENGEL

Der Gott, der Mose im brennenden Dornbusch in der Wüste erschien, kam zu ihm als Herausforderung und Aufgabe, als Hoffnung und Verheißung: Ich werde mit dir sein, wenn du die Aufgabe erfüllst, die ich dir auferlege: Geh und rette mein Volk! Und auf die wiederholte Frage offenbarte er seinen Namen und sein Wesen: Ich werde mit dir sein. Dieses muss uns reichen; mehr möchte er über sich nicht verraten.

NICHT OHNE HOFFNUNG

4 Gott ist tot

Ich bin überzeugt, dass ein reifer Glaube jene Erfahrungen mit der Welt und mit Gott in sich aufnehmen und integrieren muss, die von manchen als »Tod Gottes« bezeichnet werden, während andere weniger pathetisch vom »Schweigen Gottes« sprechen. Diese Erfahrungen gilt es jedoch auch innerlich zu bearbeiten und ehrlich, nicht oberflächlich oder trivial, durchzumachen und zu überwinden.

GEDULD MIT GOTT

Eine Interpretation des Satzes »Gott ist tot«, »Gott ist gestorben« behauptet, dass mit diesen Aussagen jene Erfahrung zum Ausdruck kommt, dass das bisherige Sprechen von Gott – ja das Wort selbst – jeglichen Sinn verloren hat. Vielleicht können wir diesen Sinn wiederentdecken – jedoch nur im Blick auf Christus. Die alte Rede von Gott ist unverständlich und unglaubwürdig geworden: Wir haben es mit ihr nicht geschafft, die Welt und nicht einmal uns selbst angesichts von Gewalt, Lüge und Heuchelei dazu zu bewegen, das Gewissen hinreichend aufzuwecken. Stattdessen haben wir uns mit dieser Rede zu oft beruhigt und eingelullt, wo wir hätten beunruhigen und wachrütteln sollen. Zu oft haben unsere Worte ihren scharfen, salzigen Geschmack verloren und sind so wertlos geworden. Deshalb ist in unserer Kultur – in der Sprache unserer Zeitgenossen – »Gott gestorben«; »wir haben ihn getötet« – dadurch, dass wir seinen Namen entleerten und unglaubwürdig machten, dass wir ihn auf unsere Kriegsfahnen schrieben, ihn als einen Werbetrick in die Reden der politischen Propaganda mit ihren eigenen Machtinteressen einschmuggelten, ihn in den Broschüren des angestrengten »Beweisens« und in den Fässern voll vom bigotten Matsch der abgedroschenen sentimentalen Phrasen in den Dreck zogen.

BERÜHRE DIE WUNDEN

»Gott ist tot!« Das ist ein ernster Satz, der radikal die tiefe existenzielle Erfahrung von Millionen von Menschen zum Ausdruck bringt, die die geschichtliche Etappe der »Gottesfinsternis« erlebten. Sie ist auf keinen Fall mit dem oberflächlichen, vulgären Atheismus des Materialismus oder Szientismus zu verwechseln. Deshalb schätze ich die Theologen und christlichen Denker, die diesen Handschuh, der von Nietzsche und in der Folge vom atheistischen Existenzialismus dem Christentum hingeworfen wurde, aufhoben und versuchten, diese Aussage zunächst einmal zu verstehen, ohne gleichzeitig der Versuchung nachzugeben, in die üblichen naiven apologetischen Tiraden zu verfallen.

VERSÖHNTE VERSCHIEDENHEIT

»Gott ist tot!« Kaum ein Satz lässt eine derart breite Skala verschiedener, häufig sich widersprechender Interpretationen zu. Schon Nietzsche selbst deutet in »Die fröhliche Wissenschaft« die Ambivalenz dieses Satzes an. In der Predigt des tollen Menschen werden daher die tragischen Folgen des Todes Gottes deutlich: Wir stürzen in einen finsteren Raum fern aller Sonnen, wir haben keinen Orientierungspunkt mehr, wir haben den Horizont verloren, wir wissen nicht, wo oben und wo unten ist. Wir wissen nicht mehr und können nicht unterscheiden, was gut und was böse ist. Die Steintafeln der alten Werte sind vernichtet. Aber schon in einem anderen Kapitel von »Die fröhliche Wissenschaft« stellt Nietzsche den Tod Gottes als eine enorme Chance dar: Jetzt endlich können wir frei auf das offene Meer hinausfahren.

GEDULD MIT GOTT

Nietzsche schildert selbst in seinem Buch »Die fröhliche Wissenschaft« in dem bekannten Kapitel »Der tolle Mensch« den Tod Gottes als eine kosmische Tragödie, in der der Mensch in den Raum des absoluten Chaos und der absoluten Unsicherheit gerät. Er verliert die Möglichkeit der Orientierung, es gibt kein Oben und kein Unten mehr. Der Tod Gottes ist vom Menschen verursacht – »Wir haben ihn getötet!«–, aber wir Menschen sind nicht fähig, die Verantwortung für diese Tat zu übernehmen, wir sind nicht reif dafür, wir begreifen nicht die Bedeutung dieser Tat. Für die Nachricht des »tollen Menschen« vom Tod Gottes sind uns noch »keine Ohren« gewachsen, wie Nietzsche sagt.

VERSÖHNTE VERSCHIEDENHEIT

Unsere Ohren sind voll von der Botschaft vom Tod Gottes, die nach Nietzsche viele wiederholt haben und wiederholen. Aber wie verstehen wir sie – und welche Schlüsse haben wir aus dieser Botschaft gezogen? Ein leerer Raum schreit danach, gefüllt zu werden, ein leerer Thron lockt neue Anwärter an: Bewerber um die Rolle des alten Gottes. Nietzsche stellt einen von ihnen vor: den Übermenschen. Der Tod Gottes ist nämlich gleichzeitig der Tod des Menschen, das Ende des bisherigen Typus des Menschseins und der Menschheit. Ein neuer Mensch muss kommen – und ein neuer Gott; oder ein »neuer Gottmensch«?

GEDULD MIT GOTT

Mit dem Tod Gottes geht der Tod des Menschen einher. Gott und der Mensch sind tot, es lebe der Übermensch!

Und wenn es irgendwo im Werk Nietzsches tatsächlich eine dunkle Stelle gibt, ein nicht fertiggestellter Entwurf, der deshalb auch einer ganzen Reihe von völligen Missverständnissen ausgesetzt ist, dann ist es das Konzept des Übermenschen.

VERSÖHNTE VERSCHIEDENHEIT

Der zeitgenössische italienische Philosoph Gianni Vattimo zeigt, dass der »Tod Gottes« Nietzsches und die Kritik der Metaphysik Heideggers – in denen er ein »Ereignis« sieht, das die grundsätzliche Herausforderung zur Wende des Denkens und Lebens darstellt – in Wirklichkeit nicht nur die Destruktion der traditionellen metaphysischen Onto-Theologie bedeuteten, sondern gleichzeitig die »philosophischen Grundlagen des Atheismus« liquidierten – der neuzeitliche Atheismus lebte immer auf der selben Eisscholle wie der neuzeitliche Theismus, auf jener Scholle, die nun untergegangen ist.

ANGEBETET UND NICHT ANGEBETET

Erst bei Kierkegaard, Barth, Bonhoeffer und dann in der »Theologie des Todes Gottes« gelangt die christliche Theologie zur Einsicht, dass der von Nietzsche und anderen angekündigte Tod Gottes der *Tod des banalen Gottes der Neuzeit* ist – und dass dieses Ereignis für den christlichen Glauben befreiend sein kann. Diese Befreiung ist jedoch meilenweit entfernt von jeglichem Triumph. Sie stellt eher eine Herausforderung dar, zu suchen, gedanklich weiterzuarbeiten; einen Fingerzeig, »in die Tiefe zu gehen«.

ICH WILL, DASS DU BIST

Nietzsche wunderte sich, dass nach so einer langen Zeit kein neuer Gott gekommen ist. Wie er in einem anderen

Text andeutete, konnte der Tod Gottes nämlich nur bedeuten, dass »Gott sein moralisches Kleid ausgezogen hat«. Vielleicht werden wir ihn wieder einmal sehen, prophezeit Nietzsche – dieses Mal jenseits von Gut und Böse. Wird Nietzsche seinen Gott, »der tanzen könnte«, erleben?

GEDULD MIT GOTT

Der Herold des Todes Gottes, der tolle Mensch in der Geschichte Nietzsches, kommt nicht deshalb, um mit seiner Predigt bei vielen seiner Zuhörer eine Konversion zum Atheismus zu bewirken oder um aus ihnen erst Atheisten zu machen. Obwohl sie sich dessen offensichtlich nicht bewusst sind, weil Gott sie nicht interessiert, stecken sie bis über beide Ohren im Atheismus fest. Der Narr – der Einzige, dem es traditionell erlaubt ist, eine unangenehme Wahrheit auszusprechen – kam deshalb, um in ihnen die Verantwortung für die nicht eingestandene oder vergessene Ursache ihres Atheismus zu wecken.

GEDULD MIT GOTT

Der tolle Mensch in der Geschichte Nietzsches (und in seiner Maske Nietzsche selbst) will nicht den Atheismus »propagieren« und den Tod Gottes im Geist seiner Zuhörer bewirken, sondern er kam, um die Nachricht zu verkünden, dass dieses Ereignis schon eingetreten ist, und um dessen Sinn zu erklären. Er will, dass sich seine Zuhörer bewusst werden, wie grundlegend sie dieses Ereignis betrifft: Sie sind Mitopfer und Mittäter des Todes Gottes. Diese Tat, die offenbar unbewusst, mit leichtem Sinn begangen wurde, oder zumindest gründlich in das Unbewusste verdrängt wurde, ist für die Täter »zu groß«. Sie sind jetzt nicht fähig, sie mit ihren erschütternden Konsequenzen anzunehmen und zu begreifen – weder als Schuld, für die sie die Verantwortung übernehmen müssen, noch als befreiende Chance, die sie ausfüllen müssen. Der tolle Mensch ist toll, weil er zu früh kam – so sprach Nietzsche, der sich in dieser Gestalt, die prophetisch ihrer Zeit weit voraus war, sicher selbst gesehen hat. Zu seiner Zeit waren für diese Botschaft »noch keine Ohren gewachsen«.

GEDULD MIT GOTT

Wir sehen, wie die moderne Gesellschaft in vielen Fällen erfolgreich das zu realisieren sucht, was früher von Gott verlangt wurde. Nichtsdestotrotz versagt sie auch in manchem: Wegen der unbeantworteten Fragen nach Sinn und Wahrheit des Lebens, nach Identität der Person, schwanken wir zwischen den Gefühlen der Absurdität und der Sehnsucht nach Sinn. Schon Nietzsche ahnte, dass der Tod Gottes nicht das letzte Wort darstellen wird: *Gott muss vertreten werden.*

THEATER FÜR ENGEL

Auf die *Abwesenheit* Gottes können wir auf zwei Weisen antworten. Entweder können wir sie als seinen Tod begreifen und sich mit ihr wie mit einem anderen Verlust abfinden, indem wir *einen Ersatz finden*, oder wir können seine Abwesenheit als eine andere, *neue Art und Weise seines Seins für uns* begreifen.

THEATER FÜR ENGEL

»Die Theologie des Todes Gottes« ist nicht nur irgendeine merkwürdige modische theologische Verirrung der 1960er-Jahre, sondern sie ist eine ernste theologische Aufgabe, zu der man ständig zurückkehren sollte – um herauszufinden, was in den Herausforderungen des Atheismus für uns wertvoll sein kann. (Dabei habe ich den ersten, existenziellen

Atheismus im Blick; die oberflächliche, szientistische Ideologie der »neuen Atheisten« à la Dawkins halte ich eher für einen unglücklichen Versuch, die Suppe des abgestandenen »wissenschaftlichen Atheismus« aufzuwärmen; gegen diesen Atheismus dürfen gerne diejenigen kämpfen, die gleichzeitig seine Zielscheibe und seine Zwillinge im Geiste sind, die fundamentalistischen Kreationisten.)

VERSÖHNTE VERSCHIEDENHEIT

Hegel thematisierte den christlichen Sinn der Aussage vom Tod Gottes, ihren österlichen Sinn. An einer deutschen Universität gab es einmal eine theologische Disputation darüber, ob die Aussage, Gott sei gestorben, im christlichen Sinne rechtgläubig sein kann. Und die Disputierenden sind zu dem Schluss gekommen, dass dem so sei, und zwar auf Basis des alten theologischen Grundsatzes über die *Communicatio idiomatum*. Wenn wir diese Aussage auf den Tod Christi am Kreuz beziehen, und wenn wir damit aussagen wollen, dass derjenige, der starb, gleichzeitig Mensch und Gott war – auch wenn er in seiner menschlichen und nicht in der göttlichen Natur starb – dann ist das eine Aussage, die sich theologisch vertreten lässt. Sie hat einen österlichen Sinn.

VERSÖHNTE VERSCHIEDENHEIT

Hegel hat dem Satz vom Tod Gottes einen neuen Sinn gegeben. Der Tod Gottes ist für ihn zunächst ein innerer Moment der trinitarisch verstandenen Geschichte des absoluten Geistes, der Geschichte Gottes. Er besteht in der freiwilligen Selbstleugnung Gottes, der nicht nur »*an sich*« und »*für sich*« sein und die Welt nicht in ihrer Endlichkeit belassen will. Gott opfert sich selbst, er nimmt die Endlichkeit auf sich, und mit seinem Tod, der frei und aus Liebe angenommen wurde, überwindet er die Endlichkeit – sein Tod ist die »Negation der Negation«. Es ist gleichzeitig der »Tod des Todes« *(mors mortis)* – ein Wort, das wir sowohl von Luther als auch aus der katholischen und orthodoxen Osterliturgie kennen *(smertju smert' poprav / ero mors tua, o mors).* Der Tod Christi ist nach Hegel nicht nur das Ende eines individuellen partikulären menschlichen Lebens, sondern tatsächlich der »Tod Gottes« – ein schrecklicher Gedanke, aus dem der tiefste Zweifel atmet und in dem der Mensch das totale Nichts berührt.

Diese »harte Rede« über den Tod Gottes ist jedoch nach Hegel gleichzeitig eine Äußerung des *Geistes der Neuzeit* – der Atheismus ist dessen grundlegende Einstimmung. Und Hegel will dieses grundlegende Gefühl der Neuzeit – die Verlassenheit von Gott, den Verlust Gottes – im Spiegel des Karfreitags zeigen: Der Karfreitag ist für ihn nicht nur ein Tag einer längst vergangenen Vergangenheit, sondern der stets aktuelle Moment der Geschichte des Absoluten. Hegel will den *Atheismus als einen wichtigen inneren Moment auf dem Weg des absoluten Geistes durch die Geschichte* zeigen – genauso wie der Tod Gottes ein notwendiger innerer Moment der Geschichte Gottes ist. Deshalb *sollte* auch *der Atheismus ernst genommen werden – vielleicht ernster, als er sich selbst nimmt.*

ANGEBETET UND NICHT ANGEBETET

Der einzige Ort, von wo aus das vergessene, verwundete, jetzt ängstlich verdrängte Wort Gott wieder einen Sinn gewinnen kann, ist die Geschichte Jesu. Auch wenn die ganze Welt im Schatten des »Todes Gottes« läge, ist dort immer der eine, der einzige Ort, wo Gott als lebendig erlebt werden kann: in Christus, in Jesus von Nazaret. Alles, was wir über Gott »wussten« und sagten, kann und muss sterben –

wir kennen Gott nicht, außer in dem, was uns in Christus anspricht, durch ihn, mit ihm und in ihm. Die Welt hat nur deshalb einen Sinn, weil auf ihr einst Jesus schritt, ruft Bonhoeffer in den Spuren von Paulus und Luther. Alles andere erscheint mir wie Müll, wie Dreck, schrieb wortwörtlich der Apostel Paulus – ich will nur Christus kennen, und zwar als den Gekreuzigten.

BERÜHRE DIE WUNDEN

5 Dialog mit dem Atheismus

Im Christentum habe ich auch deshalb mein Zuhause gefunden, weil ich in ihm die Möglichkeit ahne, *gleichzeitig* sowohl jenen wesentlichen Ur-Glauben zu umarmen als auch eine *bestimmte Wahrheit des Unglaubens*, die Möglichkeit, auch jene Erfahrung des Schweigens Gottes und die tragischen Seiten des Lebens ernst nehmen zu können.

THEATER FÜR ENGEL

Viele Menschen werden bei uns nur deshalb als Atheisten bezeichnet, weil sie sich mit der kirchlichen Gestalt des Christentums nicht identifizieren. Jedoch ist ihnen häufig eher der Agnostizismus beziehungsweise irgendeine sehr individuelle Art des Glaubens zu eigen. Manche »Atheisten« lehnen in Wirklichkeit nur eine Vorstellung von Gott und dem Glauben ab, den sie selbst geschaffen oder übernommen haben. Mein Dialog mit ihnen besteht vor allem darin, dass ich mich bemühe, jenes Bild Gottes zu rekonstruieren, das sie ablehnen, und häufig muss ich dann sagen: »Ja, es ist gut, dass du diese Vorstellung Gottes ablehnst – die lehne ich auch ab. So ein Gott, den du ablehnst, existiert wirklich nicht. Das ist kein Gott, der es verdienen würde, dass man an ihn glaubt.«

VERSÖHNTE VERSCHIEDENHEIT

Ich gehöre zu den Theologen, die viele Äußerungen der a-theistische Kritik an der Religion grundsätzlich begrüßen. Es ist nämlich immer zunächst notwendig zu fragen, gegen welchen Typ des Theismus oder gegen welche theologischen Vorstellungen die jeweilige atheistische Kritik gerichtet ist. Schon aus der Religionsgeschichte wissen wir, dass die Christen und die Juden in der antiken Welt für *A-Theisten* gehalten wurden, und in gewissem Sinne waren sie tatsächlich solche, nämlich im Sinne der Ablehnung der Götter der antiken Religion, der ganzen römischen »*religio*« (der römischen politischen Religion) sowie der griechischen Mythologie. Ein Atheismus, der in der Destruktion eines bestimmten Typus eines primitiven Theismus besteht, kann also ein sehr willkommener Verbündeter des Glaubens werden, weil er eine gewisse ikonoklastische, bilderstürmerische Funktion erfüllt – im Grunde reißt er die Götzen nieder. Damit wird er zum bedeutenden Mitkämpfer einer theologischen Tradition, die ich ungemein schätze, und das ist die Tradition der sog. *negativen (apophatischen) Theologie.*

VERSÖHNTE VERSCHIEDENHEIT

Ein gläubiger Mensch ist nie ganz ein Glaubender und ein ungläubiger Mensch ist nicht völlig ein Ungläubiger. Selbst die Existenz »der anderen«, wenn wir sie nicht durch die Brille ideologischer Vorurteile wahrnehmen, sondern uns bemühen, sie zu verstehen, ruft in uns notwendigerweise Fragen hervor, die unsere eigenen Positionen betreffen.

THEATER FÜR ENGEL

Auch *bestimmte Arten des Atheismus* stellen eine wertvolle *religiöse Erfahrung* dar. Die Erfahrung des Schweigens Gottes kann uns weiter in die Tiefe führen als eine geschwätzige Religiosität von »allzu wissenden« Gläubigen.

THEATER FÜR ENGEL

Ich bin fest davon überzeugt, dass das Gegenteil des Glaubens nicht der Atheismus ist. Vieles davon, was wir Atheismus nennen, nützt dem Glauben, weil es ihn kritisch von seinen Karikaturen und herabgesunkenen Formen reinigt. *Das Gegenteil, der Gegensatz und der Hauptfeind des Glaubens ist der Aberglaube, der Götzendienst.*

ZACHÄUS ANSPRECHEN

Gott werden wir mit dem atheistischen »Durchstreichen« nicht los – aber vielleicht wird ihm stattdessen durch dieses Durchstreichen ein Raum eröffnet. Vielleicht wird ihm der Weg bereitet (oder unser Weg zu ihm), vielleicht wird der vom Unkraut der verschiedensten religiösen Phantasien und menschlichen Projektionen überwucherte Pfad dadurch freigeschnitten. Ein kritischer Atheismus kann dem Christentum sehr nützlich sein, wenn er sich selbst nicht zu einer »Ersatzreligion« erhebt – was eine ständige und große Versuchung darstellt. Er kann den Raum für den wirklichen Glauben reinigen.

NICHT OHNE HOFFNUNG

Wenn Vorstellungen von Gott als Gegenstand weiterleben, eines Seins inmitten der Seienden, »eines Wesens« nach Art der geschaffenen Wesen, über das man streiten kann, ob es »existiert« oder »nicht existiert«, dann muss der Theologe jeden Atheismus willkommen heißen, der solche Vorstellungen vernichtet, denn *so ist Gott wirklich nicht.* Wenn jemand Gott als »ein übernatürliches Wesen« irgendwo hinter den Kulissen der Wirklichkeit schildert, dann dürfen wir diese Vorstellung ruhig in den Ofen der atheistischen Kritik werfen. Der Gott, an den wir glauben, ist nicht »hinter der Wirklichkeit«, sondern er ist die Tiefe der Wirklichkeit, ihr Geheimnis, er ist »die Wirklichkeit der Wirklichkeit«.

BERÜHRE DIE WUNDEN

Ein rein »objektiver Gott« (eine Betonung der Transzendenz zum Nachteil der Immanenz) ist ein Gott, der ein »Gegenüber« zum Menschen ist. Dadurch wird die Erfahrung der Mystiker vom göttlichen Wohnen im Menschen abgeschwächt, manchmal sogar völlig verdrängt. Es ist dann leicht begreiflich, dass Menschen in der Zeit eines wachsenden Bewusstseins der menschlichen Größe und Kraft einen solchen »äußeren Gott« als Konkurrenz begreifen, als Hindernis ihrer Emanzipation (während er bisher nur ein Hindernis des menschlichen Stolzes war) – und schließlich als Feind, den es zu beseitigen gilt.

ICH WILL, DASS DU BIST

Für die katholische Theologie der Neuzeit ist es schicksalhaft geworden, dass sie die Folgen der bereits lange andauernden allmählichen Verwechslung des Gottes der Bibel mit dem metaphysischen aristotelischen Konzept Gottes nicht durchschaute. Wenn man diesen Begriff Gottes aus der antiken Philosophie nur als eine der Metaphern verstehen und mehr die bunten biblischen Bilder des Herrn in Betracht ziehen würde, der sowohl im Sturm, als auch in der Stille des Herzens spricht, könnte eine Theologie, die aus der *wechselseitigen Spannung* der biblischen Bilder und philosophischen Begriffe schöpft, vielleicht sowohl der Erstarrung der Neuscholastik als auch einem biblizistischen Fundamentalismus entkommen. Dann wäre offensichtlich, dass Gott weder »nur objektiv« noch »nur subjektiv« ist und dass sich das Denken über Gott nicht in ein künstliches Objekt-Subjekt-Schema zwängen lässt. Ein »nur objektiver« oder »nur subjektiver« Gott ist ein banaler Gott; Fundamentalismus und Fideismus sind die Sackgassen des Christentums.

ICH WILL, DASS DU BIST

Nur wenn wir beständig jenen *Grund* (das Selbst) suchen, dessen wir uns nicht mit Definitionen, Begriffen und Vorstellungen bemächtigen können, auf den hin wir lediglich beständig unser ganzes Streben ausrichten können, was uns allerdings zu dem falschen Gefühl verführen kann, im »Besitz der Wahrheit« zu sein, können wir unbeschadet durch die beiden Schicksalsfelsen hindurchsteuern, der Skylla des Fundamentalismus und der Charybdis des Atheismus. Dann können wir insbesondere dem ausweichen, worauf sich diese beiden Extreme auf eine gegensätzliche Weise beziehen, dem *banalen Gott*. Es ist daher Vorsicht geboten vor der Wiederkehr jenes banalen Gottes in einem neuen Gewand! Eine große Aufgabe der Theologie und der seelsorgerlichen geistlichen Begleitung besteht heutzutage darin, den *banalen Gott* (den der Fundamentalismus predigt und der Atheismus widerlegt) abzulehnen und den *lebendigen Gott* der Bibel und der Mystiker, den Gott der Paradoxien, der sich Nikolaus Cusanus als »Einheit der Gegensätze« zeigte und der Pascal wie Feuer, Feuer, Feuer erschien – den Gott Abrahams, Isaaks und Jakobs, den Gott Jesu Christi – zu suchen. ICH WILL, DASS DU BIST

Wenn sich je in unsere Theologie, in unsere Spiritualität und kirchliche Praxis häretische Karikaturen Gottes eingeschlichen haben, sollten wir den Atheisten dafür dankbar sein, dass sie diese wichtige Aufgabe für uns erledigen! Sollte auch durch ihre Verdienst die Welt »gottlos« sein – gottlos in dem Sinne, dass sie von diesen schrecklichen Gottheiten befreit ist, die durch die Projektion der menschlichen Ängste und Wünsche erschaffen wurden –, wird sie dem Gott, von dem das Evangelium spricht (und auch schweigt), sicherlich näher sein.

NICHT OHNE HOFFNUNG

Sofern der Atheismus den »Theismus« bekämpft (einen zur Ideologie, zum »System« degenerierten Glauben), dann können wir als Christen und christliche (oder auch jüdische und islamische) Theologen uns diesem Kampf ausdrücklich anschließen.

NICHT OHNE HOFFNUNG

Die Religionskritik, die Säkularisation und ein gewisser Typ des Atheismus können bis heute wertvolle Verbündete eines radikalen Glaubens an Gott sein, der in der Welt keinen Ort hat, auf den er seinen Kopf niederlegen könnte. In diesem Sinne verhalten sich der transzendente Gott und die säkulare Welt gegenseitig komplementär zueinander. Das Christentum zeigt jedoch – im Unterschied zu Judentum und Islam –, dass es hier dennoch einen grundlegenden Punkt der Durchdringung von bzw. der Verbindung zwischen Gott und der Welt gibt – und das ist das Menschsein Jesu von Nazaret, des Menschensohns und Gottessohns, und in Verbindung mit ihm das Menschsein eines jeden Menschen, die »menschliche Natur«.

NICHT OHNE HOFFNUNG

Auch der Atheismus kann helfen, »dem Herrn den Weg zu bereiten«, er kann uns helfen, unseren Glauben von »religiösen Illusionen« zu reinigen. Wir dürfen ihm jedoch nicht das letzte Wort überlassen, wie es ungeduldige Menschen tun.

GEDULD MIT GOTT

Den Hauptunterschied zwischen dem Glauben und dem Atheismus sehe ich in der Geduld. Der Atheismus, der religiöse Fundamentalismus und der leichtgläubige religiöse Enthusiasmus sind sich darin auffallend ähnlich, dass sie imstande sind, extrem schnell mit dem Geheimnis fertig zu sein, das wir Gott nennen – und eben deshalb sind alle diese drei Positionen für mich in gleichem Maße unannehmbar.

GEDULD MIT GOTT

Ich sage den Atheisten nicht, dass sie unrecht haben, sondern dass sie keine Geduld haben; ich sage ihnen, dass ihre Wahrheit eine nicht zu Ende gesagte Wahrheit ist. Mit Nachdruck ist hier allerdings gleich anzufügen, dass auch »unsere Wahrheit«, die Wahrheit des Glaubens, hier auf Erden in gewissem Sinne »nicht zu Ende gesagt« ist, weil sie in ihrem ureigenen Wesen offen gegenüber dem Geheimnis sein muss, das sich in seiner Fülle erst am Ende der Zeiten offenbaren wird. Deshalb müssen wir der Versuchung eines stolzen Triumphalismus widerstehen, deshalb haben sich Gläubige, »Ungläubige« und Andersgläubige viel zu sagen, deshalb sollten auch wir zuhören und lernen.

GEDULD MIT GOTT

Stellen wir uns an dieser Stelle die Frage, ob sich hier nicht ein neuer, bisher ungenutzter Weg auftut, wie viel radikaler als bisher der Appell des letzten Konzils zum »Dialog mit dem Atheismus unserer Zeit« ausgeführt werden kann – nämlich indem wir die »Ungläubigen« völlig entdämonisieren und zumindest eine bestimmte Art des »Unglaubens« neu interpretieren und ihn als eine Sicht auf die steile, »in eine Wolke gehüllte« Bergspitze des undurchdringlichen göttlichen Geheimnisses von der anderen Seite des Berges aus begreifen. Ist es möglich, den Atheismus nicht als Lüge, sondern als eine *nicht zu Ende gesagte* Wahrheit zu begreifen? Und den lebendigen Glauben nicht als eine Zusammenstellung verstaubter Lehrsätze, sondern als einen Weg des Reifens, der auch die Abgründe des »Schweigens Gottes« kennt – aber, im Unterschied zu den Vertretern jener »Sicherheiten« (ganz gleich, ob es sich um religiöse oder atheistische handelt), diese Abgründe weder umgeht noch jedes weitere Suchen aufgibt, sondern geduldig weiter vorangeht?

GEDULD MIT GOTT

Auch derjenige, der sich als »Ungläubiger« bezeichnet, muss auf Grund dessen bei Weitem noch nicht notwendigerweise für die Ansprache aus der Tiefe des Lebens taub und stumm sein. Vielleicht stellt er sich nur nicht die Frage, »woher« die Stimme kommt, die ihn aufruft, oder antwortet auf diese Fragen anders als z. B. ein gläubiger Christ.

THEATER FÜR ENGEL

Wenn ein Mensch ausdrücklich Gott sucht – und dabei erklärt, dass er Atheist ist, weil er Gott in nichts von all dem fand, das ihm angeboten wurde von den religiösen Institutionen und deren Doktrinen, die er kennengelernt hat und von denen er sich häufig enttäuscht abwandte –, dann möchte ich nicht sein Suchen in Zweifel ziehen, sondern vielmehr sein bisheriges Selbstverständnis: seine Selbstbezeichnung als Atheist. Ich möchte ihm sagen, dass er nur in Bezug auf einen gewissen Religionstypus und dessen Anhänger (und offensichtlich auch in deren Augen) ein »Atheist« ist, dass er ein Gegner einer »faulen Religion« ist – dass er jedoch (auch im Widerspruch gegenüber dieser Gestalt von Religion) ein Verbündeter, Nächster und Bruder von Augustinus, Pascal, Kierkegaard und von Tausenden anderen ist, für die der Glaube gerade einen Weg des ununterbrochenen, leidenschaftlichen Suchens Gottes darstellt, das auf dieser Erde nie enden kann und darf.

GEDULD MIT GOTT

Der Atheismus ist eigentlich die Absolutsetzung der negativen Theologie. Die atheistische Kritik kann mit der negativen Theologie einen langen Weg gemeinsam gehen, ihr Abschied findet erst an einem Schlüsselpunkt ganz am Ende des Weges statt. Wenn beide Ströme vor dem letzten Geheimnis stehen, muss man sich entscheiden: Der Atheismus wählt den Unglauben, der Agnostizismus bleibt bei seinen Zweifeln, der Glaube jedoch muss weiter gehen.

VERSÖHNTE VERSCHIEDENHEIT

Gott kann sich vor unseren Augen und vor unserer Erfahrung verbergen (zum Beispiel in den »dunklen Nächten« persönlicher Schicksale und in der Geschichte von Kulturen) und wieder entdeckt werden. Auch »dunkle Nächte« künden von der Botschaft, dass Gott tiefer wohnt, als wir es uns gewöhnlich vorstellen. »Das Ende der Religion«, von dem ich hier spreche, ist vor allem der Verlust der Glaubwürdigkeit eines »banalen Gottesbildes«. Glaube, Hoffnung und Liebe, die den »Tod des banalen Gottes« überdauern, den Verfall einer Gestalt des Christentums, bieten die Möglichkeit, Gott in der Tiefendimension der Wirklichkeit und in den Paradoxa des Lebens zu suchen.

ICH WILL, DASS DU BIST

Es gibt sicherlich viele Arten des Atheismus, so wie es viele Arten des Glaubens gibt: Es existiert ein leichtfertiger Atheismus, der wie Esau das Erbe des Glaubens für eine Schüssel Linsen verkauft. Es gibt eine »Gottvergessenheit«, die in den frei gewordenen Raum sogleich Ersatzgötzen aller Art stellt. Es gibt einen stolzen Atheismus, für den »Gott nicht sein darf«, damit er die Größe des menschlichen Egos nicht überschatte, das den Thron der Gottheit beherrschen will – »Wenn es Gott gäbe, wie könnte ich es ertragen, nicht

Dialog mit dem Atheismus

selbst Gott zu sein?« Es existiert ein befreiender Atheismus, der sich endlich von dem angeblichen Gott seiner eigenen Projektion, von dem er jahrelang tyrannisiert wurde, befreite. Und es gibt auch einen betrübten, schmerzhaften Atheismus: »Ich würde gerne glauben, aber angesichts meines eigenen Leids und angesichts der Schmerzen in der Welt ist so viel Bitterkeit in mir, dass ich dazu nicht in der Lage bin.«

GEDULD MIT GOTT

In dem Augenblick, als wir in der Neuzeit mit Descartes angefangen haben, die Wirklichkeit in Subjekt und Objekt zu unterteilen, wurde Gott ein Obdachloser. Die logische Folge bestand dann darin, dass der Atheismus sagen konnte: Es gibt keinen Gott. Und tatsächlich: Wenn man die Welt so betrachtet, gibt es Gott wirklich nicht. Denn Gott ist weder ein »Objekt«, ein Ding unter Dingen, ein Seiendes zwischen Seienden, noch Bestandteil des menschlichen Subjektes, kein bloßer Gedanke, kein Gefühl, kein Begriff, keine Vorstellung. Diese Form der Abwesenheit Gottes in der Objekt-Subjekt-Welt muss jedoch nicht notwendig atheistisch interpretiert werden. Es bietet sich noch eine andere Deutung an: Sie besteht darin, die göttliche Verborgenheit und Unergründlichkeit, die Transzendenz Gottes zu erfahren.

ICH WILL, DASS DU BIST

Ich denke, dass die Entwicklung der Theologie der Dreifaltigkeit Gottes eine sehr fruchtbare Antwort auf den Atheismus darstellt. Der Atheismus lehnt oft eine bestimmte Vorstellung Gottes ab – nämlich einen Gott, der in gewisser Weise ein Solitär ist, ein Gott, der nur sich selbst liebt. Wenn der Atheismus eine bestimmte deistische Vorstellung

Gottes ablehnt, rollt er damit vielleicht sogar jenen Stein fort, der uns daran hinderte, sich dem eigentlichen Geheimnis des christlichen Glaubens radikal und neu zu öffnen. Der christliche Glaube an die Dreifaltigkeit Gottes besagt, dass Gott einmalig und mit nichts zu vergleichen ist, dass *Gott* aber nichtsdestotrotz *in sich selbst Gemeinschaft ist*, Beziehung.   VERSÖHNTE VERSCHIEDENHEIT

Gott ist kein Gegenüber, diese tiefe Erfahrung der Mystiker ist notwendigerweise in das theologische und philosophische Denken über Gott vollständig einzubringen. Gott ist eher ein Objekt als ein Bezugspunkt, von dem aus wir die Welt und uns wahrnehmen und begreifen können. »Wie können Sie wissen, dass Gott diese Grundlage ist?« – fragt zweifelnd der Atheist. Ich antworte: »Das weiß ich nicht von vornherein. Ich vermute aber, dass hinter Ihrer Skepsis eine Vorstellung von Gott steht, die Sie schon von vornherein haben. Mir dagegen eröffnet erst das Erlebnis der Berührung dieser Grundlage nachträglich ein gewisses Verständnis dafür, was wir mit dem Wort ›Gott‹ bezeichnen.« Ich könnte also meine Antwort in eine Gegenfrage münden lassen: Welchen Sinn sollte das Wort »Gott« noch haben, wenn es nicht diese innere Grundlage bezeichnen würde?

ICH WILL, DASS DU BIST

Wenn ein Atheist sagt: »Gott gibt es nicht«, Gott gibt es *hier* nicht (*there is no God*), kann ich ihm zustimmen, mit einem einzigen großen Vorbehalt: Ihn gibt es *noch nicht* hier. Ihn gibt es nicht *hier*, wie es die Zukunft nicht gibt – jedoch gibt es ihn hier bereits auf die Weise, wie es unsere Zukunft schon »gibt«: Wir sehen sie nicht, wir kennen sie nicht, wir führen über sie nicht Regie. Trotzdem sind wir existenziell auf sie angewiesen (ohne Zukunft zu sein bedeutet eigentlich, nicht mehr zu sein, tot zu sein), und zumindest unbewusst rechnen wir immer mit ihr und beziehen uns ständig auf sie: mit unserer Hoffnung oder unseren Ängsten, Wünschen, Plänen und Sorgen, mit unserer Sehnsucht oder Angst.

NICHT OHNE HOFFNUNG

Wenn wir von offensichtlich pathologischen (den Menschen schädigenden) Gottesbildern absehen, finden wir immer genügend Gläubige, vor allem aber viele Ungläubige, die eine *infantile Vorstellung von Gott* verbindet. Gläubige und Ungläubige trennt in diesem Fall nur die Tatsache, dass die einen *diese Karikatur* Gottes für »real« halten, während die anderen dieselbe Vorstellung für »bloß erdacht« ansehen.

THEATER FÜR ENGEL

Mit einem selbstsicheren Glauben kann der selbstsichere Atheismus gut ringen, denn beide sind, nebenbei bemerkt, in ihrer Naivität Zwillinge. Der selbstsichere Glaube verliert dann in diesem Ringen häufig, weil er das Wort des Paulus vergessen hat, dass wir in dieser Welt die göttlichen Sachen nur teilweise sehen. Wir sehen sie wie in einem Spiegel, sehen nur rätselhafte Umrisse. Ein Glaube aber, der keine stolze Sicherheit auf dem Schild trägt, sondern das demütige *Vielleicht*, ist, obwohl er schwach erscheinen mag, in Wirklichkeit unumstößlich stark. Dieses *Vielleicht* mag wie die lächerliche Steinschleuder in den Händen Davids gegenüber dem gewaltigen Schwert und der Rüstung des Atheismus vom Format eines Goliath erscheinen; genauso überraschend siegt es aber. »Denn das Törichte an Gott ist weiser als die Menschen und das Schwache an Gott ist stärker als die Menschen.« (1 Kor 1,25)

NICHT OHNE HOFFNUNG

Der klassische Atheismus der sich auf ihrem Höhepunkt befindenden Aufklärung des 20. Jahrhunderts ist verhältnismäßig schnell verschwunden. In manchen Fällen hat er sich in eine Ersatzreligion verwandelt, die mit ihrem Fanatismus und ihrer Grausamkeit (beispielsweise in der Gestalt des Nationalsozialismus oder Kommunismus) mit einer erstaunlichen Schnelligkeit riesige Pyramiden blutiger Opfer anhäufte und so auch längst vergangene Verbrechen einholte und übertraf, die in der europäischen Geschichte von denen verübt wurden, welche die Symbole und Institutionen der traditionellen Religionen missbraucht hatten.

NICHT OHNE HOFFNUNG

Hans Urs von Balthasar verwendete gerne den Ausdruck »die Ägypter berauben«, wenn er von der Aufgabe der Christen sprach, sich das Beste aus der »heidnischen Kultur« anzueignen. Er sah dies in Analogie zu den Israeliten, die beim Auszug aus Ägypten das Gold und Silber der Ägypter entwendet hatten. Ja, ich gestehe: Ich würde es ungern zulassen, dass das Christentum, wenn der alte Atheismus der europäischen Moderne von einer Welle des Vergessens fortgeschwemmt würde, nicht das für sich erobern und behalten würde, was im Atheismus aus Gold war, aufrichtig und wahr – auch wenn es sich um eine nicht zu Ende gesagte Wahrheit handelte.

GEDULD MIT GOTT

Im Zeitalter der Aufklärung, die vom Ideal der Mündigkeit und der Emanzipation des Menschen fasziniert war, wurde die Idee eines patriarchalischen himmlischen Monarchen im Namen der menschlichen Freiheit abgelehnt; nachdem wir sowohl die Familienpatriarchen als auch die politischen absolutistischen Monarchen eher nur noch aus Erzählungen kennen, ist diese Vorstellung von Gott, damit auch die Angst vor ihr, nur noch ziemlich selten anzutreffen.

ICH WILL, DASS DU BIST

Es ist ein Kontrolleurs-Gott, an den die aufklärerischen Gebildeten nicht glauben wollen – und sie waren neugierig, was in ihrem eigenen Gewissen passieren wird, wenn sie diesen Gott töteten. Der Adressat dieses Attentats ist also der Gott der Moral, und das Motiv der Tat besteht darin, experimentell zu beweisen, dass tatsächlich alles erlaubt ist. Aber es stellt sich die Frage, *von wem* es erlaubt sein sollte, wenn der Verbietende und der Erlaubende schon tot ist.

THEATER FÜR ENGEL

Der Atheismus war zunächst eine beliebte Adrenalin-Sportart der französischen Adelselite, die mit dem Gedanken, dass »kein Gott ist« *(und alles erlaubt ist)*, ähnlich spielte wie später die betrunkenen und vom Leben gelangweilten Offiziere des Zaren, die beim »Russisch Roulette« mit dem Tod kokettierten, und noch später die Intellektuellen der Beat-Generation, die mit LSD und anderen Drogen experimentierten. Der aufklärerische Atheismus war zunächst eine aufregende Droge von Auserwählten, die ihnen den Traum von der eigenen Göttlichkeit bot.

THEATER FÜR ENGEL

In vielen Fällen ist das eingetreten, wovor G. K. Chesterton gewarnt hatte, dass nämlich die größte Gefahr für diejenigen, die aufhören, an Gott zu glauben, nicht darin bestünde, dass sie an nichts glauben, sondern dass sie bereit seien, *an irgendetwas* zu glauben. Die heutige Welt ist bei Weitem nicht gottlos. Auf dem globalen Markt (oftmals sogar in den Läden, wo auch Drogen, politische Waffen oder populäre Unterhaltung angeboten werden) wird kaum etwas so gut verkauft wird wie die »Religion«. Wenn überall von der »weltweiten Rückkehr der Religion« die Rede ist, muss aber klar benannt werden, dass vieles, was gewöhnlich unter diesem schwammigen Begriff subsumiert wird, für denjenigen, der den Glauben an den biblischen Gott ernst nimmt, keinen Grund darstellt, in triumphierenden Jubel auszubrechen. Ich fühle vielmehr eine tiefe Skepsis gegenüber dieser »zurückkehrenden Religion«.

NICHT OHNE HOFFNUNG

Feuerbach knüpfte mit seiner Diagnose der Religion, mit seiner Projektionstheorie, an die biblische Kritik an der menschlichen Tendenz, eigene Produkte zu vergöttlichen, an. Sein Therapievorschlag – das Göttliche vom Himmel zurück in den Menschen zu ziehen – hatte jedoch eine schicksalsschwere Folge: die Inflation des *menschlichen Egos*. Dadurch wurde er zum Geburtshelfer jenes Humanismus-Typus, der zu einem grandiosen Narzissmus wurde – und der unsere westliche säkulare Kultur und Zivilisation bis heute aufs Stärkste prägt.

THEATER FÜR ENGEL

Die Geschichte der Versuche, jenen Feuerbach'schen Schritt zur Destruktion Gottes durch die Vergöttlichung des Menschen zu realisieren – vom »Übermenschen« Nietzsches (und insbesondere der Art und Weise, wie manche seiner nicht allzu intelligenten Bewunderer diese vieldeutige Vision Nietzsches aufgegriffen haben) über den »neuen Menschen« der totalitären Regime bis hin zu den Supermännern der zeitgenössischen Popkultur –, ist eine peinliche Zurschaustellung der mal tragischen, mal komischen Karikaturen Gottes und des Menschen.

NICHT OHNE HOFFNUNG

Der Atheismus des 19. Jahrhunderts hat zur Ausbildung der Kultur des Narzissmus reichlich beigetragen. Als Feuerbach Gott zur Projektion des entfremdeten Teils unseres Menschseins erklärte und vorschlug, diese Projektion zurückzuziehen, ahnte er wahrscheinlich nicht, dass das Ergebnis nicht ein harmonisches Menschsein werden würde, sondern ein krankhaft angeschwollenes, sich selbst vergötterndes Ego.

NICHT OHNE HOFFNUNG

Das wirklich Gefährliche am Narzissmus besteht nicht darin, dass wir eingebildet, eitel und selbstgefällig werden, denn dadurch erscheinen wir eher skurril. Die tragische Falle des Narzissmus – wie übrigens der Mythos von Narziss sehr überzeugend zeigt – besteht darin, dass der Mensch letztendlich sein wirkliches Ich verlieren kann, dass er es in seiner irrigen Vorstellung von sich selbst ertränken und das Geheimnis der *echten* menschlichen Schönheit und Größe vernichten kann.

NICHT OHNE HOFFNUNG

Der kulturelle Einfluss des humanistischen Atheismus (insbesondere in Folge der Popularität der Psychoanalyse Freuds auf vielen Gebieten der Kultur und der Pädagogik) war und ist vielerorts bis heute oftmals so stark, dass der Begriff Atheismus im allgemeinen Bewusstsein fast schon zum Synonym für diese »Religion der Humanität« wurde.

THEATER FÜR ENGEL

Der rumänische Religionsphilosoph Mircea Eliade stellt sich die Frage, warum eine der Bibeln des modernen Atheismus, das Buch Freuds »Totem und Tabu«, dieser absurde »Schauerroman« über das Töten und das Verzehren des Vaters durch die Horde seiner Söhne, so einen enormen Einfluss auf die Generation der europäischen Gebildeten haben konnte. Und er gibt eine Antwort: Dieser Mythos hat die ambivalente Beziehung der europäischen säkularen Gebildeten zu Gott und zur Religion auf den Punkt gebracht. Den Gott in sich haben sie getötet, aber die entstandene Leere weckt in ihnen eine Mischung aus Wehmut und Schuld.

THEATER FÜR ENGEL

Die Freud'sche Theorie in seiner Schrift »Totem und Tabu« verrät uns wahrscheinlich nicht den tatsächlichen Ursprung und die Ursache der *Entstehung der Religion*, jedoch kann sie unbewusst als ein verhältnismäßig geniales Gleichnis über die Ursachen und die *Entstehung des modernen Atheismus* gelesen werden.

THEATER FÜR ENGEL

Bei Feuerbach wird, ähnlich wie bei Marx, die humanistische und rationalistische Religionskritik von einer bestimmten Variante des Gnostizismus begleitet. An die Stelle Gottes in einer traditionellen Religion, der als böser, für die schlechte Welt verantwortlicher Demiurg wahrgenommen wird, tritt in der neuen Variante die »Gottheit Mensch« – ein »neuer Mensch«, der die religiöse Entfremdung überwand und sein gesellschaftliches Wesen realisierte. Die Marx'sche Kritik der ideologischen Funktion der Religion könnte man – wie z. B. Bloch oder Fromm zeigten – noch in die Linie der Kritik an der Idolatrie einordnen, die die israelitischen Propheten im Namen des Glaubens einleiteten. Marx selbst wusste noch von der zweiten, nicht ideologischen (»opiumlosen«) Funktion der Religion: von der *Religion als Ausdruck des Protestes* – der Kritik der bestehenden Gesellschaft und ihres Elends. Doch der spätere Marxismus fixierte sich völlig auf das negative Verständnis von Religion und wurde bald selbst zu einer Religion der eigenen Art.

Der Atheismus als die offizielle Ideologie der kommunistischen Staaten war eine Idolatrie – sowohl in der Theorie als auch in der Praxis. Die Verheißung einer künftigen kommunistischen Gesellschaft, diese säkularisierte Gestalt der biblischen Eschatologie, wurde vielleicht als eine kritische Utopie geboren, ist aber bald eine Ideologie geworden, eine destruktive ideologische Fiktion. Dieses Ideal eines künftigen Paradieses auf Erden wurde ein Moloch, und seine Hohenpriester, seine institutionellen Vertreter in der irdischen Gegenwart, die kommunistischen Funktionäre, die in den Grausamkeiten und in der Zahl der Opfer bald auch die Inquisitoren und Anführer der religiösen Kriege der fernen Vergangenheit übertrafen, begannen, auf ihren Altären die höchsten Werte zu töten und zu verbrennen – das menschliche Leben, das Gewissen, die Rechte und die Freiheit.

So, wie der Kommunismus eine tierische Karikatur einer gewissen »katholischen« *Versuchung zum Totalitarismus* war (den Dostojewski meisterhaft in seinem Gleichnis vom Großinquisitor karikierte), so missbrauchte der Nationalsozialismus bestialisch eine gewissermaßen »protestantische« (lutherische) Versuchung des Glaubens, der von aller jüdischen und katholischen Gesetzgebung befreit ist, um ihn dem »gesunden Deutschtum« anzuschließen.

Die marxistische Gestalt des Atheismus kompromittierte sich politisch und moralisch total und gehört heute zu den toten Göttern des 20. Jahrhunderts. Feuerbach war mit seinem Grundsatz »*Homo homini Deus*« der Urvater jenes »Selfismus«, jener Selbstanbetung des Menschen, der sich durch die ganze Tradition der Aufklärung zog und in der humanistischen Psychologie des 20. Jahrhunderts mit ihrem Ideal der »Selbstverwirklichung« voll zum Ausdruck kam. Mitte der 1970er-Jahre trat – zum ersten Mal durch den Mund Abraham Maslows verkündet – an die Stelle der humanistischen Psychologie die »transpersonale Psychologie« mit der Parole der »Selbstüberschreitung des Menschen«. In kurzer Zeit wurden Bewegungen der postmodernen Spiritualität zu einem einflussreichen Strom, die häufig unter dem Begriff *New Age* zusammengefasst werden. Das Christentum bekam einen neuen Konkurrenten in Form einer neuen Version seines alten Feindes, des Gnostizismus. Nach dem alten Atheismus fragte niemand mehr.

Der Atheismus war nicht imstande, auf die schmerzhaften Fragen, die angesichts des Bösen und des Leids während des 20. Jahrhunderts dringlich erschienen, überzeugendere Antworten zu geben als die Religion. Späte Anhänger Nietzsches oder Freuds jubelten noch über den Tod Gottes, der »seine moralische Haut ausgezogen hatte«. Ausgehend von der Therapie neurotischer Schuldkomplexe gingen sie dazu über, im Namen der menschlichen Freiheit die Kategorie der Schuld überhaupt in Zweifel zu ziehen. Sie fragten, ähnlich wie Josef K. in Kafkas Roman »Der Prozess«: »Wie kann denn ein Mensch überhaupt schuldig sein?« Denker wie Jaspers, Jonas, Frankl, Arendt, Rosenzweig, MacIntyre, Ricœur, Lévinas und viele andere begannen jedoch, das Thema der Schuld, der Verantwortung und der Freiheit, des Glaubens und der Ethik wieder ins Zentrum des philosophischen Denkens zu rücken, als sie über die geschichtlichen Tragödien des 20. Jahrhunderts nachdachten. Der Atheismus der Moderne ist währenddessen im Schatten des Vergessens alt und schwach geworden. Hat es also überhaupt noch einen Sinn, über einen Dialog zwischen dem Christentum und dem Atheismus zu sprechen?

ANGEBETET UND NICHT ANGEBETET

Es scheint, dass man die Epoche der postmodernen globalen Zivilisation zu einer *postsäkularen Zeit* erklären kann. Den pragmatisch denkenden Menschen begann deutlich zu werden, dass die Lösung der großen Fragen, vor denen das »globale Dorf« steht, ein Bündnis über alle Meinungsgrenzen und über alle großen religiösen Gemeinschaften und Kirchen hinweg erfordert – als wichtige *»global player«* dürfen sie aus diesem Dialog nicht ausgeschlossen werden. Ein partnerschaftlicher Dialog hat auch zwischen der Theologie und den Naturwissenschaften begonnen. Konflikte aus der Zeit der Aufklärung und spätere Berührungsängste zwischen der Wissenschaft und der Religion wurden vielfach gegenseitig überwunden und Barrieren durchbrochen. Die Wissenschaft, auf die sich der positivistische und marxistische Atheismus im Kampf gegen die Religion berief, lernte, die Grenzen ihrer Kompetenz bei der Deutung der Wirklichkeit anzuerkennen. Die Wissenschaft ist bescheidener und selbstkritischer geworden, und auf der anderen Seite distanzierte sich auch die katholische Kirche von einem primitiven, »wortwörtlichen« Verständnis des biblischen Textes. Angesichts der postmodernen Tendenz zur Irrationalität sprachen Johannes Paul II. und besonders Benedikt XVI. von dem Bedürfnis einer neuen Allianz zwischen dem Glauben, der Wissenschaft und der Philosophie:

Ein Glaube ohne das Denken, aber auch eine Rationalität ohne Glauben kann destruktiv sein.

ANGEBETET UND NICHT ANGEBETET

Ich vermute, dass es von den Christen sehr unvernünftig wäre, wenn sie nun dem Atheismus gegenüber denselben Fehler begehen würden, den vor hundert Jahren der Atheismus der Religion gegenüber beging – indem sie ihn zu früh für tot erklären würden. Der reformistisch-marxistische tschechische Philosoph Vítězslav Gardavský schrieb in den 1960er-Jahren ein – vom Standpunkt der marxistischen Dogmatik aus gesehen häretisches – Buch mit einem damals schockierenden Titel: »Gott ist nicht ganz tot«. Heute möchte ich behaupten: Der Atheismus ist nicht ganz tot.

Ahnte vielleicht der biblische Jakob, als er zu demjenigen, mit dem er in der Nacht rang, sagte: »Ich lasse dich nicht los, wenn du mich nicht segnest«, dass er im Angesicht eines Gottesboten steht? Daher sollten wir auch den Atheismus, mit dem wir so lange kämpften, nicht aus der »Umarmung« fallen lassen, bis wir von ihm nicht das bekommen, was in ihm wertvoll ist, bis wir durch diesen Kampf, obwohl verletzt, den Segen erringen. Wir müssen in der Beziehung zum Atheismus weiter gehen, noch über den Horizont des »Dialoges« hinaus, den das Zweite Vatikanische Konzil eröffnete.

ANGEBETET UND NICHT ANGEBETET

Es lässt sich vielleicht sagen, dass der neuzeitliche Atheismus in seiner interessanteren Gestalt in gewissem Maße eine *Absolutsetzung der negativen Theologie* ist. Beide Richtungen gehen gemeinsam den lange Weg der Verneinung jeglicher Aussagen über Gott, und erst vor dem Tor des göttlichen Geheimnisses trennen sich ihre Wege. Der neuzeitliche Atheismus wendet diesem Tor den Rücken zu, der Agnostizismus bleibt stehen, die negative Theologie jedoch negiert die Negation, sie relativiert den Relativismus, sie macht dem Glauben den Raum frei für seinen demütigen Eintritt in das Geheimnis, eventuell für den Kierkegaard'schen mutigen Salto, für den Sprung ins Herz des Paradoxons.

THEATER FÜR ENGEL

Das intellektuelle Gegenüber zu jener kulturellen Mentalität, die *auf den Atheismus* folgte, nämlich die massenhaft verbreitete religiöse Gleichgültigkeit, das Verdrängen Gottes aus dem Gesamtstil des Denkens und des Lebens, war ein *weicher* »*linguistischer Atheismus*«, der jedoch genau genommen kein Atheismus ist, sondern ein Agnostizismus. Die dramatische Botschaft von der »Ermordung Gottes«, die Nietzsche aus dem Mund »des tollen Menschen« verkündete, wechselte in einen stillen, süßlichen »Tod Gottes in der Sprache«. Gott erschien nicht mehr als Feind der menschlichen Freiheit, sondern nur noch als ein »überflüssiges Wort«, eine weder verifizierbare noch falsifizierbare und damit eine inkorrekte Hypothese (in Anknüpfung an die bekannte Antwort von Laplaces an Napoleon auf die Frage, warum er in seinem System keinen Gott erwähne: »Sir, ich brauchte diese Hypothese nicht.«) Die analytische Philosophie erschöpfte sich in logischen Argumentationen *pro et contra* bezüglich der Frage der Existenz Gottes, und meistens neigte sie sich dem Schweigen über diese rational nicht greifbare Frage zu, sie schloss sie aus dem Denken aus. Wittgenstein beließ jedoch den Platz für Gott im Reich des »Mystischen«. Aber blieb irgendwo eine Nische für den alten Atheismus?

ANGEBETET UND NICHT ANGEBETET

Der neuzeitliche Atheismus riss sich in dem Moment schicksalhaft von seinen christlichen (religiös-kritischen) Grundlagen los, als er aufhörte, wirklich kritisch zu sein, als er aufhörte, eine *Kritik der Religion* zu sein – eine Kritik, die in vielem analog zur negativen Theologie war – und als er stattdessen begann, seine eigene Metaphysik, *seinen eigenen Glauben* aufzubauen.

THEATER FÜR ENGEL

Der neuzeitliche Atheismus fordert vom Menschen, dass er *Ersatzspieler* Gottes ist, dass er Gott tötet und tot zurücklässt. Jesus repräsentiert jedoch eine Alternative: Er will Gott nicht ersetzen, sondern er *vertritt* ihn mit allem Ernst und aller Schwere dieser Rolle – und weist damit auch dauerhaft auf Gott (in der Zeit seiner »Abwesenheit«) hin.

THEATER FÜR ENGEL

Diejenigen, die den Übermenschen verkünden oder den »neuen Menschen« erwarten, gehen jedoch, so vermute ich, nur auf eine allzu rohe Art und Weise von der eigentlich richtigen, tiefen und scharfsinnigen Intuition aus, dass der »Mensch mehr als ein Mensch« ist. Der Mensch ist Abbild Gottes – wie die patristische Theologie der Ikone gut weiß – und dieses Bild steht nicht nur seinem Original »gegenüber«, sondern *hat an ihm geheimnisvoll teil (methexis)*.

NICHT OHNE HOFFNUNG

Nietzsche ertappte die Atheisten seiner Zeit – und vieler Zeiten davor und danach – bei einer Inkonsequenz: Sie waren in der Tat nicht fähig, ohne einen guten Vater auszukommen, sie leugneten ihn nur scheinbar. Entweder gaben sie ihm lediglich andere Namen – Natur, Vernunft,

Dialog mit dem Atheismus

Fortschritt, Wissenschaft, Gesetzmäßigkeiten der Geschichte, soziale Gerechtigkeit, etc., – oder sie quetschten auf den freigewordenen Thron etwas anderes und zwangen es, die Rolle des alten Gottes einzunehmen. Nach Nietzsche kann man aber mit Gott nicht Versteck spielen: Man muss entweder das Leben in der Absurdität ohne jeglichen Anspruch auf Proteste oder Beschwerden wählen – oder das Vertrauen und die Hoffnung in einen Sinn bekennen, sei es in Form des Lobliedes auf das Gute und auf die Schönheit des Lebens oder in der Form des Protestes in jenen Augenblicken, wenn das Böse, die Absurdität und der Schmerz diesen Sinn durchkreuzen und überschatten, zu dem wir uns bekennen und den wir ununterbrochen suchen.

WAS OHNE BEBEN IST, HAT KEINE FESTIGKEIT

Die Geschichte des Atheismus zeigt, wie ambivalent diese Erscheinung ist – in manchen Fällen knüpft der Atheismus an die prophetische und mystische Kritik der religiösen Idolatrie (oder der Versuchung zur Idolatrie) an, in anderen *stellt er* jedoch *auf den frei gewordenen Platz augenblicklich neue Götter.* Deshalb ist das an der theologischen Bewertung des Atheismus das Entscheidende: *Der Atheismus ist immer dann ein wertvoller Verbündeter des Glaubens,* wenn er – auch wenn er dies nicht im Namen des lebendigen Gottes tut – *alles demontiert, was in der Religion starr, abgenutzt, verdorben ist.* Zu jeder Zeit findet er in der religiösen Welt eine Unzahl von geeigneten Zielscheiben! Das Problem liegt darin, dass Atheisten – gerade weil sie ihre Destruktion nicht als Propheten oder Mystiker im Namen des lebendigen Gottes vornehmen – es häufig nicht aushalten, nach dieser Phase der Destruktion das Heiligtum leer zu lassen, sondern umgehend dort *ihre »Ersatzgötter« installieren.* Und diese Ersatzgötter des Atheismus sind oft viel destruktiver (und häufig nicht nur tragischer, sondern auch komischer) als die primitiven Formen der Religiosität, gegen die sie angetreten sind. Wie viele Arten und Sorten des Atheismus – von der jakobinischen »bürgerlichen Religion«, dem Kult der Vernunft und des Höchsten Wesens bis hin zu den kommunistischen Kulten – hielten diese kritische Phase des Weges nicht aus und begannen, auf die frei gemachten Altäre mit einer bigotten Leidenschaft ihre Götzen zu quetschen, die gierig nach blutigen Opfern waren!

Jene Leere auszuhalten, jenes Nichts – das an die stille Dunkelheit des alttestamentlichen Zentralheiligtums erinnert oder an jenes »*und oben auch nichts*« auf dem Gipfel des mystischen Weges eines Johannes vom Kreuz oder an das Nirwana des Buddhismus – ist nämlich eine geistliche Hoheitsaufgabe, zu der nur eine tiefe und reife Frömmigkeit fähig ist, und vielleicht auch eine demütige Ehrfurcht vor dem Geheimnis mancher wahrheitsliebenden Agnostiker. Der Glaube der Mystiker gibt die Kraft, dem Nichts ins Gesicht zu schauen, die »Nacht des Geistes« zu durchschreiten, in der Wüste des Schweigens Gottes auszuharren – und jenes Paradox der Nähe, ja sogar der Einheit der »Leere« und der »Fülle« zu erleben. Gerade dies ist ein häufiges Motiv des Dialoges der mystischen Traditionen des Christentums und des Buddhismus, zu dem der Atheismus, insofern er ein Atheismus bleibt – leider nichts beizutragen hat.

ANGEBETET UND NICHT ANGEBETET

Ein Atheist, der mit seinem Atheismus gegen die Ungerechtigkeit und gegen das Böse in der Welt protestiert, verneint gerade durch diesen Protest seinen Atheismus: Er beruft sich nämlich auf eine sinnvolle und gute Ordnung der Dinge (also auf das, was traditionell mit dem Wort Gott benannt wird, auch wenn er dies eventuell ganz anders nennen mag). Wenn das grundlegende Dogma des atheistischen Glaubens tatsächlich gelten und somit keine solche sinnvolle Ordnung des Weltalls existieren würde, müsste man alles nur zur Kenntnis nehmen. Jeglicher Protest wäre dann absurd und vergebens. Alle leidenschaftlichen Proteste gegen das Böse in unserer Welt sind eigentlich eine bedeutsame Form eines Glaubensbekenntnisses, eines Schreis zu Gott, wenn auch häufig zu einem »unbekannten Gott«.

NICHT OHNE HOFFNUNG

Die Vorstellungen, Gefühle und Argumente der Atheisten sind bei Weitem nicht mehr das, wovor sich Christen fürchten sollten und müssten. Gewisse Motive »der Theologie nach dem Tode Gottes« und der »Kreuzestheologie« ermöglichen es, aus einem bestimmten Typ des Atheismus (der Religionskritik) einen nützlichen Verbündeten der Theologie zu machen. Die Flamme der atheistischen Kritik hilft der Theologie, wichtige Vorarbeiten zu erledigen, um die Felder zu säubern, um zu primitive und manchmal wirklich destruktive Vorstellungen von Gott abzuflammen, die Idole zu fällen. *Cum grano salis* können wir sagen, dass die atheistische *Kritik* so zur »Dienerin der zeitgenössischen Theologie« werden kann, wenn auch in einem gewissen anderen Sinn, als die Metaphysik von der mittelalterlichen Theologie als ihre »*ancilla*« (Dienerin) betrachtet wurde. Der Atheismus – als Feuer – kann jedoch »ein guter Diener, aber ein schlechter Herr« sein. So weist beispielsweise der postmoderne Philosoph Peter Sloterdijk darauf hin, dass Atheismus und Materialismus interessant waren, solange sie Kritiker der Religion, Theologie und Metaphysik waren; sie werden jedoch peinlich, wenn sie sich von ihnen lösen und aus sich selbst ein quasimetaphysisches

System entwickeln (so z. B. »der wissenschaftliche Atheismus« als »wissenschaftliche Disziplin« im Rahmen der marxistisch-leninistischen Staatsdoktrin in den sozialistischen Ländern).

BERÜHRE DIE WUNDEN

In den vergangenen Jahren plakatierten Gruppen militanter Atheisten an Bussen und an den Straßenrändern einiger europäischer Städte Plakate mit der Parole »Gott gibt es höchstwahrscheinlich nicht« (und gaben dazu noch Tipps zu einem konsumorientierten Leben: »Genieße dein Leben.«). Auch der bekannteste Apostel des »neuen Atheismus«, Richard Dawkins, flüchtet, wenn er die naive Arroganz seiner selbstsicheren Überzeugung verbergen und den Schein wissenschaftlicher Seriosität wahren möchte, in die Formulierung: Gott gibt es *höchstwahrscheinlich* nicht. Aber steckt hinter diesem Wörtchen *höchstwahrscheinlich* wirklich jene Demut vor dem Geheimnis beziehungsweise jener Strahl der Hoffnung wie in dem »Furcht erregenden ›vielleicht‹« jenes chassidischen Rabbiners aus der jüdischen Erzählung, das er dem aufklärerischen Lehrer als Antwort gibt auf dessen Frage, ob er den Rabbi denn endlich mit seinen atheistischen Argumenten bezüglich der Existenz Gottes überzeugt hätte? Ich bezweifle das. Einen Gott, wie Dawkins ihn sich vorstellt und vom Sockel stößt, gibt es nicht nur höchstwahrscheinlich, sondern *gewiss nicht* – so viel kann der christliche Glaube mit Sicherheit sagen. Denn er kann sich auf mehrtausendjährige Erfahrungen mit dem Umstürzen und Fällen von ähnlich falschen Göttern stützen. Dawkins und die gegenwärtigen spät-aufklärerischen Szientisten bestreiten einen Gott, den sich ihre Vorgänger, die Deisten und Theisten der Aufklärung im 17. Jahrhundert ausgedacht hatten. Für sie war Gott eine

Dialog mit dem Atheismus

nützliche *Hypothese* auf der Suche nach dem mechanischen Urheber des Universums. Kurz darauf wurde diese Hypothese von einer Reihe von Wissenschaftlern zum Glück nicht mehr benötigt (was in der oben erwähnten Antwort des französischen Physikers und Mathematikers Pierre-Simon Laplace an Napoleon deutlich wird), und weder die heutige Physik noch die Theologie benötigen sie. Nur Dawkins vermutet aus unbekannten Gründen (vielleicht, weil er nur den Obskurantismus der Kreationisten und mancher Verkünder des »intelligent design« vor Augen hat), dass diese Hypothese immer noch lebendig sei, und deshalb bekämpft er sie vehement und denkt dabei offenbar, dass er damit gleichzeitig den Gott der Christen und die Religion insgesamt widerlegt habe. Wenn ich die Bücher von Dawkins lese, habe ich das Gefühl, dass seine Kritik weder meinen Glauben noch den Gott meines Glaubens trifft und dass der Gott, mit dem er kämpft, mir sowieso »unwahrscheinlich« vorkommt, flach und konstruiert wie sein szientistisches Modell einer Natur ohne Geheimnis.

NICHT OHNE HOFFNUNG

Dem *Atheismus des Schmerzes* (»ich kann nicht glauben, auch wenn ich es gerne würde, wegen all des Schmerzes in der Welt«), dem *Atheismus des Protestes und des Kampfes mit Gott* (von Ijob bis Nietzsche), dem »*Atheismus* (oder eher Agnostizismus) der *Scheu*« (der die Sprache der Religion ablehnt, weil er zögert, das letzte Geheimnis des Lebens auf irgendeine Weise zu benennen) große Achtung entgegenzubringen und sie als Partner des Glaubens und der Theologie wahrzunehmen ist möglich und notwendig. Aber ich kann mir nicht helfen: Alle diese interessanten Spielarten des Atheismus waren nur in der spannungsreichen Beziehung zu einem bestimmten Typus des Glaubens wirklich interessant. Der Atheismus war nicht nur interessant, sondern auch brauchbar und in seiner kritischen Gestalt *als Gegenspieler eines bestimmten Typus von Religion* wahrscheinlich sogar notwendig. Er war und ist so lange zu gebrauchen, wie jener problematische Typus von Religion (z. B. eine mit der politischen Macht verbundene Religion) bedeutsam ist. Ist der Atheismus jedoch auch in der Lage, nicht nur niederzureißen und zu zertrümmern, sondern auch *alleine aus sich heraus* etwas Wertvolles aufzubauen?

BERÜHRE DIE WUNDEN

Wenn ich hier vom Atheismus spreche, habe ich natürlich den *Atheismus als Denksystem* und als eine bestimmte intellektuelle Position im Sinn; ich spreche nicht über *Menschen*, die unseren religiösen Glauben schlicht nicht teilen – solche Menschen und die Gründe, die sie dafür haben, waren, sind und werden viele sein und ich würde mir überhaupt nicht erlauben, über sie irgendein pauschales und generalisierendes Urteil zu fällen. Wenn ich von Arten des Atheismus spreche, dann begreife ich diese Arten als »ideale Typen« im Sinne Max Webers; als bestimmte Denkmodelle, denen in der konkreten Realität nichts »hundertprozentig« entspricht. Jeder Atheist hat seinen Stil des Atheismus, so wie jeder Gläubige seinen Glaubensstil hat; hinter den wörtlichen Erklärungen, die uniform sein können, versteckt sich gewöhnlich bei jedem einzelnen Menschen (insoweit er ein denkendes und fühlendes Wesen ist und nicht nur übernommene Phrasen wiederholt) eine unendliche Vielfalt von Gedanken, Vorstellungen, Phantasien, Kenntnissen, Erlebnissen und Erfahrungen, in die wir keinen Einblick haben (und in die er in der Regel nicht einmal selbst völlig Einblick hat).

BERÜHRE DIE WUNDEN

Es scheint mir, dass der Gegenpol zu einer dankbaren Verbeugung vor dem Geschenk des Lebens der leidenschaftliche Protest gegen die Absurdität des Leids und des Todes ist. Das Leid wurde als der »Felsen des Atheismus« bezeichnet. Das Ja zur Absurdität, das bei Nietzsche eher eine Provokation zu einer neuen, schöpferischen Deutung des Lebens darstellt, das an sich selbst ambivalent ist, »jenseits des Guten und des Bösen«, wird in einem bestimmten Zweig des Existenzialismus – besonders bei Sartre – zu einem tatsächlich konsequenten Atheismus und zu einem Antipol des christlichen Glaubens. Im 20. Jahrhundert findet jene trotzige Geste von Dostojewskis Iwan Karamasow, der Gott die Eintrittskarte für so eine verpfuschte Welt zurückgibt, ihren Widerhall. Aber: Ist nicht selbst dieser Protest Ausdruck des Glaubens und einer trotzigen Hoffnung auf einen Sinn, auf den wir uns unwillkürlich verlassen? Woher speist sich unsere Empörung angesichts des Leids, wenn nicht aus der tief verwurzelten Vorstellung, dass die *Wirklichkeit* zu uns gut, freundlich, gerecht und barmherzig sein soll? Aber warum sollte sie so sein? Wenn es Gott nicht gibt, *everything goes* – ist dann nicht nur »alles erlaubt«, sondern auch nichts ausgeschlossen, kann dann alles passieren, auch das Schlimmste – warum sollten wir uns darüber wundern? Bei wem und über wen sollten wir uns beschweren, dass die Welt und das menschliche Schicksal voller Tragik sind?

Wenn wir wirklich radikale Atheisten sind – das bedeutet, dass wir uns nicht andere Namen und Symbole für jenen grundlegenden, alles umfassenden Sinn ausdenken, sondern es wirklich konsequent ablehnen, eine von Vornherein gegebene sinnvolle und gute Grundlage des Lebens zuzulassen, warum sollte uns das Böse verwundern? Woher nehmen wir dann überhaupt einen Maßstab für das Gute und Böse? Woher wissen wir, dass das Leben eines Menschen einen größeren Wert hat oder haben sollte als das Leben einer Ameise? Worauf gründen wir die Ansprüche, die wir an die Wirklichkeit stellen? Warum sollte überhaupt etwas sein, warum sollte uns nicht ein blindes und taubes Nichts beherrschen?

WAS OHNE BEBEN IST, HAT KEINE FESTIGKEIT

Wenn der Atheismus wirklich ein konsequenter Atheismus sein wollte und den Menschen seiner wesentlichen Beziehung zum Grund und zur Tiefe der Wirklichkeit entkleiden wollte, zur Wirklichkeit und zum Geheimnis auch seines eigenen Lebens; wenn er ihn dessen entkleiden wollte aus dem, was den Menschen radikal übersteigt (also dessen, was der Glaube mit dem Wort »Gott« bezeichnet), würde er einen »toten«, völlig abstrakten, irrealen Menschen bekommen. Dieser Mensch, ganz entleert in der Beziehung zum Transzendenten, *existiert* (zum Glück) de facto *nicht*. Es ist derselbe Gedanke wie »der Gott hinter den Kulissen« der Wirklichkeit, der Welt und der Geschichte. Ein konsequenter Atheismus, der »Gott verpassen« würde, würde in Wirklichkeit *den Menschen verfehlen*.

BERÜHRE DIE WUNDEN

Meistens wurde der alte kämpferische Atheismus während des 20. Jahrhunderts von einem »Agnostizismus« in seinen verschiedenen Schattierungen abgelöst; manche seiner edlen Formen können ein solider Partner für die Verfechter einer »negativen Theologie« sein, die ehrfürchtig vor der undurchdringlichen Größe des göttlichen Geheimnisses schweigen, während andere Formen eher Ausdruck eines trägen oder verächtlichen Desinteresses an der Religion »und ähnlichen Fragen« zu sein scheinen.

NICHT OHNE HOFFNUNG

Es gibt einen Atheismus der Leidenschaft und einen Atheismus der Gleichgültigkeit, genauso wie Leidenschaft *und* Gleichgültigkeit in der Welt der Religionen vorkommen. Der Atheismus der Leidenschaft zeigt sich jedoch auch in mindestens zwei unterschiedlichen Gestalten: in der Leidenschaft des Protestes und in der Leidenschaft des Suchens.

GEDULD MIT GOTT

Der Atheismus der Gleichgültigkeit ist jener »faulen Religion« ähnlich, einem de facto toten Glauben, der sich in gleicher Weise sämtlichen existenziellen Fragen verweigert, damit er nicht in der Ruhe seiner Sicherheiten gestört würde.

GEDULD MIT GOTT

Es ergibt keinen Sinn, auf den »Apatheismus« – diesen Atheismus der Gleichgültigkeit, den die Frage nach Gott einfach überhaupt nicht interessiert, denn sie passt nicht in die Welt seiner »wissenschaftlichen« oder materiellen Sicherheiten – zu viel Zeit zu verschwenden. Der Atheismus der Gleichgültigkeit ist genauso langweilig wie ein gleichgültiger, fauler Glaube, der es sich bequem gemacht hat in seinen Bräuchen und Sicherheiten, im »Erbe der Väter«, in einem Schatz, den er sorgfältig vergraben hat und der nicht vorhat, etwas zu riskieren, etwas ins Spiel einzubringen, etwas zu verlieren – ganz wie der nichtsnutzige und faule Diener im Gleichnis Jesu von den Talenten. Und so wird er diesen Schatz auch um nichts vermehren, und wie Jesus warnt, wird er bei der Endabrechnung alles verlieren – es wird ihm auch das genommen werden, was er hat.

GEDULD MIT GOTT

Auch mich bedrängen häufig das Schweigen Gottes und die Last der Gottesferne. Ich weiß, dass sich der ambivalente Charakter der Welt und eine ganze Reihe der Widersprüchlichkeiten des Lebens sowie die Verborgenheit Gottes auch mit den Sätzen »es gibt keinen Gott« oder »Gott ist tot« erklären lassen. Ich weiß jedoch auch um die Möglichkeit einer anderen Deutung derselben Erfahrung, um eine andere mögliche Haltung gegenüber dem »abwesenden Gott«. Ich kenne drei (gegenseitig tief verbundene) Arten und Weisen der Geduld angesichts der Abwesenheit Gottes. Sie heißen Glaube, Hoffnung und Liebe.

GEDULD MIT GOTT

Ein Mensch, der in sich jeden Protest gegen das Böse und den Schmerz sowie alle schmerzhaften Fragen ersticken würde, könnte wahrscheinlich nicht wirklich menschlich bleiben. Ein Stoizismus eines konsequenten Atheismus würde wahrscheinlich mehr von der Härte und Verschlossenheit des Geistes zeugen als von der Weisheit des Wissenden. Früher oder später würde er wohl in einen Konformismus mit dieser Welt umschlagen, in einen Atheismus der Gleichgültigkeit – und die Gleichgültigkeit gegenüber der Frage nach Gott könnte leicht in die Gleichgültigkeit gegenüber der schmerzhaften Fragen und den Schmerzen des menschlichen Herzens ausarten. Ein solcher gleichgültiger, jedoch wirklich konsequenter Atheismus wäre in der Tat der Gegensatz zu einem suchenden Glauben.

GEDULD MIT GOTT

Thérèse von Lisieux erklärt, sie begreife Ungläubige als ihre Geschwister, mit denen sie *jetzt* an dem gemeinsamen Tisch sitze und dasselbe Brot esse – und bittet Jesus, er möge sie von diesem Tisch nicht vertreiben. Im Gegensatz

　　　　　　　　Dialog mit dem Atheismus

zu ihnen nimmt sie allerdings die Bitterkeit dieses Brotes wahr, weil sie im Unterschied zu ihnen die Freude der *Gottesnähe* erfahren hat (obwohl die Erinnerung daran ihren Schmerz jetzt nur noch größer macht). Eigentlich kann sie nur dank ihrer vorherigen Glaubenserfahrung das wirkliche Drama der Gottverlassenheit so tief erleben und jenes verborgene Gesicht des Atheismus entdecken und erfahren, dem sich viele mit solch *leichtfertiger* Selbstverständlichkeit aussetzen.

GEDULD MIT GOTT

Thérèse von Lisieux inspiriert uns zu einem Glauben, der sich vor der Herausforderung des Atheismus nicht feige in die Festung seiner Sicherheiten flüchtet, um von dort aus sicherer Entfernung über den Schützengraben des Unverständnisses hinweg den Atheismus mit den Argumenten militanter Apologeten zu beschießen, sondern mit weit größerem Mut und unbewaffnet das »Lager der Ungläubigen« betritt, wie einst der heilige Franziskus das Lager des Sultans, und von dort eine neue »Trophäe« in die Schatzkammer des Glaubens bringt – die atheistische Erfahrung der Gottesferne. Jene existenzielle »Wahrheit des Atheismus«, jenes Erlebnis des Schmerzes, das bis dato der »Felsen des Atheismus« war, wird jetzt ein Bestandteil des Glaubensschatzes. Ein so verstandener und bis in die Tiefe der Nacht hinein wahrhaftig und geduldig gelebter Glaube trägt bereits diese existenzielle Erfahrung in sich. Er klammert nichts von dem aus, was zum Menschen gehört. Er erträgt auch dessen Nächte.

GEDULD MIT GOTT

Der suchende Glaube kann im schmerzhaften, leidenschaftlichen, protestierenden Atheismus seine Geschwister erkennen. Auch wir bleiben im Schmerz unbeantworteter Fragen vor dem Geheimnis des Bösen stehen, auch unser Glaube erlaubt uns nicht, im Frieden endgültiger Antworten zu ruhen, falls diese Antwort nicht im billigen Trost des »religiösen Opiums« oder in der stoischen Annahme der Sinnlosigkeit der Welt bestehen sollte. Auch wir wissen, dass wir nur Pilger sind, und jene wirklich befriedigenden Antworten erblicken wir nur aus der Ferne, wie in einem Spiegel (also umgekehrt abgebildet), in Rätseln und Gleichnissen. Auch unser Glaube nimmt manchmal die Form eines Rechtsstreits mit Gott an, so wie Ijob mit ihm ins Gericht ging, eines Verhandelns mit Gott, wie Abraham es tat – oder eines Kampfes mit Gott, wie Jakob mit ihm in der Dunkelheit am Fluss Jabbok kämpfte.

GEDULD MIT GOTT

Gerade ein »*betrübter* Atheismus« steht jenem »Glaubensverlust« nahe, den ich meine: Der Tod des Glaubens am Kreuz unserer Welt, die Stunde, in der der Mensch von inneren und äußeren und äußerlichen Dunkelheiten überwältigt wird und dasteht, »weit weg von allen Sonnen«. So sieht das Kreuz aus der Perspektive unserer Welt aus. So sehen der Mensch und die Welt aus, wenn auf sie der dunkle Schatten des Kreuzes fällt – viele haben das in bestimmten Ereignissen der Geschichte oder in bestimmten Stunden ihrer eigenen, persönlichen Geschichte erlebt. Die grundlegende Botschaft des Evangeliums lautet aber: Das ist nicht die einzige mögliche Perspektive, dies ist nicht das letzte Wort. Es ist nur die »Wahrheit des Karfreitags«; aber nach ihr – nach dem langen Warten des schweigenden Karsamstags – kommt ein Morgen, der noch eine andere Botschaft in sich birgt, eine nicht weniger wahrhaftige – auch wenn viele diesen zu frühen Morgen verschlafen haben.

GEDULD MIT GOTT

Den Atheismus – und zwar den leidenschaftlichen Atheismus des Protestes – können wir nicht anders besiegen, als dass wir ihn umarmen. Wir umarmen ihn mit der ganzen Leidenschaft unseres Glaubens und segnen ihn: Seine existenzielle Erfahrung machen wir zu einem Bestandteil unserer Erfahrung. Den Segen der Reife können wir nicht erhalten, solange unser Glaube die Erfahrung der Tragik und des Schmerzes der menschlichen Existenz nicht ernst nimmt und nicht in der Lage ist, sie zu ertragen, ohne sie durch einfache religiöse Tröstungen herabzuwürdigen.

GEDULD MIT GOTT

Im Kampf mit dem Atheismus, der nicht mit einer verächtlichen Ablehnung, mit besserwisserischen Polemiken, mit geschickten Argumenten, mit der Überheblichkeit der Wissenden endet, sondern in der Umarmung gipfelt, in der Erkenntnis, dass diese Leidenschaft des Unglaubens eine Schwester der Leidenschaft unseres Glaubens darstellt, riskieren wir, wie Jakob, verwundet zu sein, »hinkende Pilger« zu werden. Aber nur so und nur durch diesen Preis erhalten wir einen neuen Namen, den Namen, der das auserwählte Volk bezeichnet: Er kämpfte und siegte.

GEDULD MIT GOTT

All die Suchenden sollten wir aber nicht zu schnell auf unsere Seite zerren. Respektieren wir den Rhythmus ihres Weges, respektieren wir ihr Selbstverständnis, lassen wir ihnen die Zeit und die Freiheit dazu, wann – und ob überhaupt – sie diesen Schritt der »Namensänderung« tun wollen. Leidenschaftliche Menschen werden sich sicher instinktiv gegenseitig erkennen, ebenso wie Verliebte, die nur schwer ihre Gefühle für sich behalten können, auch wenn sie sich bemühen, diese geheim zu halten. Wir sollten jedoch nicht das Recht und die Freiheit der anderen, ihrer Leidenschaft eigene Namen zu geben, verletzen. Denken wir daran: Wir sind alle eingeladen, aber niemand darf gezwungen werden!

GEDULD MIT GOTT

Diejenigen, die »außerhalb des Glaubens« stehen, können vielleicht das Aufblitzen des Geheimnisses, das wir Gott nennen, im Zeugnis der Gläubigen (also in den Taten des Glaubens, der Hoffnung und vor allem der Liebe) erblicken – jedoch wird das, was sie vielleicht erblickt haben, offenbar mit einem anderen Vokabular benannt und interpretiert, als dies das traditionelle Vokabular des Glaubens tut.

NACHTGEDANKEN EINES BEICHTVATERS

Der Unterschied zwischen einem gläubigen und einem ungläubigen Menschen ähnelt dem Unterschied einer dialogischen und einer monologischen Lebensführung: Wer »monologisch« lebt, selbst wenn er alle Glaubensartikel für wahr halten und den ganzen Tag in der Kirche verbringen würde, ist meiner Meinung nach immer *ungläubig*. Dagegen »kann« derjenige, der zwar im kirchlichen Umfeld nicht heimisch wurde, aber dessen Leben wesentlich Dialog ist, der die Bereitschaft hat, zuzuhören und sich Mühe gibt, zu antworten, nach den Worten des Jakobusbriefes »seinen Glauben aufgrund der Werke zeigen«.

VERSÖHNTE VERSCHIEDENHEIT

Ein wirklicher Unterschied zwischen einem Menschen, der auf Gott hört, und einem gott-losen Menschen liegt darin, ob er sich ansprechen ließ (auch wenn er die letzte Quelle dieser Ansprache nicht erkannte oder beim Namen nannte), ob er darauf mit seinem Leben antwortete, oder ob er jene Worte nutzlos auf die Erde fallen ließ.

THEATER FÜR ENGEL

Die »Ungläubigen zu entdämonisieren« bedeutet, die Regel zu befolgen, dass es notwendig ist, »die Sünde vom Sünder zu trennen.« Ist der Atheismus eine Sünde? Ja – aber eher im Sinne von Schuld, wie es das lateinische Wort *»debitum«* oder das deutsche Wort »Schuld« ausdrücken: Es handelt sich um eine nicht beendete Arbeit, eine nicht zu Ende gelöste Aufgabe, ein nicht fertig gebautes Gebäude. Es ist eine Speise, die nicht gar und deshalb noch nicht verdaulich ist und zu der man noch eine Prise Salz des Glaubens dazugeben muss. Der Atheismus ist eine nützliche Antithese zu einer naiven und vulgären Religion – aber es ist notwendig, weiter zu gehen zur Synthese, zu einem reifen Glauben. Der reife Glaube kennt ein Ausatmen und ein Einatmen, er kennt die Nacht und den Tag – der Atheismus ist nur Fragment.

GEDULD MIT GOTT

Gott hat eine partnerschaftliche Beziehung mit jedem Menschen, auch mit dem »Ungläubigen«, und diese Beziehung, wie jede ernsthafte Beziehung, bringt auch Ansprüche und Verpflichtungen mit sich, lebt aus etwas, setzt etwas voraus – und wird auch durch etwas verletzt, verraten und getötet. Der Ausdruck »Todsünde« besagt, dass der Mensch von seiner Seite aus die Beziehung zu Gott »töten« kann – und sie als den »Tod Gottes« erleben kann. Auch der »Ungläubige« kann also *seine Beziehung zu Gott* verraten, töten – und zwar auf der Ebene und in der Gestalt, in der Gott (wenngleich nicht explizit) in seinem Leben anwesend war, z. B. dadurch, dass er seine Verpflichtungen

gegenüber seiner Familie verrät, dass er in der Zeit eines re-
pressiven Regimes zu einem Denunziant wird, dass er mit
seiner Faulheit seine Begabung vergeudet, mit der er anderen dienen könnte und sollte usw.

THEATER FÜR ENGEL

Der Glaube in einem tiefen, existenziellen Sinne, schließt
immer das Vertrauen und die Treue mit ein. Deshalb ist
sein Gegenteil die *Untreue*. Der Gegensatz des Glaubens,
der als eine bloße »Überzeugung« (als eine Zusammenstellung von Meinungen) plus eventuell als eine Zugehörigkeit zu einer bestimmten Gruppe begriffen wird, ist *Unglaube*.

THEATER FÜR ENGEL

Wenn unser »ungläubiger Freund« in jenem Sinne ungläubig ist, dass er aus irgendeinem Grund »unsere religiöse
Überzeugung« nicht teilt und dass »er nicht mit uns geht«,
wäre es hochmütig, ihn nur deshalb als Sünder zu bezeichnen (der darüber hinaus mit der Sünde aller Sünden sün-
digt), als einen »Untreuen«. Ein solcher »Ungläubiger«
kann für seine Haltungen und Meinungen, auch wenn wir
mit ihnen nicht einverstanden sind, *subjektiv* gute Gründe
haben.

THEATER FÜR ENGEL

Die Sünde der *Untreue* ist mit der Sünde des *Unglaubens*
weder identisch noch vergleichbar: Die Sünde der *Untreue*
ist die Sünde der Verschlossenheit gegenüber Gott in der
Gestalt, wie er sich mir zeigt. Ja, es gibt hier eine gewisse
Analogie mit der menschlichen Erfahrung, aus der diese
Metapher oder Analogie (denn was auch immer wir von
Gott aussagen: es ist immer Metapher oder Analogie) ge-

nommen wurde, mit den tiefsten menschlichen Beziehungen, besonders mit der Ehe.

THEATER FÜR ENGEL

Ist es möglich, dass jemand nicht nur die Karikaturen Gottes ablehnt, sondern Gott selbst? Dass er in der Tiefe seines Herzens weiß, dass Gott ist, er aber trotzdem *will, dass er nicht sei?* Ja, auch diese »radikale Gottlosigkeit« ist denkbar, auch wenn wir über sie nur theoretisch nachdenken können und achtgeben müssen, sobald wir in der Versuchung sind, diese Haltung einem konkreten Menschen zuzuschreiben. Ich denke, dass vor allem zwei Formen dieser Ablehnung Gottes existieren: der dämonische Aufstand und die Verzweiflung.

ICH WILL, DASS DU BIST

In den Gedanken vieler Ungläubiger ist der Begriff Gott keine völlig »leere Schublade«, die mit gar keiner Vorstellung ausgefüllt wäre; man kann über sie nicht sagen, dass sie einfach nicht wüssten, was mit diesem Begriff gemeint ist. Sie haben eine gewisse (wenn auch vielleicht matte) Vorstellung davon, was sie ablehnen. Ein Mensch, der in seinem Inneren eine in gewisser Weise obskure Vorstellung von Gott besitzt, will begreiflicherweise, »dass Gott nicht ist« – manchmal einfach nur deshalb, weil er nicht weiß, was er mit jenem Gespenst, das er sich unter dem Begriff Gott vorstellt, in seiner Welt anfangen sollte. In allen diesen Fällen können wir als Gläubige eine derartige Haltung nachvollziehen; auch wir selbst wollten sicherlich nicht, dass *es einen solchen Gott* gäbe und dass Gott so wäre.

ICH WILL, DASS DU BIST

Es gibt Menschen, die (häufig uneingestanden) *wollen, dass Gott nicht ist,* einfach deshalb, weil sie nicht wollen, dass eine moralische Ordnung und grundlegende ethische Gebote gelten, die auf dem Glauben an Gott basieren. Wenn es Gott gäbe und der *ganze* Dekalog (einschließlich der ersten Gebote) tatsächlich gelten würde, dann wäre ihre Lebensweise verurteilenswert, sie wären nicht mehr »wunderbar erfolgreich«, sondern sie wären einfach schlechte Menschen. Jeder, der Böses tut, hasst das Licht und kommt nicht zum Licht, sagt die Bibel und in dieselbe Richtung zielt Dostojewski mit seinem berühmten Satz: »Wenn es keinen Gott gibt, ist alles erlaubt.«

Dieses Argument ist natürlich dadurch sehr diskreditiert, dass mit ihm Christen in der Vergangenheit häufig den *ganzen* Atheismus erklärten, und mit dieser Verdächtigung beleidigten sie begreiflicherweise viele Ungläubige, deren Motive für die Ablehnung des Glaubens ganz andere waren.

ICH WILL, DASS DU BIST

Ich will, dass Gott nicht ist – das ist kein »betrübter Atheismus« (ich würde gern glauben, aber ich bin dessen nicht fähig, weil es Kriege gibt ...), auch kein naiver positivistischer Atheismus (die Wissenschaft hat Gott nicht ausfindig gemacht, der Himmel ist leer), auch kein militanter antiklerikaler Atheismus, der auf die Kirche und das Verhalten der Gläubigen allergisch ist. Ich will, dass Gott nicht ist – das ist ein auf eine andere Weise aggressiver Atheismus, aggressiv nicht nur gegenüber der Kirche und der Religion, sondern gegenüber Gott selbst: Gott *darf es nicht* geben.

ICH WILL, DASS DU BIST

Hinter der Antwort »ich will nicht, dass Gott ist« können sich viele unterschiedlich motivierte Haltungen verbergen. Am häufigsten kann es darum gehen, dass ein Mensch von Gott eine Vorstellung hat, die für ihn psychologisch oder moralisch nicht annehmbar ist (zum Beispiel die Vorstellung eines eigensinnigen, hart strafenden Erziehers, die mit Traumata aus der Kindheit oder einer schief gelaufenen religiösen Erziehung verbunden ist). Wenn er *einen solchen* Gott ablehnt, tut er dies mit vollem Recht und nützt damit seiner geistlichen und seelischen Gesundheit.

ICH WILL, DASS DU BIST

Es gibt »Ungläubige«, die immer irgendetwas hindert, sich unter die Gläubigen zu zählen, die sich aber nichtsdestoweniger in ihrem Wesen danach sehnen, dass Gott ist, und es gibt »Gläubige«, die zwar von der Existenz Gottes überzeugt sind, deren Glaube an Gott aber, so wie sie sich ihn – häufig in Folge einer pervertierten religiösen Erziehung – selbst vorstellen, ihnen solche Schwierigkeiten bereitet, dass sie sich flehentlich wünschen, dass Gott lieber nicht ist.

ICH WILL, DASS DU BIST

Wenn wir alle Zweifel und kritische Fragen des Atheismus definitiv zum Schweigen bringen und zu einer religiösen Überzeugung gelangen könnten, die über eine vollkommene Einsicht und über Sicherheiten vom Typ mathematischer Beweise verfügte, wäre der Glaube nicht mehr notwendig. Die Diskussion zwischen dem Glauben und dem Unglauben kann aber erst im Schoße Gottes definitiv zu Ende gehen, wenn – nach den Worten der Schrift – Gott »alles und in allem« sein wird.

VERSÖHNTE VERSCHIEDENHEIT

6 Die Botschaft von Ostern

Ein wirklich christlicher Theologe kann nur *ein Theologe des Kreuzes* sein – jemand, der weiß, dass es keinen anderen Weg zur Erkenntnis Gottes gibt als durch jene göttliche Kraft hindurch, die in der Schwäche, Erniedrigung und Ohnmacht des Gekreuzigten verborgen ist; als durch jene Schönheit Gottes hindurch, die in der grausamen Entstellt-heit seiner Wunden verborgen ist; als durch jene Gerechtig-keit Gottes hindurch, die in dem erscheint, der für uns zur Sünde wurde: Der Weg zur zärtlichen und barmherzigen Liebe Gottes führt nur durch ihre Verborgenheit in dem grausamen Drama von Ostern hindurch.

BERÜHRE DIE WUNDEN

Die Auferstehung Jesu – das wirkliche Schlüsselgeheimnis der christlichen Verkündigung – ist kein billiges Happy End, die Rückkehr des Auferstandenen zurück in diese Welt und dieses Leben, sondern in der Tat ein Geheimnis von etwas radikal *Neuem*, das in unsere Leben einbricht, wenn wir im Augenblick der Konversion »ein völlig neues Leben mit Christus« beginnen. Am Christentum fasziniert mich gerade jenes »völlig Neue«, jene Einladung, sich dem zu eröffnen, »was kein Auge gesehen und kein Ohr gehört hat, was keinem Menschen in den Sinn gekommen ist.« (1 Kor 2,9).

THEATER FÜR ENGEL

Wenn nach Paulus der Glaube an die Auferstehung Jesu die Bedingung für unsere Erlösung ist, dann muss dieser Glaube offensichtlich viel mehr sein als unsere Überzeugung, »dass das einmal passiert ist« – denn unsere Meinungen, Vermutungen, Theorien, denen wir zustimmen können, und die Erkenntnisse, die wir in unseren Köpfen herumtragen, werden uns wohl nicht erlösen.

GEDULD MIT GOTT

Mit Paulus glaube ich, dass unser Glaube sinnlos ist, wenn Christus nicht auferweckt worden ist (1 Kor 15,14). Genauso sinnlos, vergeblich und leer wäre unser Glaube an die Auferstehung, wenn er nur auf der Ebene unserer Meinungen und Überzeugungen bliebe und nicht auch unser Leben beeinflusste, wenn nicht auch wir zu einem neuen Leben auferstünden.

GEDULD MIT GOTT

Die Ursache unserer Erlösung ist das Opfer Christi am Kreuz – und wir empfangen, ja eignen uns dieses unverdiente Geschenk der Gnade mit dem Glauben an. Der Glaube bedeutet jedoch, dieses Ereignis selbst als eine verwandelnde Kraft in *die Gesamtheit* unseres Lebens eintreten zu lassen. Es genügt nicht, es als eine weitere für wahr gehaltene Information unserem Wissen hinzuzufügen.

GEDULD MIT GOTT

Ich glaube, dass der Glaube an die Auferstehung und die Bereitschaft der Christen, die Anwesenheit und die Lebenskraft Christi zu bezeugen, ihre Kraft aus dem Ereignis der Auferstehung und nicht nur aus der inspirierenden Kraft irgendeines mythologischen Bildes schöpfen. Ich glaube, dass die Anwesenheit des Auferstandenen in unserer Welt wesentlich realer ist als die Anwesenheit der »ewig lebendigen Gedanken« dieses oder jenen aus der Galerie der »großen Verstorbenen«. Ich würde sogar so weit gehen, zu sagen, dass mich die Realität der Auferstehung dazu zwingt, mein bisheriges allzu enges Verständnis der Realität zu revidieren, den Horizont der Welt meiner Erfahrung hin zur Tiefe des bodenlosen Geheimnisses zu durchbrechen. Und nicht nur mein Verständnis der Realität, sondern die Realität meines Lebens, mein Leben selbst, erhält dadurch eine neue Tiefe und einen neuen Sinn.

GEDULD MIT GOTT

Der Glaube an die Auferstehung bedeutet also, diejenige »Kraft«, »die sich in der Schwäche offenbart«, die Kraft des Opfers Christi – seine aufopfernde Liebe –, als lebendige Wirklichkeit zu empfangen. Nicht an die Auferstehung Christi zu glauben – das bedeutete, so zu leben, als wäre das Kreuz das definitive Ende, als wäre das Leben Christi und sein Opfer ein hoffnungsloses Fiasko, eine überflüssige, absurde Niederlage, etwas, woran man nicht mehr anknüpfen könnte. (...) Es würde bedeuten, »im Graben liegen zu bleiben« – jetzt, schon in diesem Leben nicht in die Neuheit und Fülle des Lebens einzutreten, das Christus durch seinen Sieg über den Tod eröffnete – und dadurch wohl auch die Hoffnung darauf zu verlieren, dass mich von diesem neuen (»ewigen«) Leben nur eines ausschließen kann: meine Sünde, meine freies »Nein«.

GEDULD MIT GOTT

Von der »Seite Gottes« aus betrachtet ist die Auferstehung eine vollkommene und vollendete Tat, mit der der Vater den Sohn aus den Schlingen des Todes gerettet hat. Von der Kirchen- und Weltgeschichte aus gesehen (also auf unvollkommene Weise, wie auch sonst) ist dieses Ereignis jedoch immer eine »unvollendete Revolution« – wie ein unterirdischer Fluss, der sich im harten Boden unseres mangelhaften Glaubens, unserer Sündhaftigkeit und Verschlossenheit sein Flussbett im Verborgenen gräbt und nur hie und da inmitten unserer Lebensgeschichten urplötzlich zu Tage tritt und hervorsprudelt.

GEDULD MIT GOTT

Der Apostel Paulus wiederholt bis zur völligen Erschöpfung, dass, wenn wir tatsächlich beginnen, an die Auferstehung zu glauben, dies bedeutet, dass wir dadurch *auferstanden sind*, dass wir mit Christus schon zu einem neuen Leben erstanden sind. Das Tor zum »neuen Leben« ist das neue, tiefere Verstehen. Die Grundvoraussetzung einer Konversion ist die Umkehr, die es ermöglicht, neu zu sehen, neu zu verstehen, neu zu leben.

NACHTGEDANKEN EINES BEICHTVATERS

Schon die Theologen der Antike sprachen von der »*creatio continua*« (fortdauernden Schöpfung); ich leite davon den Begriff »*ressurectio continua*« (fortdauernde Auferstehung) ab. Ich meine damit, dass die Realität des auferstandenen, *lebendigen* Christus wie ein unterirdischer Fluss die Geschichte und die menschlichen Schicksale verborgen »durchfließt« – und von Zeit zu Zeit, besonders in den Augenblicken einer Konversion, an die Oberfläche quillt. Deshalb konnte Paulus zu Recht das Ereignis seiner Konversion als eine Begegnung mit dem Auferstandenen sehen und konnte sagen: Nicht mehr ich lebe, sondern *Christus lebt in mir.*

VERSÖHNTE VERSCHIEDENHEIT

Wie notwendig ist hier diese »*resurrectio continua*« – der Mut, mit dem auferstandenen Christus in die radikal neue Lebensqualität einzutreten, sich weder von der Vergangenheit noch von der Schuld der anderen fesseln zu lassen, verzeihen zu können und sich um Versöhnung zu bemühen! Mit der Theorie von der »resurrectio continua« deute ich an, dass der Moment der Glaubenserweckung in gewissem Sinne die Teilnahme am Sieg Christi über den Tod, über das Grab, über das Böse und über die Finsternis darstellt, und zwar gleichgültig, ob dies bereits im Augenblick der Konversion oder in dem, was ich häufig als »zweite Konversion« oder als den »Glauben des zweiten Atems« bezeichne, geschieht. Dabei wird sich uns die Fülle der Auferstehung erst »in eschato« zeigen, erst am Ende unserer Lebensgeschichte. Denn auch wenn wir im Glauben voranschreiten, fällt auf unsere Existenz hier auf Erden ständig der Schatten des Todes und der Sünde. Ich denke, dass darin das Paradoxon liegt und die Dynamik, aber auch die hinreißende Attraktivität der christlichen Existenz.

VERSÖHNTE VERSCHIEDENHEIT

Im Sieg Jesu über den Tod dringt der Strahl der verheißenen Zukunft in die Welt unserer Geschichte, unserer Gegenwart ein; der Glaube an die Auferstehung hätte keine heilbringende Kraft, wenn es sich bei der Auferstehung nur um den Ausdruck unserer Auffassung handelte, dass sich ein solches Ereignis tatsächlich einmal zugetragen habe, sondern nur dann, wenn es sich bei der Auferstehung um ein Bekenntnis handelt und um die Quelle unserer Hoffnung. Und selbst wenn »unsere Sichtweise« auf das, was damals geschah und wie es sich zugetragen hat, stets mit Fragezeichen übersät wäre, die nicht abzuweisen sind, wäre unser Glaube lebendig, insofern er aus der Quelle der Hoffnung trinken würde und aus ihr die Entschlossenheit schöpfen könnte, mit Seiner Hilfe auch im eigenen Leben der Macht jener Kräfte entgegenzutreten, die Christus ans Kreuz schlugen. Evangelikale Christen sprechen gern von der

Notwendigkeit, »Christus als seinen Erlöser anzunehmen«. Was bedeutet das? Vielleicht könnte man diese Aufforderung auch so formulieren: Jesus nicht im Grab der Vergangenheit zu belassen, sondern ihn mit Vertrauen und mit Sehnsucht als die eigene Zukunft erwarten. Im eigenen Leben »Ja« zu sagen zum Menschen Jesus und zum Wort Gottes, das durch ihn und in ihm uns anspricht, und so Anteil an jenem »Ja und Amen« zu erlangen, das der Vater zu ihm sprach, »Anteil an seiner Auferstehung und an seinem Leben zu haben«.

NICHT OHNE HOFFNUNG

Als Maria Magdalena ihren Namen aus dem Mund dessen hörte, den sie für den Gärtner hielt, als Paulus auf dem Weg nach Damaskus die Frage hörte: »Saul, Saul, warum verfolgst du mich?«, und als Augustinus im Garten »*Tolle, lege!*« vernahm, das ein Kind vor sich hinsang, dann war das nicht nur einfach irgendwann *nach* der Auferstehung, sondern in diesen Ereignissen war die Kraft und die Wirklichkeit der Auferstehung gegenwärtig, auch dort *geschah Auferstehung*, dort konnten sie diese Menschen als ein nicht abgeschlossenes, lebendiges Ereignis erfahren. Auch wir werden an seiner Auferstehung teilhaben (vgl. Röm 6,5).

GEDULD MIT GOTT

Aus allen Berichten über die Begegnung mit dem Auferstandenen wird ersichtlich, dass er nach seinem Durchgang durch das »Tal des Todesschattens« radikal verändert ist. Weder die Jünger auf dem Weg nach Emmaus noch Maria Magdalena, die ihm so nah ist, können ihn zunächst erkennen. Die Evangelien wollen offensichtlich betonen, dass das Mysterium der Auferstehung der Toten *eine radikale Verwandlung* ist, keine bloße Wiederbelebung einer Leiche

(*Resuscitation,* Reanimation) oder die Rückkehr zurück in diese Welt und das Leben.

Gott selbst und die Auferstehung sind *radikale Geheimnisse*, die den Horizont und die Möglichkeiten dessen, was unsere Erfahrung, unsere Sprache, unsere Logik und unsere Vorstellungskraft fassen können, übersteigen. Wir können sie nicht mit eigenen Kräften fassen und über sie wie über einen fertigen Gegenstand *des Wissens* und des Besitzens verfügen – wir können uns auf sie nur im Glauben und in der Hoffnung beziehen und *zuhören*, inwieweit diese Geheimnisse (vielleicht) zu uns sprechen werden. Die Auferstehung bleibt ein Geheimnis der Zukunft, das sich unserer Erfahrung entzieht, auf das wir uns heute nur mit dem Glauben und der Hoffnung ohne »das Sicherungsseil« des rationalen Fragens beziehen können und das wir nicht wirklich »begreifen« oder erleben können, bis wir selbst die Schwelle des Todes überschreiten. Vielleicht wissen wir nur, was die Auferweckung Christi *nicht ist*, oder besser gesagt, was die Schrift mit diesem Wort offensichtlich nicht meint. Sie meint damit nicht – und darauf muss leider immer wieder hingewiesen werden – die »Reanimation« oder die »Wiedererweckung« einer Leiche und ihre Rückkehr in diese Welt, die der Zeit, dem Raum und dem Tod unterworfen ist (»der auferweckte Christus stirbt nicht mehr, der Tod hat keine Gewalt mehr über ihn«, behauptet ausdrücklich der heilige Paulus, vgl. Röm 6,9). Sie will aber auch nicht nur eine symbolische Umschreibung dessen sein, dass *die Gedanken Jesu* oder »die Sache Jesu« *weitergehen* – man sollte die Berichte der Evangelien darüber ernst nehmen, dass die Zeugen einer *Person* begegnen, nicht einer Ideologie.

Die Botschaft von Ostern

Das, womit sich Jesus zuerst vor seinen Jüngern legitimiert, die hinter den verschlossenen Türen des Abendmahlsaals versammelt sind, und dann am deutlichsten und am eindringlichsten vor Thomas, sind seine Wunden, die *anamnesis* (das Gedenken, die Erinnerung) des Kreuzes. Jesus »tritt durch die verschlossenen Türen ein« – überwindet also die verängstigte Verschlossenheit der Apostel und »zeigt ihnen seine Hände und seine Seite«. Thomas kann dann beim Anblick der Wunden Jesu die Erfüllung der Worte Jesu erleben: »Wer mich gesehen hat, hat den Vater gesehen.« Er sieht *in Jesus Gott* – durch die Öffnung seiner Wunden.

BERÜHRE DIE WUNDEN

Der Sündenbock zu sein, alle Sünden der Welt auf sich zu nehmen, wie Paulus es so tiefsinnig gesagt hat, bedeutet die äußerste Solidarität mit den Sündern, die äußerst mögliche: nicht zu sündigen, aber *zur Sünde zu werden*. Dies ist das Geheimnis des Kreuzes, dass hier paradoxerweise die Sünde mit Gott zusammenstößt in einem menschlichen Herzen, das gleichzeitig das Herz Gottes ist, im menschlichen Herzen des Mannes aus Nazaret, über das die Kirche in der Litanei vom Herzen Jesu mit den Worten von Paulus singt, dass in ihm »die ganze Fülle der Göttlichkeit wohnt«. Das ist jener Augenblick des uralten Wettkampfes des Guten mit dem Bösen – der jeden Atem raubende Augenblick des Todes, in dem die Zeit in die Ewigkeit einbricht, in dem es scheint, als ob das Böse, die Sünde, die Gewalt, die Finsternis und der Tod beinahe den Sieg davontragen würden.

BERÜHRE DIE WUNDEN

Die Wunden Christi zu berühren – auch die »Seitenwunde«, die das Herz traf, bedeutet, die Finsternis zu berühren, von der der Schrei des völlig von Gott Verlassenen zeugt.

Die Wunde ins Herz ist das, was das eine Wort Jesu am Kreuz aussagt: *Mein Gott, warum hast du mich verlassen?* (Mk 15,34) Ist nicht jenes »*arcanum*« das gehütete Geheimnis, das man nur durch die Wunde im Herzen des Gottessohnes erblicken kann, die totale »göttliche Selbst-Hingabe«, als würde hier Gott sein Sein selbst ausziehen und sich in jenem *Nichts* verstecken, durch das alles Erschaffene und alle *Sterblichen* hindurchgehen müssen? Ist nicht gerade dies der Schlüsselmoment des ewigen Dialogs des Vaters mit dem Sohn und des Dialogs des Schöpfers mit der Welt und der Menschheit – dass Gott im Leiden seines Sohnes seine Solidarität mit uns in unserer Nichtigkeit und Sterblichkeit insoweit erweist, als er selbst vor seinem Sohn sein Gesicht ganz und sein Sein insoweit verhüllt, dass ihn selbst der Sohn in diesem Augenblick als einen *total abwesenden*, »toten« Gott erlebt? Ist dies aber nicht gleichzeitig jene erlösende und befreiende Tat des Sohnes, dass er auch durch diesen Augenblick der völligen Finsternis *hindurchgeht* – und dass er schon im Augenblick *der Artikulation* dieses »gekreuzigten Glaubens«, im Schrei des Sterbenden, diese abgründige Erfahrung nicht mit der Sprache der Verzweiflung und der Resignation ausdrückt, sondern in Form einer bitteren *Frage*?

BERÜHRE DIE WUNDEN

Wenn Jesus in dem Moment, als er die völlige Verlassenheit von Gott spürt, *trotzdem* seine *Frage* in diese Finsternis schreit, offenbart dieser Augenblick des Kreuzes (und des Kreuzes seines Glaubens, wenn wir das so ausdrücken dürfen) etwas Wesentliches über den Charakter des wirklich *christlichen* (nicht »allgemein religiösen«) Glaubens überhaupt: Der authentische Glaube der Jünger Jesu besitzt den Charakter des »Trotzdem« und des »Dennoch«; es ist ein verwundeter, durchstoßener und trotzdem *ständig fragender* und suchender, gekreuzigter und auferstandener – also ein wahrhaft österlicher – Glaube.

BERÜHRE DIE WUNDEN

Jesus betrat sicher den Abgrund der menschlichen Abgerissenheit von Gott, und dadurch – wie von der anderen Seite aus – »erlebte er den Tod Gottes«. Er bleibt jedoch nicht »Waise« – und *lässt* auch uns *nicht als Waisen zurück*. Gerade das ist der Inhalt der Botschaft von der Auferstehung.

BERÜHRE DIE WUNDEN

In Christus, der durch das Kreuz zum Vater hindurchgeht, verlässt uns Gott, um uns einen Raum der Freiheit und der Verantwortung zu ermöglichen – den Raum des Geistes, in dem wir Christus wieder entdecken können; nicht mehr an der Oberfläche, sondern in der Tiefe. Nicht im privaten Kämmerlein der in sich verschlossenen und um sich kreisenden Frömmigkeit (so würden wir jene Innerlichkeit des Geistes wirklich verkehrt verstehen), sondern in der Tiefe der Wirklichkeit, in die wir gestellt sind und deren Bestandteil wir sind.

BERÜHRE DIE WUNDEN

Der *österliche* Charakter des christlichen Glaubens besteht in der Erfahrung zweier »*Erschütterungen*«. Die erste Erschütterung ist das »Kreuz« – der totale *Verlust aller bisheriger Sicherheiten*, das »Hinausbeugen in die Nacht des Nicht-Seins«. Die zweite Erschütterung ist dann das Infragestellen und die Überwindung dessen, was für den Menschen in den Momenten des Scheiterns eine große Versuchung darstellt, nämlich zu verzweifeln und zu resignieren; das Auffinden der *Sicherheit einer anderen Ordnung*, die in die finstere Welt der Erschütterten als Strahl der *Hoffnung* durchbricht.

NACHTGEDANKEN EINES BEICHTVATERS

Auch im persönlichen Leben eines Menschen kommt der wirklich christliche »österliche Glaube« (im Unterschied zur naiven oberflächlichen Religiosität, die lediglich mit christlichen Symbolen und Rhetorik angestrichen ist) in der Regel erst als ein wiedergefundener Glaube zu Wort, als der *Glaube des zweiten Atems.* Zunächst kommt es zur Erschütterung oder zum Verlust des »ursprünglichen Glaubens« – was das »von den Vätern ererbte Christentum«, das Produkt der Erziehung im Kindesalter oder den ursprünglichen Eifer eines Konvertiten betreffen kann, oder aber auch die »ursprüngliche Überzeugung« eines Menschen, die mit dem Christentum und der Religion nichts zu tun hat.

NACHTGEDANKEN EINES BEICHTVATERS

Bei der Kreuzwegandacht ist für mich immer ein großer Trost, dass Jesus sein Kreuz nicht wie ein antiker Athlet souverän getragen hat, sondern dass er unter ihm wiederholt gestürzt ist – wie wir! Warum sagen so viele fromme Freunde und geistliche Führer zu denen, die unter ihrem Kreuz fallen, solch schreckliche Phrasen, die eher in den Mund der unglücklichen Freunde Ijobs passen würden oder der weinenden »Frauen aus Jerusalem« aus den Passionserzählungen, warum gestehen sie ihnen nicht einfach das Recht zu, einmal mit dem Gesicht im Staub zu liegen und nicht mehr weiter zu können?

THEATER FÜR ENGEL

Die Botschaft von Ostern

Das Kreuz Christi ist der Antipode des Handelns Adams im Paradies. Während Adam durch sein Misstrauen und seine Untreue die ursprüngliche paradiesische Intimität zwischen dem Menschen und Gott aufhebt, erweist Jesus sein Vertrauen und bewahrt die Treue und den Gehorsam auch in der Dunkelheit jener Verlassenheit, die die Frucht und das Bild jenes Abgrundes der Entfremdung ist, für den die Schrift das Wort »Sünde« wählt.

BERÜHRE DIE WUNDEN

Der tschechische Dichter und Schriftsteller Jan Zahradníček schrieb in einem seiner Gedichte, in dem er den Beginn des totalitären Kommunismus reflektierte, dass sich alle bösen und gewalttätigen Regimes bemühen, dass »die Geschichte den Nachmittag des Karfreitags nicht überschreitet«. Ja, ich denke, dass es nötig ist, die finsteren Nächte der menschlichen Geschichte als eine mystische Partizipation an der finsteren Stunde des Karfreitags zu sehen, an dem Moment, als Jesus ruft: »Mein Gott, mein Gott, warum hast du mich verlassen?«.

VERSÖHNTE VERSCHIEDENHEIT

Für das Christentum ist Gott ein Geheimnis, das sich in der Geschichte entwickelt und die Geschichte in sich hineinzieht. Das Geheimnis Gottes zeigt sich besonders in der dramatischen Ostergeschichte. In ihr hat auch der Tod seinen Platz, die Finsternis des Karfreitags, der Schrei Jesu »Mein Gott, mein Gott, warum hast du mich verlassen?«. Meiner Vermutung nach sollte gerade diese Theologie und die Spiritualität weiterentwickelt werden, und deshalb bemühe ich mich immer wieder und immer tiefer darum. Nietzsche lehnte eine bestimmte Art der Metaphysik ab, die Gott als Garanten einer festen Ordnung und als

Schiedsrichter über die Wahrheit ansieht, der statisch begriffen wird. Jedoch hat der Gott, der sich im Drama der Geschichte zeigt, der in das Menschsein, einschließlich des Abgrundes des Todes, eintritt, absolut nichts Statisches an sich.

VERSÖHNTE VERSCHIEDENHEIT

Ich warne regelmäßig davor, die Auferstehung nur als Happy End des österlichen Dramas zu begreifen. Der Theologe Johann Baptist Metz sagt, dass es sich nicht mehr um eine christliche Theologie handelte, wenn wir im Evangelium von der Auferstehung den Schrei des Gekreuzigten nicht mehr hörten und unsere Botschaft von der Auferstehung nur den Mythos eines Siegers darstellte. Dem stimme ich voll und ganz zu. In meinem Buch »Berühre die Wunden« behaupte ich, dass auch wir, ähnlich wie der Apostel Thomas, dem Blick auf die Wunden Jesu ausgesetzt sind und aufgefordert sind, sie zu berühren. Ich meine damit die schmerzhaften Wunden unserer Welt, in denen sich der Schmerz Christi fortsetzt. Derjenige, der die Wunden der Welt ignoriert, hat kein Recht, mit Thomas zu sagen: »Mein Herr und mein Gott!« Die Begegnungen mit den Schmerzen der Welt sind Begegnungen mit Gott.

VERSÖHNTE VERSCHIEDENHEIT

Nur im Licht des Glaubens und der Hoffnung können wir die Geschichte Jesu nicht nur als eine Geschichte des Leids und des Scheiterns lesen, sondern können hinter dem Schrei »Mein Gott, warum hast du mich verlassen?« auch einen stillen Nachtrag hören: »Ich habe die Welt besiegt«, »ich bin bei euch alle Tage«. Nur im Licht des Glaubens und der Hoffnung können wir Jesu Anwesenheit und den immer wehenden, erneuernden und heilenden Atem des Geistes auch in dem oft trüben Fluss voller Skandale und menschlicher Schwäche, den wir Kirchengeschichte nennen, wahrnehmen; den Geist, der Jesus den vor Angst sich eingeschlossen habenden Aposteln einatmete und der ihnen die Macht gab, die Sünden zu verzeihen und seine Vergebung immer wieder zu erfahren.

NACHTGEDANKEN EINES BEICHTVATERS

Die Auferstehung ist auch Vergebung: Nicht umsonst bringt Jesus nach seiner Auferstehung als sein erstes Geschenk an die Jünger den Geist mit und mit ihm auch das Geschenk der Vergebung und die Macht, zu vergeben.

VERSÖHNTE VERSCHIEDENHEIT

Die Krise, die das traditionelle Christentum in der Zeit der späten Moderne durchmachte – und die in den vielen »Kirchenkrisen« sowie persönlichen »Glaubenskrisen« heute noch widerhallt –, ist gleichzeitig eine große Chance. Ein authentisches Christentum ist eines, das stirbt und aufersteht, das wie der auferstandene Christus nicht in seine früheren, bekannten Gestalten zurückkehrt, sondern in dieser Welt – wie wir in den Ostererzählungen der Evangelien lesen – wie ein »unbekannter Fremder« auftritt, der seine Identität durch das Zeigen seiner Wunden beweist und mit diesen den verwundeten Glauben seiner Jünger heilt. Und diese Erfahrung des Glaubens ist gleichzeitig der Weg zur Hoffnung, die das Christentum in Zeiten der »Dämmerung aller Sicherheiten« und auf dem Trümmerhaufen des Optimismus der heutigen Welt (vielleicht) anbieten kann.

NICHT OHNE HOFFNUNG

7 Liebe

Wenn ich eine kurz gefasste Definition der Liebe geben sollte, dann wäre es wohl diese: *Wirklich lieben wir das, was uns so viel bedeutet, dass wir in der Lage sind, ihm den Vorrang vor unserem Ich einzuräumen.* Lieben bedeutet, dem Geliebten den ersten Platz einzuräumen. Zu lieben bedeutet, in Freiheit und mit Freude in den Schatten des Du zurückzutreten. »Ein Gast im Haus, Gott im Haus«, sagt ein altes Sprichwort. »Der andere« (selbst wenn er ein Fremder, ein Gast ist) repräsentiert Gott. Das Sprichwort verrät uns eine tiefe Wahrheit: Wenn wir so lieben, dass wir uns selbst vergessen, dass wir unsere eigenen egoistischen Interessen und Ansprüche überschreiten, dann begegnen wir in dem, das wir auf diese Weise lieben – zum Beispiel in einem Menschen, dem wir unsere Liebe uneigennützig und bedingungslos erweisen – wirklich (wenn auch vielleicht »anonym«) dem, was uns (oder wer uns) radikal übersteigt: Gott. »Gott ist die Liebe«, sagt die Schrift. Wenn ich eine kurzgefasste »Definition Gottes« geben sollte, dann würde ich sagen: *Gott ist die Tiefe, in die wir eintreten, wenn wir uns selbst in der Liebe übersteigen.*

ICH WILL, DASS DU BIST

In der Liebe sind wir am meisten wir selbst. In der Liebe sind wir menschlicher, am menschlichsten. Jedoch gerade und einzig darin, worin wir zutiefst menschlich, ganz menschlich, bis ans Äußerste menschlich, *allzu menschlich* sind, zeigt sich uns und schenkt sich uns das, was mehr als menschlich ist.

ICH WILL, DASS DU BIST

Die Liebe ist derart »allzu menschlich«, zutiefst menschlich, dass sie nicht *nur menschlich* sein kann. Die Liebe reißt alle positivistischen »nichts anderes als« ein! Sie ist zu stark, als dass sie nur eine der menschlichen Emotionen wäre. *Die Liebe ist so zutiefst menschlich, dass sie wie nichts anderes von der Tiefe zeugt, in der der Mensch mehr als ein Mensch ist, in der der Mensch sich selbst übersteigt.* Und ist denn nicht die Transzendenz, die Selbstüberschreitung, das tiefste Charakteristikum des menschlichen Wesens?

ICH WILL, DASS DU BIST

Wenn du dem Nächsten eine liebevolle, mitfühlende und praktisch helfende Liebe erweist, erfährst du schon den »Himmel«. *Gott ist kein Gegenüber.* Aber der Nächste ist ein Gegenüber – und wenn ich einen Schritt der Liebe auf ihn zu mache, wird Gott in dieser Liebe *unter uns* sein. Das Reich Gottes ist schon unter euch, sagt Jesus zu den Menschen, die den frommen Blick in die Ferne richten, hinter den Horizont dieser Welt und der Geschichte. Eine solidarische Liebe zum Nächsten, insbesondere zu den »Geringsten«, Bedürftigen, Leidenden, Kranken und Verfolgten, *impliziert* nach den Worten Jesu die Liebe zu ihm selbst – *diese Liebe ist* sogar im Leben derer vorzufinden, die ihn nicht erkannt haben.

ICH WILL, DASS DU BIST

Eine »Liebe zu Gott«, getrennt von der solidarischen, aufopfernden, helfenden Liebe zu den Menschen, ist dem Neuen Testament zufolge demnach nur Heuchelei. »Wenn jemand sagt: Ich liebe Gott, aber seinen Bruder hasst, ist er ein Lügner. Denn wer seinen Bruder nicht liebt, den er sieht, kann Gott nicht lieben, den er nicht sieht.« (1 Joh 4,20)

Diejenigen, die zum Tempel eilen, ohne sich mit ihrem Bruder zu versöhnen und ohne im »Verwundeten am Wegesrand« den Bruder zu erkennen, ruft Jesus aus der Sackgasse ihrer unmenschlichen Frömmigkeit heraus: Der Rauch, der aus ihren Opfergaben aufsteigt, würde nicht zu Gott emporsteigen, ihre Gebete würden nicht von Gott erhört werden.

ICH WILL, DASS DU BIST

Die Sehnsucht nach der Ewigkeit, nach der Verwandlung des Augenblicks in die Ewigkeit, ist der Schwindel der Leidenschaft der Liebe. Die Liebe weist gerade mit ihrer Leidenschaft auf die Ewigkeit hin, sie ist die Spur und die Sehnsucht nach der Ewigkeit, der »Vorgeschmack der Ewigkeit«. Für Leidenschaft und Leid kennen viele Sprachen nur ein einziges Wort. Die Leidenschaft der Liebe verbirgt in sich das Leid der Unerfülltheit, sie weist hier auf der Erde (auf der Erde, in diesem Leben – im *saeculum*) bereits darauf hin, was die Erde nicht geben kann, sie verweist auf die Ewigkeit, *ad saeculum saeculorum* – zu den »Zeitaltern der Zeitalter«.

ICH WILL, DASS DU BIST

Auch die zwischenmenschliche Liebe, wenn sie wirklich tief ist und dadurch nicht mit den verschiedensten Formen von Liebesersatz verwechselt werden kann, trägt in sich dieses Siegel des Göttlichen. Auch von ihr können wir das aussagen, was wir von der Liebe zu Gott gesagt haben: Auch wenn ihr »Gegenstand« ein konkreter Mensch ist, ist in einer solchen Liebe der andere nie ein *Gegenstand*. Er ist kein *es*, sondern ein *du* – und jedes *du* verweist in den Horizont des »absoluten Du«, ließe sich mit Martin Buber sagen.

ICH WILL, DASS DU BIST

Was uns die christliche Lehre über Christus lehrt, sollen wir in gewissem Sinne auch auf alle Menschen applizieren. Wenn ich den Menschen Jesus liebe, liebe ich *durch ihn und mit ihm und in ihm* auch Gott – und das auch dann, wenn ich von Gott nur eine sehr blasse oder überhaupt keine Vorstellung hätte –, denn es gilt der Satz Jesu: »Ich und der Vater sind eins«. Wenn ich einen anderen Menschen mit der Liebe *Jesu* liebe, mit jener Liebe, die lieber gibt als nimmt, dann liegen die Wurzel und das Ziel dieser Liebe tiefer als dort, wohin ich sehen kann, denn es gilt: »Wer liebt, bleibt in Gott und Gott bleibt in ihm.« Dann wird eine solche Liebe zum Verweis auf die Quelle, »woher das Sanfte und das Gute kommt« – mehr noch: Sie wird zu meiner Teilhabe an ihr.

ICH WILL, DASS DU BIST

Was für die göttliche Trinität gilt, gilt auch für die *irdische Trinität* der »göttlichen Tugenden« – für den Glauben, für die Hoffnung und für die Liebe. Auch diese Tugenden sind dadurch *göttlich*, weil sie ein unverdientes freies Geschenk der Gnade darstellen, und dadurch *menschlich*, weil sie ein freier Akt des Menschen sind; sonst könnte es sich nicht um Tugenden handeln. Das Göttliche und das Menschliche sind in ihnen untrennbar und doch unvermischt, die göttliche Freiheit schränkt die menschliche nicht ein und umgekehrt. Zwischen diesen Tugenden existiert auch eine gewisse *perichoresis* – ein gegenseitiges Sich-Durchdringen. Die Frage, ob die Liebe Vorrang vor dem Glauben habe, erweist sich damit als ein Scheinproblem, wenn wir uns in der Kontemplation in jene Ikone des göttlichen Tanzes versenken: die drei Tugenden lassen sich gegenseitig den Vortritt. Darüber hinaus sind sie in ihrem Wesen gegenseitig enthalten, sie durchdringen sich. Eine wirkliche Liebe gründet nicht auf einem emotionalen Entflammen, sondern auf Glauben und Vertrauen. Der Glaube bezieht sich auf »Dinge, die wir erhoffen«, die nicht einfach da sind, auf die dennoch die Hoffnung ihren sehnsüchtigen Blick richtet und zu denen die Liebe uns hinzieht. Ein Glaube ohne Hoffnung wäre blind und ein Glaube ohne Liebe wäre tot. Eine Hoffnung ohne Glaube wäre leer und ohne Liebe besäße die Hoffnung nicht die Ausdauer, alle Prüfungen des Lebens mit Geduld zu ertragen, denn nur die feste Liebe »erträgt alles«.

ICH WILL, DASS DU BIST

Die Liebe ist zweifellos etwas Menschliches. In dieser Form kennt sie jeder von uns Menschen – der eine aus Erfahrung, der andere wenigstens vom Hörensagen. Ich habe über verschiedene Facetten der Liebe nachgedacht, vor allem über diejenigen, die in weltlichen Abhandlungen über die Liebe nicht vorkommen: über die Liebe zu Gott und die Liebe Gottes zu uns. Würde Nietzsche auch von ihr sagen, dass sie eine »menschliche, allzumenschliche« Angelegenheit ist? Ich verstehe seinen Widerstand gegen diejenigen, die sich, statt der Erde treu zu bleiben, in jenseitige Reiche flüchten. Ich ahne, aus welchen Gründen er sich gerade in seiner Schrift »Menschliches, Allzumenschliches« so vehement gegen alle Verweise auf irgendein »hinter« oder »über« wehrt.

Jedoch schwächt die Tiefe der Ewigkeit, die ich in der Liebe erblicke, in mir in keiner Weise das *Ja* zum Leben hier und jetzt. Es geht hier nicht um einen abwesenden Blick, mit dem wir einen Menschen beleidigen würden, wenn wir *durch ihn* schauen, weil wir nicht an ihn denken oder ihn nicht wahrnehmen würden. Vielleicht könnte man diese »Durchsicht« eher mit dem aufmerksamen Blick voller Hoffnung und Vertrauen vergleichen, mit dem ein Lehrer im Studenten eine Begabung sieht, deren dieser sich selbst noch gar nicht bewusst ist, oder mit dem ein Liebender in seiner Verlobten schon die künftige Mutter seiner Kinder sieht. Wenn wir uns selbst manchmal für einen Augenblick mit den Augen dessen erblicken, der uns liebt und uns vertraut, entschwinden von uns alle lähmenden Gefühle von Minderwertigkeit und Unwürdigkeit und wir werden dadurch zur Verwirklichung jener bisher in uns schlummernden Möglichkeiten ermuntert, die in uns nur die Liebe sieht und erweckt. Hat übrigens nicht gerade Nietzsche geahnt – vielleicht mehr als andere –, dass im Menschen etwas sitzt, das vorsagt, was noch nicht zu Ende gesagt wurde, was noch offenbart werden wird?

ICH WILL, DASS DU BIST

Wenn der Mensch sich in der Meditation abgründig in das Gebot der Liebe vertieft, berührt er auf eine gewisse Art und Weise diese Grundlage, welche die Trennung zwischen dem Ich und dem Du aufhebt. Gott ist der Blickpunkt und das »Ich« (Ego) ist kein Subjekt mehr, ist nicht die letzte Quelle des Sehens, sondern ist *dasjenige, das gesehen wird*. Aufgabe einer meditativen Übung ist es, aus sich herauszutreten und zu versuchen, »seinen Beobachter zu beobachten«.

Die Tatsache, dass der Mensch sein *Ego* reflektieren kann, ist dadurch ermöglicht, dass die Möglichkeit existiert, auf eine bestimmte Weise aus sich selbst herauszutreten, von sich abzusehen.

ICH WILL, DASS DU BIST

Unsere liebevollen menschlichen Äußerungen sind häufig eine *Reaktion* auf etwas, sie werden hervorgerufen von etwas und sind dadurch bedingt (z. B. von der Schönheit oder der Güte eines bestimmten Menschen) und sie werden nicht selten von der Erwartung der Reziprozität begleitet. Wir lieben diejenigen, die uns lieben, sagt Jesus. Wenn ich von der göttlichen Liebe und von Gott als der Liebe spreche, dann spreche ich von einer *absolut bedingungslosen Liebe.* »Gott liebt uns nicht deshalb, weil wir gut sind. Gott liebt uns deshalb, weil Gott gut ist,« fasst ein zeitgenössischer Autor den Kern der Botschaft des Evangeliums über Gott zusammen.

Ja, vielleicht *nähert sich* die tiefe Mutterliebe dieser bedingungslosen Liebe am meisten *an:* Auch eine Mutter liebt ihr Kind nicht deshalb, weil es schön, gut, moralisch oder geschickt wäre, sie liebt es auch dann, wenn es nichts davon ist; sie liebt es, weil es *ihr* Kind ist. Der göttlichen Liebe ist aber kein Kind, kein Mensch (auch nicht der schlechteste) und auch kein Bestandteil der Welt *fremd.* Er liebt alle, und alle liebt er gleich und ganz.

ICH WILL, DASS DU BIST

Der Ort des ekstatischen Erlebens der Freude und der Schönheit ist zweifellos die Liebe zwischen den Menschen, und besonders die Liebe zwischen einem Mann und einer Frau. In ihr wird, wenn sie tief und aufrichtig ist, immer in gewissem Sinne jene »kosmische Konvergenz« vollendet, wenn ich diesen Terminus Teilhard de Chardins ausleihen darf, in ihr wird jene Polarität erfüllt und gleichzeitig überwunden, die Gott in die Schöpfung als Quelle aller Dynamik und Fruchtbarkeit des Lebens hineingelegt hat. Deswegen ist die Liebe zwischen einem Mann und einer Frau, einschließlich ihres körperlichen Ausdrucks, für die Mystiker über die Grenzen der Jahrhunderte und Religionen hinweg das beredteste Symbol der Liebe zwischen Gott und dem Menschen. Die Liebe zwischen einem Mann und einer Frau, die Verbindung dieser beiden *unverwechselbaren* Pole, hat Gott zum Heiligtum der Lebensweitergabe und zum Vorraum des *Allerheiligsten*, des Geheimnisses seines inneren Lebens, seiner unverwechselbaren, absolut bedingungslosen Liebe gemacht. Der Satz »Gott ist die Liebe« hat den selben Inhalt wie die Aussage »Gott ist die Einheit der Gegensätze« – die Liebe ist die Vereinigung des Ungleichen, ja sogar des Gegensätzlichen.

ICH WILL, DASS DU BIST

Der Schlüssel zur Begegnung mit jener Liebe, die alles übersteigt, was ein menschliches Auge je gesehen, ein Ohr je gehört und was jemals in den menschlichen Geist Eingang gefunden hat, liegt nicht ausschließlich auf den Altären der Tempel, die von Menschen erbaut wurden. Wir können ihn in der *menschlichen Liebe* finden – in diesem von Gott selbst erbauten Tempel –, jedoch nur in der Tiefe, nicht an der Oberfläche, mit der sich viele zufriedengeben, die das Wort Liebe durch alle Fälle durchdeklinieren. Von der echten Liebe sagt die Schrift, dass sie lieber gibt als nimmt. Und die Liebe, von der wir hier sprechen, *gibt sich selbst*. Nur in der totalen Selbsthingabe ist die menschliche Liebe das Bild der bedingungslosen, absoluten Liebe, wegen der und für die ich das Wort »Gott« verteidige.

ICH WILL, DASS DU BIST

Auch ein nach außen hin völlig alltäglicher Akt der Selbstschenkung kann Ausdruck *einer* »heroischen Liebe« sein. Wenn ich von der göttlichen Liebe mit Hochachtung spreche, dann gilt mein tiefer Respekt auch allen, die sie in die

Welt hineintragen. Und wenn gerade sie davon zeugen, dass sie diese Liebe und die Kraft zu ihr als *Geschenk* erleben, dann ist dies nicht nur eine leere Phrase einer vorgespielten Demut. Das Wort »Gott« ist für sie nicht nur ein einfach wegzudenkendes Ornament der Sprache. Bei aller Hochachtung bezeichnen sie damit aus der Tiefe ihrer Erfahrung heraus jenes »woher«, aus dem sie auf dem Weg der selbstvergessenden Liebe die Ausdauer schöpfen. Und uns steht es nicht zu, ihr Zeugnis zu bagatellisieren.

ICH WILL, DASS DU BIST

Ja, eine starke Liebe (und nicht nur die Flamme der Selbstverausgabung im Schoß eines geliebten Menschen) ist auf ihre Art immer schon ein Tod. Die Mystiker, die leidenschaftlichen Liebhaber des Absoluten, haben darüber wunderschöne Seiten theologischer Poesie verfasst. *Die Liebe ist der Tod des Egos,* des kleinen Ichs, das sich mit dem »Kern des Menschen« (dem Selbst) verbindet und durch diese *Tür* (»Ich bin die Tür«, sagt Christus) in die Ewigkeit eingeht. Während des Lebens werden wir aus diesen Augenblicken einer ekstatischen Verbindung, aus dieser Berührung der Ewigkeit, immer wieder in die Zerbrochenheit der Zeit zurückgeschickt, in das, was irgendwann war, ein anderes Mal ist und wieder ein anderes Mal erst sein wird. Einmal jedoch werden wir nicht mehr zurückkehren müssen. Einmal werden wir voll und dauerhaft von dem durchdrungen sein, was jetzt schon und für alle Zeiten ist.

ICH WILL, DASS DU BIST

Darf ein Jünger Jesu die Welt lieben? Derjenige, der die Welt liebt und lieben kann, ist Gott. Gott kann gerade deshalb der »Liebhaber der Welt« sein, weil er ganz anders ist, kein Bestandteil der Welt. Dagegen sind wir ein natürlicher

Bestandteil der Welt – und deshalb können wir die Welt nicht so lieben, denn unsere Liebe zur Welt wäre immer nur Selbstliebe. Nur dann, wenn wir von Christus aus der Welt herausgerufen werden auf den Weg der Nachfolge und wenn wir durch diese Berufung und Erwählung »der Welt gekreuzigt sind und die Welt uns«, erst dann können wir paradoxerweise die Welt lieben. Diese Berufung reißt uns nicht aus der Welt heraus, trennt uns nicht von den Menschen und ihren Sehnsüchten und Bedürfnissen, Freuden und Sorgen, sondern trennt uns vom »Geist dieser Welt«, von der sich auflösenden und verbindenden Oberfläche. Erst dann lieben wir die Welt »in Christus und durch Christus«, das bedeutet, nicht mit einer besitzergreifenden Liebe, sondern mit einer *kenotischen*, sich aufopfernden, dienenden Liebe gemäß dem Beispiel Christi. Es gibt keine größere Liebe, als diese, und der letzte Wunsch Jesu, das neue und ewige Gebot, der neue Bund (den wir beständig ausdrücklich erneuern, jedes Mal wenn wir Eucharistie feiern, »das Abendmahl des Herrn«) ist gerade diese äußerste Gestalt der Liebe: »Liebt einander, so wie ich euch geliebt habe.«

ICH WILL, DASS DU BIST

Die Welt zu lieben, bedeutet für den Jünger Christi, sie nicht mit der »unkritischen« (vergöttlichenden) und häufig auch manipulierenden Liebe »der Kinder dieser Welt« zu lieben. Vor dieser sollten wir gewarnt sein, das wäre jene von Augustinus beschriebene *concupiscentia,* »die Begierde« – »die Begierde des Fleisches, die Begierde der Augen und das Prahlen mit dem Besitz«. Die Liebe, mit der wir lieben sollen, besteht in der Solidarität und im Dienst.

Wir können die Welt nur »in Gott« lieben. Das bedeutet, mit jener »Draufsicht« oder kritischen Distanz, die uns der Glaube gibt, aber gleichzeitig mit jener Verantwortung und Warmherzigkeit, die zugleich ein Geschenk des lebendigen Glaubens und der Liebe ist. Wenn wir durch den Glauben und durch die Liebe mit Gott verbunden sind, gibt uns Gott in der Beziehung zur Welt einen bestimmten Anteil *sowohl an seiner Transzendenz als auch an seiner Immanenz.* Er ermöglicht uns, »in der Welt zu sein, aber nicht von der Welt«, solidarisch zu sein, jedoch gleichzeitig nonkonform.

ICH WILL, DASS DU BIST

Nur zwei Dinge können meiner Meinung nach als wirklich göttliche Offenbarung in der Geschichte begriffen werden, die mehr als eine rein menschliche Projektion ist: Zum einen das göttliche Gebot »Du sollst nicht töten« und zum anderen die Aufforderung Jesu zu Liebe und zu Vergebung. Es handelt sich hierbei nämlich um radikal andere Werte, die unsere menschliche Vorstellungswelt und unsere Erwartungen, Wünsche und Ängste überschreiten.

Die *Liebe*, wie von ihr die Bibel spricht und wie sie Jesus verkörpert und bezeugt, das ist jenes »ganz andere«, das ist die Weise der göttlichen Anwesenheit in der menschlichen Geschichte. Alles andere, womit wir Menschen die Geschichte füllen, ist menschlich, allzu menschlich und häufig unmenschlich. Das, was Gott in sie hineinträgt und wo man ihn suchen kann, ist die Liebe. Ich bin Christ, weil ich den Glauben an diese Liebe angenommen habe.

ICH WILL, DASS DU BIST

Die Einzigartigkeit der Lehre Jesu kommt unter anderem darin zum Ausdruck, dass sie die Liebe zu Gott mit der Liebe zum Menschen wesenhaft verbindet und die Universalität und Unbedingtheit dieser Liebe nachdrücklich betont: Es ist eine Liebe, die sogar unsere Feinde umfasst. Zu behaupten, dass ich einen Gott liebe, den ich nicht gesehen habe, aber den Bruder, den ich vor mir habe, nicht liebe, wäre eine heuchlerische und sich selbst belügende Religion; und nur diejenigen zu lieben, die uns lieben, wäre ein Tauschgeschäft, und nicht die Tugend der Liebe, wie das Neue Testament sagt.

An diese bedingungslose und grenzenlose Liebe erinnern in gewissem Maße zwei andere Konzepte aus der Geschichte der alten und modernen Kulturen, das buddhistische *Mitleid* und die neuzeitliche westliche *Toleranz*. Trotzdem vermute ich, dass wir beide nicht mit der christlichen Auffassung der Liebe verwechseln sollten, weil es im Christentum noch um etwas anderes geht.

ICH WILL, DASS DU BIST

Bei dem humanistischen Konzept der *Toleranz* – bei aller Hochachtung dieses Ideals und aller, die sich darum bemüht haben und sich weiterhin bemühen, es in der Lebenswirklichkeit zu realisieren – handelt es sich noch nicht um das letzte Wort, das die ganze Bandbreite der neutestamentlichen Botschaft der Liebe zum Nächsten zum Ausdruck bringen kann. Eine Facette der bedingungslosen, grenzenlosen Liebe bleibt dabei außen vor: die Liebe zu den Feinden.

»Liebt eure Feinde«, lehrt Jesus. Von allen Geboten Jesu kommt diese Forderung vielen als das schwerste und anspruchsvollste Gebot vor, manchem erscheint sie sogar völlig absurd.

ICH WILL, DASS DU BIST

Der Mensch ist zur »Draufsicht« nur auf sein eigenes Ich berufen und nicht auf andere Menschen. In der Beziehung zu denen, die uns hassen oder uns schaden, sollte sich der

Mensch nicht stolz auf einen entfernten, erhobenen Platz wegbegeben, sondern sich im Gegenteil dem »Feind« so weit wie möglich innerlich annähern. Er sollte den Mut haben, hinter dessen Kriegsmaske zu blicken und ihm in die Augen zu schauen – und dann, und wenn er dazu in der Lage ist (wenn er nicht mehr allzu sehr von seinen Projektionen und seiner paranoiden Angst gefesselt ist), versuchen, ihm auch ins Herz zu schauen. Versuchen wir, unseren Feinden ins Gesicht zu schauen, und haben wir den Mut, einzugestehen, dass sie uns ähnlicher sind, als wir bereit sind zuzugeben.

ICH WILL, DASS DU BIST

Die Offenheit, eine der Lieblingsparolen des »modernen Christentums«, ist nur dann authentisch christlich, wenn sie einen *kenotischen* Charakter hat. Wirklich offen zu sein bedeutet etwas anderes, als der uns umgebenden Welt unkritisch entgegenzutreten. Es bedeutet eher, sich »durchsichtig« zu machen, wie ein durchlässiges Glas zu sein, damit Jesus (das Licht der Welt) als der erleuchtende Strahl auf die Welt um uns herum fallen kann. Dazu ist es notwendig, beständig den nicht gerade einfachen Weg einer selbstvergessenden Liebe zu erlernen, damit unser Ich auf diesem Weg des Lichts nicht zu viel Schatten wirft. Je mehr wir lernen, unser Ego zu verkleinern, desto mehr werden wir zu einem Hinweis auf die Quelle, woher »das Gute und das Sanfte kommt«.

ICH WILL, DASS DU BIST

In der Liebe öffne ich dem geliebten Menschen in mir einen sicheren Raum, in dem er erst vollständig und frei er selbst sein kann (er braucht sich nicht vor mir zu verstellen, er muss mir nichts vormachen und muss sich nicht alles stän-

Liebe

dig mit seinen Leistungen verdienen). Und noch mehr: Erst in diesem sicheren Raum der Liebe kann ein Mensch zu demjenigen *werden*, der er bisher nur der Möglichkeit nach war. Erst jetzt kann er seine besten Möglichkeiten verwirklichen, die ohne Liebe verkümmern, vertrocknen, im Keim ersticken würden.

ICH WILL, DASS DU BIST

Das Gegenteil von Liebe ist nicht Hass, sondern Selbstliebe. Das Gegenteil von Glauben ist nicht der Atheismus, sondern die Selbstvergötterung. Die Liebe und der Glaube (die Liebe zu Gott) bieten wahre Freiheit, nämlich die Befreiung aus dem dunkelsten Kerker: aus dem Eingesperrtsein des Menschen in sich selbst.

ICH WILL, DASS DU BIST

»Liebe deinen Nächsten wie dich selbst«, sagt Jesus und teilt uns damit gleichzeitig eine wichtige Botschaft mit: *Der Mensch soll sich selbst lieben.* Wer ein dankbares und fröhliches *Ja* nicht auch zu sich selbst sagen kann (auch wenn man über sich eine Reihe von Dingen weiß, die einen nicht gerade zu großem Stolz berechtigen), ist auch nicht in der Lage, einen anderen wirklich anzunehmen. Menschen, die unter Minderwertigkeitskomplexen leiden, unter dem dauerhaften Gefühl, ungerecht behandelt zu werden, und Selbsthass und Selbstverachtung äußern, kompensieren oft diese pathologischen Zustände mit Stolz, oder sie projizieren sie in andere hinein. Wer es mit sich selbst nicht aushält, hält es auch nicht mit anderen aus. Wenn jemand vor sich selbst hin zu anderen Menschen flüchtet, was teilweise auch in sozialen Berufen der Fall ist, kann er den anderen in Wirklichkeit gar nicht helfen; das, was auf den ersten Blick wie eine extrem selbstaufopfernde Liebe wirkt, erweist sich häufig als verborgene Manipulation.

ICH WILL, DASS DU BIST

Das augustinische »Lieben bedeutet: Ich will, dass du bist« führt uns zu einem anderen Satz, zu einer herrlichen Definition Gabriel Marcels: »Jemanden lieben heißt ihm sagen: Du wirst nicht sterben.« Ja, diese beiden auf den ersten Blick merkwürdigen »Definitionen der Liebe« verbinden letztendlich die Liebe mit ihrer geheimnisvollen transzendentalen Quelle und ihrem Ziel: mit der Ewigkeit. Die echte Liebe hat immer den Durst nach der Ewigkeit in sich.

ICH WILL, DASS DU BIST

Gott und Mensch sind zwei »Gegenstände« der Liebe. Die Liebe ist eher ein ausgeleuchteter Raum, in dem sich erst zeigt, wer überhaupt Gott ist und wer Mensch ist und wie die beiden zueinander stehen.

ZACHÄUS ANSPRECHEN

Im Neuen Testament können wir lesen, dass die praktische Liebe zu einem Menschen, die in Werken besteht, nicht in Worten, sogar die Beziehung zu Gott und zum Sohn Gottes einschließt: Erinnern wir uns an die Worte: »Ich zeige dir meinen Glauben aufgrund der Werke« (Jak 2,18), oder an das Gleichnis vom Jüngsten Gericht, wo diejenigen Christus begegnen, die den Geringsten Barmherzigkeit erwiesen haben.

ZACHÄUS ANSPRECHEN

Dort, wo die Liebe zu Gott aus dem menschlichen Herzen und aus dem menschlichen Leben verdrängt wird, dort wird das Herz enger, ärmer. Dort, wo den Menschen

»nichts mehr heilig ist«, ist die Grundlage der menschlichen Beziehungen in Gefahr.

ZACHÄUS ANSPRECHEN

Wirklich jeden Menschen in Liebe anzunehmen ist manchmal eine sehr schwere Aufgabe, die wir nicht durch Selbstüberwindung oder durch einen sentimentalen Idealismus bewältigen können, sondern manchmal nur in dem Wissen, dass Derjenige diesen meinen schwierigen Nächsten liebt, der meiner ganzen Schwierigkeit zum Trotz auch mich und tatsächlich alle Menschen liebt.

ZACHÄUS ANSPRECHEN

Menschen, die *die Liebe* mit einer Gefühlsregung verwechseln, *fühlen* sich berechtigt, ihren Partner zu verlassen, wenn sie für ihn *nichts* mehr *fühlen*; Menschen, die *den Glauben* mit dem frommen Erschaudern des Gefühls verwechseln, beginnen sich in dem Augenblick für Atheisten zu halten, in dem ihr religiöses Leben endlich die Windeln abzulegen beginnt und die Chance hätte, reif zu werden. Menschen, die *Hoffnung* mit optimistischen Gefühlen verwechseln, sind reif für den Selbstmord, wenn sie das Leben um die optimistischen Illusionen beraubt hat – obwohl gerade dieser Augenblick die Gelegenheit wäre, die Kraft der Hoffnung zu bezeugen; wir sollen *Rechenschaft über unsere Hoffnung ablegen*, nicht über unsere Launen oder Stimmungen.

BERÜHRE DIE WUNDEN

Die Liebe ist nicht nur ein Gefühl, eine emotionale Verfassung, sondern etwas ganz anderes und viel tieferes. Wenn mir jemand sympathisch ist, bedeutet das noch nicht, dass ich ihn liebe, wenn er mir unsympathisch ist, bedeutet das

nicht, dass ich ihn hasse: In Jesus erweckten die Pharisäer
sicherlich auch keine Gefühle von Sympathie, man kann jedoch nicht behaupten, dass er sie hasste. Die Liebe besteht
darin, dass ich dem anderen Gutes wünsche und bereit bin,
ihm dieses zu *erweisen*, so gut ich kann; Hass bedeutet,
dass ich ihm Böses wünsche und bereit bin, es ihm auch an-
zutun, sobald sich dazu die Gelegenheit bietet.

BERÜHRE DIE WUNDEN

Wenn man so will, kann man Jesus als einen »großen Rela-
tivator« ansehen. Er relativierte fast alles: Im Gespräch mit
Pilatus relativiert er die politische Macht, im Streit mit den
Pharisäern relativiert er religiöse Traditionen und moralische Vorschriften. Nur ein Einziges ist für ihn absolut,
notwendiger als Salz: die Liebe. Die Liebe zu Gott und zu
den Nächsten.

ZACHÄUS ANSPRECHEN

Nur zwei Wege führen zur Erkenntnis, dass die selbstlose,
aufopfernde Liebe einen Sinn hat: der »Glaube« und die
»Hoffnung«. Beide haben etwas Grundlegendes gemeinsam – sie überschreiten den Horizont des »Möglichen«,
des Gewohnten, des Erwarteten. Sie besitzen den Charakter
eines Geschenks.

NACHTGEDANKEN EINES BEICHTVATERS

Über die Liebe, die doch die Schwester des Glaubens ist, lesen wir, dass Gott uns früher liebte als wir ihn, dass Er uns
liebte, »als wir noch Sünder waren«, dass Er – und seine
Liebe, denn Er ist die Liebe – »größer ist als unser Herz«.
So wie seine Liebe all unserer Fähigkeit zu lieben voraus-
geht und diese trägt, so, glaube ich, geht sein Glaube an
uns voraus und trägt ihn, ermöglicht ihn und ist in ihm

gegenwärtig. Gott selbst ist in unserem Glauben gegenwärtig – die traditionelle Theologie bringt diese Wahrheit in dem Satz zum Ausdruck, dass der Glaube Gnade ist.

GEDULD MIT GOTT

Wenn ich mich nach Gott sehnen würde, damit ich ihn »besitzen« und ihn für meine Zwecke benutzen könnte, zur Erfüllung meiner Wünsche und »psychologischer Bedürfnisse«, ginge es eher um Magie, also um einen Gegensatz zum Glauben, oder um ein selbstsüchtiges Streben, um den Gegensatz zur Liebe. Ein liebevolles »*ich will*« ist dagegen *ein bewusster Akt der Öffnung eines Raumes meiner Freiheit*, in dem ich Gott Gott sein lassen will.

ICH WILL, DASS DU BIST

Vielleicht wird uns vieles klarer, wenn wir die augustinische Definition der Liebe auf die Liebe zum Menschen beziehen. Auch hier sagt meine Liebe dem Geliebten: Ich will, dass du bist. Hier wird vielleicht klar, dass dieser Satz nicht einen Zweifel zum Ausdruck bringt, ob der Geliebte existiert. Seine Existenz ist für mich offensichtlich und ich kann mich von ihr mit meinen Sinnen überzeugen. Ich drücke jedoch mit diesem Satz meine essenzielle Zustimmung zu seiner Existenz aus, *meine Freude darüber, dass er ist*.

ICH WILL, DASS DU BIST

Vollkommen zu lieben bedeutet, freiwillig seiner Ansprüche zu sterben und dem anderen Raum zu geben, sodass er er selbst sein kann. Wenn wir uns dessen voll bewusst werden, dann wird das Wort des Apostels, dass »Gott die Liebe ist«, für uns keine süße Phrase mehr sein.

WAS OHNE BEBEN IST, HAT KEINE FESTIGKEIT

Die wichtigste und für das Leben und für eine gesunde Entwicklung der Persönlichkeit notwendigste Erfahrung ist es, zu erleben, dass man als Mensch geliebt wird. Darin besteht das wahre Noviziat der Liebe. Die Liebe kann man nur dadurch erlernen, wenn man sich von ihr »ansteckt« lässt. Wer nie geliebt wurde, kann auch selbst nicht lieben.

ICH WILL, DASS DU BIST

Liebe lernen wir auch in der Vergebung. Ja, die Reste von verletzten Gefühlen überdauern oft, auch alte Narben öffnen sich ab und an wieder. Manchmal sind wir *nicht fähig, zu vergessen*, weil die Verletzungen immer noch schmerzen, aber das bedeutet nicht, dass wir unfähig sind, zu vergeben. Gott will, dass wir ein barmherziges Herz haben, nicht ein Gedächtnis wie ein Sieb! Es geht darum, auf welche Art und Weise wir mit den Narben der Erinnerungen umgehen – ob wir sie damit wund reiben, dass wir in sie die ätzende Lauge des Hasses und den Durst nach Rache eingießen, ob wir der schmerzhaften Erinnerung erlauben, dass sie sich zu einem Trauma auswächst, das die Erfahrung unserer Verletzung krankhaft verallgemeinert, oder ob wir sie geduldig der heilenden Wirkung der Zeit aussetzen und jenen Erlebnissen gegenüber aufgeschlossen sind, die unseren zur Verbitterung und zum Zynismus führenden Anti-Glauben, dass das Böse immer das letzte Wort im Leben haben wird, widerlegen oder zumindest in Zweifel ziehen werden. Vergeben bedeutet, sich nicht von der Sehnsucht nach Vergeltung auf das Spielfeld des Bösen ziehen zu lassen; vergeben bedeutet, es abzulehnen, Böses mit Bösem zu vergelten. »Wir vergeben unseren Schuldigern« ist kein Statement, dass wir mit dieser Aufgabe schon fertig seien, sondern stellt eine Verpflichtung dar, nicht nachzulassen in diesem Prozess der Umkehr des eigenen Herzens – einem Prozess, der in gewissem Sinne, direkt oder indirekt, sichtbar oder versteckt auch denjenigen mit einbezieht, der sich gegen uns vergangen hat.

ICH WILL, DASS DU BIST

Wenn dein Feind in Not ist, hilf ihm, sagt Jesus. Er bietet uns so einen Kurs in der wichtigen, in der vielleicht einzig wirksamen Therapie des Bösen: dem Erzürnten, dem Beleidigten oder dem Schuldigen die Möglichkeit einer *korrigierenden Erfahrung* anzubieten – nicht wie du mir, so ich dir, sondern wie Gott mir, so ich dir. »Würdest du, Herr, unsere Sünden beachten, Herr, wer könnte bestehen?«, fragt der Psalmist (Ps. 130,3). Derjenige, der bis in die Tiefe erlebt hat, dass er aus der göttlichen Vergebung lebt, ist eines solchen Verhaltens fähig. Jesus sagt nicht: Vergiss, was zwischen euch passiert ist – sondern: Lass dein Handeln nicht davon bedingt sein, was passiert ist. Lass dich nicht von der schlechten Vergangenheit fesseln. Eröffne stattdessen den Weg in eine bessere Zukunft.

ICH WILL, DASS DU BIST

Gott ist die Liebe, Gott wohnt in der Liebe – falls diese jahrhundertelang wiederholten Sätze christlicher Predigt zu leeren Sätzen verwittert sind, ist es umso notwendiger, zu zeigen, dass Liebe hier nicht die süße Cremefüllung eines edlen Gefühls meint, sondern dass sie jenes *Salz* ist, ohne welches das Leben ungenießbar und unverdaulich ist.

THEATER FÜR ENGEL

Thérèse von Lisieux gesteht an der Schwelle des Todes ein, dass sie den »Glauben verloren hat«, ihre ganze Sicherheit und ihr Licht – *sie sei nur noch fähig zu lieben*. Gott »sieht sie nicht« mit dem Licht des Glaubens, jedoch bezieht sich ständig zu ihm mit der Leidenschaft der Liebe. Wenn die Liebe den Glauben auf dem Weg zum endgültigen Ziel überholt und auch den »Tod des Glaubens« überlebt, dann ist sie auch fähig, Ungläubige und deren Unglauben zu umarmen. Den Unglauben kann der Glaube nur dadurch überwinden, dass er ihn umarmt.

GEDULD MIT GOTT

Der Glaube stirbt nicht, er geht nur in die Liebe über, häufig beim Durchschreiten des letzten Tores, manchmal auch davor. Dort, wo der Glaube erlischt, brennt noch die Liebe, sodass die Finsternis nicht endgültig siegen kann. Ist das unsere Liebe oder Seine Liebe? Eine solche Frage ist überflüssig. Es gibt nur eine Liebe.

Der Glaube, die Hoffnung und die Liebe sind drei Arten, wie man mit der Erfahrung der Verborgenheit Gottes umgehen kann. Deshalb bieten sie einen ganz anderen Weg als der Atheismus, aber auch als ein »billiger Glaube«. Sie bedeuten jedoch – im Gegensatz zu diesen beiden oft angebotenen Abkürzungen –, dass man lange unterwegs ist. Dieser Weg führt – ähnlich wie der Exodus Israels, der das trefflichste biblische Vorbild für das Auf-dem-Weg-Sein darstellt – auch durch die Wüste und die Dunkelheit. Ja, manchmal verliert sich auch der Weg; manchmal müssen wir in einen sehr tiefen Abgrund hinabsteigen, in das Tal der Schatten, damit wir ihn wieder finden. Würde er aber nicht dort hindurch führen, wäre er nicht der Weg zu Gott – denn Gott wohnt nicht an der Oberfläche.

GEDULD MIT GOTT

Die Tatsache, dass Thérèse von Lisieux »die Liebe im Herzen der Kirche« ist – eine Liebe, die auch in der Nacht des Glaubens brennt, die auch dort fortbesteht, wo der Glaube »abgestorben« ist – beweist, dass diese Liebe – und daher auch das geheimnisvolle »Herz der Kirche«, ihre verborgene Dimension der Tiefe – wesentlich breiter, tiefer, großzügiger ist, als sie bislang und von außen betrachtet zu sein schien. Es gibt dort auch für diejenigen einen Platz, deren Sicherheiten (vor allem deren »religiöse Sicherheiten«) erschüttert, entwurzelt, ins Dunkel getaucht sind.

GEDULD MIT GOTT

Gott zu lieben und seine Liebe zu erfahren bedeutet meiner Meinung nach ein dauerhaftes, reifes und treues *Ja* zum Leben – mit allem, was wir in ihm erfahren, und mit allem, womit es mir Geheimnis und Quelle eines ununterbrochenen Staunens bleibt. Es bedeutet, *von der Tiefe des Lebens zu wissen* – und das auch in jenen Momenten, in denen ich mich so sehr von den Ereignissen an seiner Oberfläche verausgabt habe, dass ich seine Tiefe kaum mehr wahrnehmen kann. Es bedeutet, das sinnlose Schauspiel, Herr und Herrscher sowohl über das eigene als auch über das fremde Leben sein zu wollen, aufzugeben – und das mit Verstand zu tun, mit Freude und in Freiheit.

ICH WILL, DASS DU BIST

Gott zu lieben bedeutet, eine tiefe Dankbarkeit für das Wunder des Lebens zu verspüren und diese Dankbarkeit mit seinem Leben zu bezeugen; sein Schicksal auch dort zu bejahen, wo es den eigenen Plänen und Erwartungen nicht entspricht. Gott zu lieben bedeutet, geduldig und aufmerksam menschliche Begegnungen als göttliche Botschaften voll von Sinn anzunehmen – und das auch dann, wenn ich diesen Sinn nicht ausreichend zu verstehen vermag. Gott zu lieben bedeutet, zu vertrauen, dass mir auch die kompliziertesten und dunkelsten Momente einmal ihren Sinn offenbaren werden, sodass ich zu ihnen werde sagen können: »Dass darin Gott war? Wohlan – noch einmal!«

ICH WILL, DASS DU BIST

8 Hoffnung

»Wo ist der Ort in mir, wohin ich dich einladen kann, mein Gott?«, fragt Augustinus. Ich glaube, dass die Antwort Gottes lautet: Es ist deine Hoffnung.

NICHT OHNE HOFFNUNG

Wenn der Glaube vergessen würde, dass sein Gegenstand in der Wolke des Geheimnisses verharrt, in die nur die Hoffnung eintreten darf, könnte er zur Ideologie werden, zu einem Verkäufer von »Sicherheiten«; und wenn die Hoffnung sich vom Glauben loslösen würde, drohte ihr, dass sie vom Wind des Träumens, der Illusionen und der Wünsche fortgetragen würde.

NICHT OHNE HOFFNUNG

Der Glaube und die Hoffnung sollten immer gemeinsam gehen, so wie die Apostel Petrus und Johannes am Ostermorgen zusammen zum leeren Grab gelaufen sind. Die Hoffnung lässt vielleicht dem Glauben den Vortritt, damit er hineinschaue und *sage*, was er sieht. Doch erinnern wir uns: Die Hoffnung läuft schneller und ist als Erste am Ziel. Es gibt Momente, in denen der Glaube schwerfällig ist, wie es sicher in jener Nacht nach dem Karfreitag der Fall war, doch wie damals wird er von der Hoffnung vorangetrieben, die ihm den Weg weist.

NICHT OHNE HOFFNUNG

Die Hoffnung, die auf die Zukunft gerichtet ist, welche ihre eigenste Umgebung ist, ihre »Biosphäre«, befreit uns von der Last der Vergangenheit – auch die Vergebung von

Schuld ist ein Akt der Hoffnung, ein Geschenk und eine Eröffnung der Hoffnung –, und die Hoffnung befreit uns auch vom Erschrecken und von der Trauer über die Flüchtigkeit und Vergänglichkeit des gegenwärtigen Augenblicks.

NICHT OHNE HOFFNUNG

Die Ewigkeit, die Biosphäre Gottes, umfasst und übersteigt gleichzeitig alle Dimensionen der Zeit; sie ist *für uns* hier jedoch jetzt vor allem als Zukunft, als Möglichkeit, als Zusage, als Hoffnung gegenwärtig. Gott und seine Ewigkeit sind hier noch nicht in jener Fülle und Deutlichkeit offenbar, die jeden dazu *zwingen* würde, Gott anzuerkennen und zu respektieren; seine Anwesenheit in unserem Leben ist jetzt auf den Raum angewiesen, den ihm unsere Freiheit mit dem Glauben und mit der Hoffnung eröffnet. »Es gibt genug Licht für diejenigen, die sich aus ganzer Seele wünschen, Gott zu sehen, und genug Dunkelheit für diejenigen, die den entgegengesetzten Wunsch haben«, sagt Pascal.

NICHT OHNE HOFFNUNG

Alle Glaubenssätze werden naiv und zugleich arrogant, wenn sie vergessen, dass sie gemeinsam mit jenem »vielleicht« der Hoffnung ausgesagt werden müssen. Jenes »vielleicht« erscheint aus der menschlichen Perspektive heraus betrachtet als *Zweifel*, es ist jedoch nicht als »Zweifel an Gott« zu klassifizieren (ein Zweifel, der, streng genommen, in der Tat eine Sünde wäre, nämlich die Sünde, der Undankbarkeit und der Bequemlichkeit zuzuhören), sondern vielmehr als ein demütiges Wissen um den Unterschied zwischen der göttlichen Größe und der beschränkten Kapazität unserer Sprache und unseres Begreifens. Aus einer anderen Perspektive betrachtet ist jenes »vielleicht« dagegen ein Wort der Hoffnung.

NICHT OHNE HOFFNUNG

Ein demütiger Glaube, *stark nur durch die Hoffnung*, legt in das Nest der atheistischen Behauptungen die Eier des Zweifels, die Wörter »vielleicht« und »noch nicht«. »Gott gibt es *noch* nicht« – ihn gibt es hier noch nicht mit jener Deutlichkeit, die jeden dazu *zwingen* würde zu glauben. Ein Glaube, der aufgrund von Deutlichkeit, unumstößlichen Argumenten oder »unbezweifelbaren Wundern« erzwungen ist, ist kein Glaube, genauso wie eine Hoffnung, die man schon erfüllt sieht, keine Hoffnung ist (vgl. Röm 8,24).

NICHT OHNE HOFFNUNG

Die Hoffnung begleitet den Weg des Menschen wie jene heilige Unruhe des Herzens, von der Augustinus schrieb: »Denn du hast uns auf dich hin geschaffen, und unruhig ist unser Herz, bis es ruht in dir.«

NICHT OHNE HOFFNUNG

Der Glaube braucht, damit er seine großen Taten vollbringen und uns zu unserem Heil führen kann, eine große Sehnsucht und eine starke Hoffnung. Eine Hoffnung, die sich nicht auf die »Dinge der Welt« stützt und sich an sie heftet, sondern eine Hoffnung, die uns stattdessen davon befreit, sich an ihnen festzuklammern, und uns aus ihrer Abhängigkeit löst. Die Hoffnung, die die Schritte unseres Vaters Abraham lenkte, als er den Ruf des Herrn hörte und »wegzog, ohne zu wissen, wohin er kommen würde«.

NICHT OHNE HOFFNUNG

Gerade deshalb ist es so wichtig, die Hoffnung wie eine kleine Flamme im Sturm zu pflegen, zu behüten und zu schützen, vor der Versuchung der Hoffnungslosigkeit, gleichzeitig aber auch vor ihrer Verderbnis, vor ihrer Verfälschung, vor dem, was ein falscher Ersatz für sie wäre: die Illusion, die Projektion unserer Wünsche, utopische Versprechungen oder ein naiver Optimismus, wie es zum Beispiel die neuzeitliche Ideologie der Verheißung eines unbegrenzten Fortschritts darstellte.

NICHT OHNE HOFFNUNG

Große Geheimnisse aus der Schatztruhe des biblischen Glaubens bleiben vor allem deshalb für so viele Menschen heutzutage unzugänglich, weil man sie nur mit einem einzigen Schlüssel aufschließen kann – und dieser ist gerade die Hoffnung. Ich bin mir dessen bewusst, dass ich zu einer Reihe von Sätzen des christlichen Glaubensbekenntnisses ein aufrichtiges »Amen« nur deshalb sagen kann, weil dieses »Amen« »ich hoffe darauf« bedeutet; das heißt, ich beziehe mich darauf nicht aufgrund einer vollständigen Erkenntnis und eines kompletten Begreifens, sondern auf Grundlage der Hoffnung. Die Sätze sind für mich kein einsehbares, evidentes Faktum, sondern ein Geheimnis – ein Gegenstand der Hoffnung. Gerade die Hoffnung – und nur sie – scheint mir der Schlüssel zum Tor der großen Geheimnisse des Glaubens zu sein. Sie ermutigt dazu, in diese Wolke des Unaussprechbaren, Unbenennbaren und Unvorstellbaren einzutreten.

NICHT OHNE HOFFNUNG

Es war die Säkularisierung, welche die Hoffnung, in der das Christentum eine der drei »göttlichen Tugenden« sah, in den Optimismus und in den Fortschrittsglauben verwandelt hatte. Dies geschah sicherlich vor allem als Reaktion darauf, dass die Rhetorik der Barockprediger und die fromme Vorstellung der Gläubigen die Hoffnung zu »jenseitig« – jenseits des Grabes – auffassten: Von der Hoffnung sprachen die Prediger am häufigsten auf dem Friedhof. Seit der Wende der Renaissance hin zu »dieser Welt« kam den Kindern der Neuzeit die christliche Lehre von den »letzten Dingen« immer mehr wie ein falscher Geldschein vor, der durch das neu entdeckte Gold der im Experiment überprüfbaren sinnlichen Erfahrung nicht gedeckt war.

NICHT OHNE HOFFNUNG

Auf die Frage, ob ich ein Optimist oder ein Pessimist bin, antworte ich, dass ich ein Mensch bin, der um die Hoffnung ringt – und als solcher lehne ich diese beiden Alternativen gleich entschieden ab. »Ein Optimist ist ein Mensch, dem es an Informationen mangelt«, sagt ein bekanntes Bonmot. Ich glaube, dass die Wahrheit noch viel krasser ist. Ein Optimist ist ein Falschmünzer: Die goldene Münze der Hoffnung, die dem Menschen für seinen Lebensweg geschenkt ist, vertauscht er mit der Illusion, dass sich die Sonne des Glücks rund um den winzigen Planeten seiner Vorstellungen und Wünsche drehen müsste. *Der Optimismus* ist die kühne Annahme oder die gewagte Unterstellung, dass »alles gut gehen wird«. Im Gegensatz dazu ist *die Hoffnung* eine Kraft, die auch eine Situation auszuhalten vermag, in der sich diese Annahme als Illusion erwiesen hat.

NICHT OHNE HOFFNUNG

Zwar nehme auch ich an, dass die Worte »Gott« und »Hoffnung« ihrem Wesen nach zueinander gehören, weil sie auf dieselbe Wirklichkeit hinzielen, auf die Erfahrung der Offenheit der Welt und des menschlichen Lebens. Jedoch kann doch auch derjenige, der in dem Sinne »Gott nicht kennt«, weil er ihn nicht bekennt und ihn mit diesem Wort nicht benennt, ein Mensch der Hoffnung sein, und seine Hoffnung muss nicht notwendigerweise in rein diesseitige Heilsideologien degenerieren. *Vielleicht ist das theologisch interessanteste Thema daher gerade die »Hoffnung der Ungläubigen«.* Ist nicht der Glaube (und Gott selbst) in ihrem Leben gerade in der Gestalt der Hoffnung anwesend? Der Glaube kann sich manchmal verbergen, sich »verwandeln«, in Liebe *umgegossen* werden. Übrigens lehrt auch der Apostel Paulus, dass die Liebe das Größte ist und auch dort überdauern wird, wo der Glaube seine Pilgeraufgabe schon erfüllt haben wird. Kann sich der Glaube auch dahingehend verwandeln, dass er auch in Hoffnung umgegossen wird? Kann der Glaube von der Hoffnung »vertreten«, vergegenwärtigt, re-präsentiert werden – *und können wir also eine bestimmte Gestalt der Hoffnung der »Ungläubigen« für ihren »impliziten« Glauben halten?* Kann Gott im Leben eines Menschen (lediglich) durch dessen Hoffnung anwesend sein? »Auf *Hoffnung* hin sind *wir erlöst*« – diese Worte des Paulus, die einen wesentlichen Schlüssel zur paulinischen Soteriologie darstellen, antworten auf diese Frage – wie es scheint – positiv.

NICHT OHNE HOFFNUNG

»Wir sind gerettet, doch in der Hoffnung.« (Röm 8,24). Sind wir deshalb gerettet, erlöst, weil wir Hoffnung haben (ist also die Erlösung die Belohnung dafür, dass wir der Versuchung der Verzweiflung, der Skepsis oder des Unglaubens nicht unterlegen sind), oder soll damit ausgedrückt sein, dass das, worauf wir uns beziehen, für uns die Hoffnung auf Erlösung darstellt? Die Theologie überbrückt dieses Dilemma mit der Behauptung, dass die Hoffnung, ähnlich wie der Glaube, gleichzeitig eine »eingegossene göttliche Tugend« ist, also eine Gabe Gottes (und Gott, wie bekannt, »soll nicht« – und kann also nichts als sich selbst geben) und gleichzeitig ein Akt der menschlichen Freiheit, der menschlichen Wahl. Die »christliche Hoffnung« ist also eine gott-menschliche Wirklichkeit – ähnlich wie das Christentum in Jesus Christus und in der Kirche diese Verbindung von Göttlichem und Menschlichem sieht; gerade diese Sicht auf die Hoffnung als eines *Ortes des Dialoges Gottes mit den Menschen* stellt jenen spezifisch christlichen Beitrag zum Nachdenken über die Hoffnung dar.

NICHT OHNE HOFFNUNG

Vielleicht ist es so, dass in der häufig anzutreffenden »gewöhnlichen« menschlichen Hoffnung der Keim jener Hoffnung enthalten ist, die wir in diesem Buch im Blick haben, und dass diese verborgene Hoffnung gerade in der Krise und im Scheitern in ihrer keimhaften Form geboren und *gereinigt* wird. Das ist der Grund, warum wir jeder menschlichen Hoffnung (wenn es sich nicht nur um eine offensichtlich schädliche Illusion oder Selbsttäuschung handelt) einfühlsam und mit Achtung begegnen sollten. *In jeder menschlichen Hoffnung ist vielleicht mehr verborgen als nur das Ziel, auf das hin sie sich bewusst ausrichtet*, selbst wenn dieses Ziel menschlich gesehen so kostbar und groß wäre wie unsere eigene Genesung oder die Genesung oder Rettung unserer liebsten Mitmenschen.

NICHT OHNE HOFFNUNG

Dies ist der Gegenstand meines Glaubens und meiner Hoffnung: Wem es gelingt, zwischen der Skylla der Resignation, des Zynismus und der Verzweiflung oder des Erstarrens in einmal erreichten »Sicherheiten« auf der einen Seite und der Charybdis, den Illusionen und Projektionen der Wünsche (seiner eigenen oder der eigenen Kultur und Zivilisation) auf der anderen Seite, den Weg einer *radikal geöffneten Hoffnung* zu wählen, berührt (ob er sich bereits für einen im religiösen Sinn Gläubigen hält oder nicht) die Handflächen dessen, der der Spender aller wirklichen Hoffnung ist.

NICHT OHNE HOFFNUNG

Eine der kostbarsten Früchte der Hoffnung ist die Vergebung. Im Akt der Vergebung feiert die Zukunft den Sieg über die Vergangenheit. Die Hoffnung gibt die Kraft zu jener Wende von der Vergangenheit zur Zukunft, die in der Vergebung besteht. In der Vergebung befreit die Hoffnung die Vergangenheit von ihrer Last und öffnet das Tor zur Zukunft. Wenn die Sünde der Tod ist, dann ist die Vergebung die Auferstehung.

NICHT OHNE HOFFNUNG

Die Hoffnung ist wie der Spalt, durch den die Zukunft einen Strahl ihres Lichtes in die Gegenwart wirft. Gleichzeitig ermöglicht uns die Hoffnung, unsere Vergangenheit »in einem anderen Licht« zu sehen. Deshalb ist sie insbesondere in den finsteren Momenten des Lebens so notwendig, vor allem dann, wenn aus der Vergangenheit der Schatten einer Schuld auf die Gegenwart fällt. Die Hoffnung ist der Spalt, durch den wir auch in den bedrückendsten Momenten der Gegenwart einen Hauch von Zukunft einatmen können und ohne den wir in manchen Situationen wohl ersticken würden.

NICHT OHNE HOFFNUNG

Die wirkliche Hoffnung zielt auf etwas, das sie selbst nicht versteht, auf eine so große Wirklichkeit, dass sie nicht einmal in der Lage ist, diese zu benennen. Deshalb schreibt Paulus über das christliche Gebet: »Denn wir wissen nicht, worum wir in rechter Weise beten sollen.« Und er fügt hinzu: »Der Geist selber tritt jedoch für uns ein mit Seufzen, das wir nicht in Worte fassen können.« Ja: Wenn die Hoffnung betet, betet sie mit einem Seufzen, das wir nicht in Worte fassen können. Paulus behauptet, dass in uns und durch uns »die ganze Schöpfung« sehnsüchtig zu Gott seufzt. »Denn die ganze Schöpfung wartet sehnsüchtig auf das Offenbarwerden der Söhne Gottes. Die Schöpfung ist der Vergänglichkeit unterworfen, nicht aus eigenem Willen, sondern durch den, der sie unterworfen hat; aber zugleich gab er ihr Hoffnung: Auch die Schöpfung soll von der Sklaverei und Verlorenheit befreit werden zur Freiheit und Herrlichkeit der Kinder Gottes.« (Röm 8,19–21). In diesem Zusammenhang sagt Paulus den tiefsten Satz der neutestamentlichen Theologie der Hoffnung: »Wir sind gerettet, doch in der Hoffnung.« (Röm 8,24).

NICHT OHNE HOFFNUNG

Das Gebet ist die Schule der Hoffnung, die Schule eines geduldigen Ausschauhaltens, die Schule des Wartens, die Schule einer unendlichen Ausdauer in der Sehnsucht. Und gerade die *Unendlichkeit* der Ausdauer unterscheidet die Hoffnung, diese »göttliche Tugend«, von jenem menschlichen, allzu menschlichen Wollen, vom »Optimismus« und von Illusionen. Diese sind auf das »Endliche« bezogen – die wirkliche Hoffnung jedoch übersteigt den Horizont der endlichen Ziele »dieser Welt« und richtet sich auf das Äußerste, auf das Letzte hin aus.

NICHT OHNE HOFFNUNG

Ein Moment des tragischen Versagens der christlichen Verkündigung der Hoffnung – welches dazu beigetragen hat, dass das Christentum für viele Menschen unglaubwürdig wurde – besteht in der »Privatisierung der Eschatologie«, der Verwechslung der wunderschönen Vision des »himmlischen Jerusalems«, des »neuen Himmels und der neuen Erde«, jenes Festmahls der vollendeten Schöpfung, bei dem ein starker und wirklich *neuer Wein aus neuen Schläuchen* fließen wird und wo es »keinen Tempel geben wird«, mit der Verheißung einer verlässlichen Versorgung unserer privaten »Seele«, kaum dass über unserem Körper der Sargdeckel zuklappt.

NICHT OHNE HOFFNUNG

Das ungeduldige Ausschauhalten nach dem himmlischen Jerusalem, welches für viele Zuhörer Jesu und manche Christen der ersten Generationen einschließlich der Autoren der neutestamentlichen Schriften das Alpha und Omega des Glaubens ausmachte, endete zu der Zeit, als die Christen im Römischen Reich heimisch wurden. Damals ist ihre Rolle als politische und religiöse Dissidenten zu Ende gegangen (und dieses Dissidententum hing eng mit dem apokalyptischen Charakter ihrer Hoffnung zusammen). Die christliche Eschatologie, die bis dahin das Herz des christlichen Glaubens bildete, veränderte sich radikal: Hatte man sich bis dahin stillschweigend auf die Hoffnung auf das nahe Ende der Welt und die zweite Ankunft des Herrn verlassen, wurde dies nun ersetzt von der Sorge darum, wie man nach dem Tod in den Himmel gelangen könne (und zwar ein jeder für sich, sozusagen »jeder nach seinen Verdiensten«). Die Kirche wurde so jedoch in keinem geringen Maße von einer pilgernden Gruppe zu einer Versicherungsagentur, die viele Angebote dazu machte, wie man sich so zuverlässig wie möglich einen Platz im Himmel sichern könne.

NICHT OHNE HOFFNUNG

In dem Moment, als die Gräuel, aber auch die Attraktionen der Moderne die Vorstellungen von der Hölle lächerlich machten und die Vorstellungen vom Himmel erblassen ließen, schütteten die Menschen mit dem Bade dieser Phantasien auch das Kind aus – die lebendige eschatologische Hoffnung und das Vertrauen. Der Mensch hat seine Hoffnung an »diese Welt« geheftet. Weil man jedoch die menschliche Hoffnung offensichtlich nicht von der »Neigung zur Unendlichkeit« und der Sehnsucht nach dem Absoluten befreien kann, begann die Hoffnung, als sie ihr eschatologisches Ziel abgeschüttelt hatte, sich in ihrer Erwartung und mit ihren Ansprüchen mit einer derart großen Intensität auf Ziele in der Welt hin auszurichten, dass dies notwendig zur Frustration führen musste. Wenn der Mensch von relativen und endlichen Sachen Absolutheit einfordert, dann verabsolutiert er entweder diese relativen Werte und erschafft so Götzen oder er gerät in einen Teufelskreis von Überforderung seiner Kräfte, von unrealistischen Erwartungen und ständig wiederkehrenden Ernüchterungen und Enttäuschungen.

NICHT OHNE HOFFNUNG

Bedeutet die Hoffnung auf Ewigkeit, die Bestandteil der christlichen Hoffnung ist, einfach die Absicherung, dass wir, wenn die Erinnerung an uns in den Gedanken des letzten Menschen erlöschen wird, der uns noch persönlich gekannt oder von uns gehört hat, trotzdem *in einem Gedächtnis gespeichert bleiben*, das nicht erlöscht, in jenem Gedächtnis, das wir Gott nennen?

NICHT OHNE HOFFNUNG

Ich habe die Hoffnung im Zusammenhang mit den Aposteln Petrus (der für den Glauben steht) und Johannes (der die Hoffnung symbolisiert) erwähnt, die zum geöffneten Grab gelaufen sind; *die Hoffnung, die den Glauben überholt*, auch wenn sie ihm schließlich den Vorrang gibt und das Wort erteilt. Der Glaube bezeugt und predigt, die Hoffnung ist in der Regel nicht hörbar, die Hoffnung betet mit einem Seufzen, das wir nicht in Worte fassen können. Aber die Apostel haben die Frauen zum Grab geschickt, insbesondere Maria Magdalena, die Frauen, die »mit den Engeln gesprochen haben« und das Evangelium der Hoffnung hörten, das ganz im Stil einer negativen Eschatologie formuliert ist: »Was sucht ihr den Lebenden bei den Toten? *Er ist nicht hier.*« Das Wort von der Auferstehung, jenes geheimnisvolle »auferstanden«, der Grundstein des christlichen Glaubens, ist hier nicht mit irgendwelchen Phantasien darüber verbunden, wie und wann dieses geschah und wo der Auferstandene jetzt ist. Es braucht hier kein »Jenseits«. Wir wissen nur, dass der Tod seiner Macht beraubt ist und wir, wie die Apostel, die Verheißung als *Hoffnung* und *Aufgabe* bekommen haben: Sie werden aufgefordert, nach Galiläa zurückzukehren, vom Ort des Todes und der Trauer wegzugehen zurück zu seinen Anfängen – dort wird es eine Fortsetzung geben: »Dort werdet ihr ihn sehen.« Obwohl die Apostel den Frauen und ihren Zeugnissen keinen allzu großen Glauben schenken, obwohl sie noch mit ihren Zweifeln den Glauben lähmen, löst die Hoffnung bereits die Fesseln an ihren Füßen.

NICHT OHNE HOFFNUNG

Es ist die Hoffnung, die nach jedem Karfreitag am Morgen zum Grab läuft. Es ist die Hoffnung, die mit den Engeln spricht. Es ist die Hoffnung, die das Grab, den Tod und die Hölle, all die bedrohlichen Schlünde des Nichts, zwingt, zu bekennen: »Er ist nicht hier.« Es ist die Hoffnung, die uns von den Orten des Todes ins Leben zurückschickt: Dort werden wir ihn sehen.

NICHT OHNE HOFFNUNG

Die Sehnsucht besitzt immer bereits ihr Ziel, sie besitzt bereits irgendwo ihre durch die menschlichen Pläne oder Phantasien vorbereitete Behausung, sie besitzt ihren von Menschen bereiteten oder erträumten Himmel (auf der Erde oder im Jenseits); »sie hat schon ihren Lohn erhalten«. Sehnsüchte haben eine Behausung, wohingegen die Hoffnung neben den Angeboten der Welt und des Jenseits wie ein »Obdachloser« erscheint. Ihr ergeht es wie unserem Herrn, dem Menschensohn, der nichts hatte, worauf er sein Haupt legen konnte. Die Hoffnung besitzt keinen Gegenstand. Die echte Hoffnung bezieht sich auf keine Sache mehr, selbst wenn sie noch so heilig wäre; sie bezieht sich nur auf Gott, der keine »Sache« ist.

NICHT OHNE HOFFNUNG

Die Hoffnung kann, soll, ja muss sogar unsere menschlichen Bemühungen unterstützen, in den alltäglichen Prüfungen zu bestehen, die Aufgaben des Alltags zu meistern, nach jeder Niederlage und Enttäuschung wieder aufzustehen und weiterzugehen. Sie darf sich jedoch nicht mit einer dieser Aufgaben identifizieren und sich in ihnen erschöpfen. Nachdem sie ihr Ziel erreicht hat, muss sie geöffnet bleiben; auf der Welt gibt es nichts, was ihren Durst nach dem Absoluten stillen könnte. Die Hoffnung begleitet den Weg des Menschen wie jene heilige Unruhe des Herzens, von der Augustinus schrieb: »Denn du hast uns auf dich hin geschaffen, und unruhig ist unser Herz, bis es ruht in dir.«

NICHT OHNE HOFFNUNG

9 Geduld

Den Hauptunterschied zwischen dem Glauben und Atheismus sehe ich in der Geduld. Der Atheismus und der religiöse Fundamentalismus sowie der Enthusiasmus eines zu leichten Glaubens ähneln sich darin gegenseitig, wie schnell sie in der Lage sind, mit dem Geheimnis fertig zu werden, das wir Gott nennen – und gerade deshalb sind für mich alle diese drei Positionen gleichermaßen unannehmbar.

GEDULD MIT GOTT

Zum Reifen des Glaubens gehört es auch, Momente – und manchmal auch lange Phasen –, in denen Gott fern zu sein scheint, in denen er verborgen bleibt, zu akzeptieren und durchzustehen. Das, was augenscheinlich und beweisbar ist, erfordert keinen Glauben; den Glauben brauchen wir nicht angesichts der unerschütterlichen Sicherheiten, die den Kräften unserer Vernunft, unserer Vorstellungskraft oder unserer sinnlichen Erfahrung zugänglich sind. Der Glaube ist gerade für die Momente des Helldunkels der Vielseitigkeit des Lebens und der Welt und auch für die Nacht und den Winter des Schweigens Gottes da. Der Glaube und die Hoffnung sind Ausdruck unserer Geduld gerade in solchen Zeiten – und die Liebe ist das auch: Eine Liebe ohne Geduld ist keine wirkliche Liebe. Der Glaube ist – ähnlich wie die Liebe – mit dem Vertrauen und mit der Treue untrennbar verbunden. Und Vertrauen und Treue erweisen sich in der Geduld.

GEDULD MIT GOTT

Paulus schreibt im Abschluss-Crescendo seines Hoheliedes
der Liebe: Die Liebe ist langmütig, sie ist geduldig. Ja,
auch der Glaube, wenn er wirklicher Glaube ist, ist geduldig. Ja, sogar mehr: Der Glaube ist Geduld. So wie sich in
der Geduld mit dem anderen die Liebe zum Nächsten
zeigt und ihre Kraft und ihre Echtheit erweist, so ist in gewisser Weise auch der Glaube (wenn auch verborgen, implizit, anonym) in einer bestimmten Art von Geduld auch
gegenüber dem ganzen Schweren, Harten und Vieldeuti-
gen im Leben gegenwärtig. Und dort, in der Geduld –
vielleicht vor allem in ihr – zeigt sich seine Kraft und
Echtheit.

GEDULD MIT GOTT

Vielleicht erweist sich die Echtheit des Glaubens mehr als
durch seinen »Inhalt« – dadurch, was und wie genau er etwas über seinen »Gegenstand« aussagen kann – durch seine
Geduld. Die »Geduld erlangt alles«, glaubte und lehrte die
große und weise Lehrerin der Kirche, die heilige Teresa von
Ávila. »Mit Geduld rettet ihr eure Seelen«, sagt die Schrift.
Heute betont man oft, dass der Glaube eine Entscheidung
sei, eine ausdrückliche Entscheidung für Christus – die
manchmal auch in der emotionalen Atmosphäre von »cha-
rismatischen« Versammlungen getroffen wird. Jedoch ist
nicht allein die Entscheidung notwendig, sondern auch die
Ausdauer und die Geduld in dem, was folgen wird.

GEDULD MIT GOTT

Wenn die Geduld dem Glauben seine erlösende Kraft gibt,
kann sie dann nur Nebenaspekt sein? Ist nicht gerade die
Geduld jene Öffnung, durch welche die Gnade Gottes in
unseren Glauben eingegossen wird, die eigentlichste erste
Ursache unserer Erlösung? Und besteht diese Gnade nicht

eigentlich in der Geduld seiner Liebe zu uns, in der Geduld seines Vertrauens in uns?

GEDULD MIT GOTT

Ist nicht die Geduld des menschlichen Glaubens die Feuerstätte, in der Gott das Feuer seines Geistes entzünden und den »menschlichen Glauben« umschmelzen kann in jenen göttlichen Glauben, der fähig ist, Wunder zu vollbringen – auch wenn er in den Augen der Welt unscheinbar klein erscheint, ja sogar übersehen werden kann? Oder ist es zutreffender zu sagen, dass Er schon immer auch in den »menschlichsten« Formen unseres Suchens, Fragens, Ausschauhaltens – sofern es mit Geduld geschah – verborgen war, dass Er uns sogar verborgen jene »Gnade der Geduld« angeboten hat, die uns schließlich dazu führen kann, dass wir den Verborgenen entdecken und erkennen, dass wir hören werden, wenn er uns beim Namen ruft?

GEDULD MIT GOTT

Die Geduld, die wir angesichts der Vieldeutigkeiten und der Rätsel, vor die uns das Leben ununterbrochen stellt, dadurch beweisen, dass wir der Versuchung widerstehen, auf den Weg der allzu einfachen Antworten zu dersertieren, ist letzten Endes immer unsere Geduld mit einem Gott, der nicht »greifbar« ist. Aber was ist der Glaube anderes, wenn nicht diese entgegenkommende Offenheit gegenüber der Verborgenheit Gottes, dieses mutige Ja (oder zumindest ein sehnsüchtiges »Vielleicht«) unserer Hoffnung in der tiefen Stille des göttlichen Schweigens, jene beharrliche kleine Flamme, die selbst in den längsten, dunkelsten und kältesten Nächten immer wieder aus der Asche der Resignation emporschlägt?

GEDULD MIT GOTT

Im Christentum lässt sich der Glauben und die Hoffnung nicht voneinander trennen – und die Geduld ist ihre gemeinsame Eigenschaft und Frucht.

GEDULD MIT GOTT

Kein einzelner Christ kann weder mit seiner Vernunft noch mit seinem Glauben die Ganzheit der Offenbarung *explizit* erfassen und umarmen, die sich darüber hinaus im Verlauf der Geschichte entwickelt. Der Glaube des Einzelnen zu einem bestimmten Zeitpunkt ist immer *implizit*. Wenn sich ein Mensch vertrauensvoll auf Gott als die Quelle der Wahrheit bezieht, dann umfasst diese Selbsthingabe auch die implizite Zustimmung zu jenen Glaubensartikeln, die der Gläubige nicht kennt und nicht bekennt, lehrte Thomas von Aquin.

GOTT LOS WERDEN?

Nach Thomas von Aquin ist der Glaube ein Geschenk der Gnade. Sie gießt sich in die menschliche Vernunft ein und ermöglicht es dadurch, deren natürliche Kapazität zu überschreiten. Sie ermöglicht es uns Menschen, in einem bestimmten, wenn auch eingeschränkten Maß an der vollkommenen Erkenntnis teilzuhaben, mit der Gott sich selbst erkennt. Trotzdem bleibt ein riesiger Unterschied bestehen zwischen der Erkenntnis, die uns der Glaube, der uns auf dem Pilgerweg durch das Helldunkel dieses Lebens begleitet, gibt und der Erkenntnis Gottes von Angesicht zu Angesicht, dem »seligen Schauen« *(visio beatifica)*, das den Heiligen im Himmel vorbehalten ist – also auch uns, wenn wir die Geduld und die Treue unseres Pilgerglaubens und der nie ganz erfüllten Sehnsucht während unseres ganzen Lebens bis an die Schwelle der Ewigkeit bezeugen.

GEDULD MIT GOTT

Jesus musste schon an der Wiege der Kirche seine Schüler zurechtweisen, nicht den Platz der Engel des Jüngsten Gerichtes einnehmen zu wollen, nicht »endlich die Ordnung auf Erden herstellen« und das Böse ausmerzen zu wollen (nach dem Maß ihrer infantilen Vorstellungen davon, was das Böse und was das Gute sei). *Lasst beides wachsen* – Jesus mahnt zur Geduld, ja geradezu zu einer »eschatologischen Geduld«, denn das volle Licht, in dem es möglich sein wird, ohne das Risiko tragischer Irrtümer das Gute vom Bösen zu unterscheiden, wird erst jenseits des Horizonts der Geschichte aufleuchten, nicht in diesem Tal der Schatten. Fanatiker, Fundamentalisten, Revolutionäre und Inquisitoren (religiöse genauso wie heutige säkulare) verbindet eine gemeinsame Sünde: Sie ignorieren den Ratschlag Jesu zu einer demütigen Geduld. Diese verhindert, dass jene Bemühungen, den Himmel auf Erden einzuführen, dazu führen, dass das Leben auf Erden zur Hölle wird.

ICH WILL, DASS DU BIST

Ich muss jetzt nicht das wissen, sehen, hören und begreifen, was jenen äußersten Kontext des Lebens (den meiner Geschichte sowie der Geschichte der Welt) bildet und was dessen wirklichen Sinn offenbart; dem Glauben, der Hoffnung und der Liebe steht hier Geduld gut zu Gesicht.

THEATER FÜR ENGEL

10 Geistliches Leben

Religiosität bedeutet für mich das Offensein für das nicht manipulierbare Geheimnis des Lebens.

NACHTGEDANKEN EINES BEICHTVATERS

Das Geschenk des Glaubens ist nicht rein mechanisch in unseren Geist eingeprägt wie ein Siegel in Wachs. Beinahe würde ich sagen, dass die Berufung »zu glauben, im Glauben zu leben«, eher der Vergabe eines Themas ähnelt, über das wir einen hochwertigen Essay schreiben sollen, oder einem Musikstück, das wir schöpferisch interpretieren sollen. Je komplizierter die Welt ist, in die wir gestellt sind, desto weniger ist das Leben aus dem Glauben ein bloßes Erfüllen von Befehlen und Verboten, und desto mehr gleicht es der Kunst – und erfordert auch immer mehr die anspruchsvolle Kunst der schöpferischen Improvisation unter ungewöhnlichen Bedingungen und Situationen. Deshalb wird es auf der Welt immer mehr unterschiedliche Arten und Weisen geben, als Christ zu leben.

GOTT LOS WERDEN?

Ich konzentriere mich mehr auf die *Art des Glaubens* als auf den *Inhalt des Glaubens*. Es interessiert mich mehr, *wie* ein Mensch glaubt, als *woran* er glaubt. Religionspsychologen stellen sich die Frage, ob in verschiedenen Glaubenssystemen *(beliefs)* ein ähnlicher Glaubenstyp *(faith)* vorkommen kann. Dies scheint – vor allem heute, in einer Zeit, in der sich die Welten »durchdringen« und sich die verschiedenen Religionen gegenseitig beeinflussen – sehr wahrscheinlich zu sein.

THEATER FÜR ENGEL

Das Christentum ist nichts Statisches. Der Glaube besteht nicht in einer einmaligen Annahme einer Zusammenstellung von Dogmen. Glaube meint vielmehr Umkehr und dauerhafte Lebensbewegung, ein Weg des Nachfolgens. Er schließt den Mut und die Bereitschaft ein, in die Geschichte Jesu einzutreten, die in den österlichen Ereignissen kulminiert.

VERSÖHNTE VERSCHIEDENHEIT

Manche leiten das Wort Religion, *religio*, vom Verb *re-legere* ab, das wieder lesen und tiefer begreifen bedeutet; Religion sollte also eine Re-Interpretation der Lebensereignisse sein. Die Wirklichkeit, die wir erleben, nehmen wir meistens nur oberflächlich wahr. Im Lärm und in der Eile des Tages bieten sich uns nicht allzu viele Möglichkeiten, über die tiefere Botschaft nachzudenken, die im Strom der Ereignisse deponiert ist. Jenes Wieder-Lesen, *relegere*, jene Re-Interpretation, jene mögliche Umwertung, erfordert immer nicht nur eine Dosis an äußerer und innerer Stille, sondern auch eine gewisse Freiheit, von sich selbst abzusehen. Es ist gleichzeitig ein Weg zur Weisheit. Menschen, die das Leben gehetzt durcheilen, erleben zwar viele Dinge, sind aber nicht imstande, anzuhalten und sie zu »genießen«. Nicht zufällig stammt das Wort *sapientia*, die Weisheit, von *sapere*, genießen. Das Genießen ist nicht nur irgendeine hedonistische Genusssucht, sondern es ist eher ein Entdecken von etwas, das sozusagen auf dem Grund der Ereignisse selbst sich befindet. Das Zuhören, das Dechiffrieren, die Kontemplation, das Wiederlesen und das tiefere Begreifen des eigenen Lebens ist unheimlich wichtig, weil *es aus dem Strom der Ereignisse Erfahrung werden lässt.*

VERSÖHNTE VERSCHIEDENHEIT

Der Glaube hilft, die monologische Sicht auf die Welt in eine dialogische Lebensweise zu verwandeln. Er lehrt zuzuhören, er ermuntert den Menschen, die Grenzen seiner eigenen Interessen zu überschreiten und sich selbst und seine Lebenssituation aus einer bestimmten Obenansicht anzuschauen, nicht nur mit den »Augen der anderen«, sondern, indem er auch den Blick Gottes auf sich erspürt, indem er die Einladung annimmt und zumindest für einen Moment dorthin aufsteigt, von wo aus er frei von sich selbst ist und sich wirklich »von oben« sieht. Diesen Aufstieg nennt man Gebet oder Meditation. Dadurch lernt der Mensch offen dafür zu sein, was das Leben bringen mag. Er lernt, religiös gesprochen, in den einzelnen Ereignissen seines Alltagslebens Gottes Aufforderungen, Warnungen, Inspirationen zu dechiffrieren.

VERSÖHNTE VERSCHIEDENHEIT

Vor dem Schlaf sollte der Mensch seinen Tag nicht nur von dem Gesichtspunkt aus betrachten, was ihm hinsichtlich seiner eigenen Wünsche und Absichten gelungen ist, sondern auch, womit er angesprochen wurde beziehungsweise womit er hätte angesprochen werden können oder sollen. Er sollte also versuchen, seinen Tag sozusagen noch einmal aufmerksamer zu »lesen« – nicht mehr als neutralen Text, sondern als einen Brief, der an ihn persönlich adressiert war. Er sollte versuchen, das Wort Gottes an sich daraufhin zu dechiffrieren, was ihm geschah, was er las, was ihm begegnete, was er hörte und auch, was sich in seinem Inneren ereignete. Auch leise Impulse, die im Inneren eines Menschen aufleuchten, können eine Weise des göttlichen Sprechens sein.

VERSÖHNTE VERSCHIEDENHEIT

Meditation ist ein wichtiger Ort des Glaubens; sie ist der Raum, in dem sich eines seiner wesentlichen Merkmale realisiert. Es ist notwendig, dass der Mensch sich in die Lage versetzt, still zu werden, dass er sich dem Lärm des Alltags entzieht, dass er über sich selbst, über seine eigene Perspektive hinausgeht und sich selbst und sein Leben wie aus der Perspektive Gottes betrachtet. Und dass er sich die Frage stellt: Ja, dieses ist mir zwar nach meinen Vorstellungen gelungen, aber welchen Wert hat es wohl in den Augen Gottes? Der Mensch entdeckt so in den alltäglichen Ereignissen eine Sprache, die zu ihm spricht. Dies ist eine sehr wesentliche Kultur des inneren Lebens und gleichzeitig unserer Beziehung zur Welt. Die Fähigkeit zuzuhören und die Kunst zu dechiffrieren sind höchst wertvolle Elemente des Glaubens.

VERSÖHNTE VERSCHIEDENHEIT

Auch der Gläubige kann Gott nicht anders als in den Akten des Glaubens, der Liebe und der Hoffnung erfahren. Unter den gegenwärtigen Theologen betonte insbesondere Joseph Ratzinger immer besonders, dass der Glaube keineswegs so »durchschaubar wie eine mathematische Formel« ist und sich daher außerhalb *des Lebensexperiments* auch nicht »beweisen« lässt, jenes Experiments, das im Weg des Glaubens, der Liebe und der Hoffnung besteht.

NACHTGEDANKEN EINES BEICHTVATERS

Ein reifer Glaube ist ein geduldiges Ausharren in der Nacht des Geheimnisses.

GEDULD MIT GOTT

Mit dem Geheimnis darf ein Mensch nie »fertig« werden. Das Geheimnis lässt sich – im Unterschied zu einem Problem – nicht niederringen; es ist notwendig, an der

Schwelle zu ihm geduldig zu verweilen und in ihm zu verharren; es im Inneren, im Herzen zu bewahren – wie es im
Evangelium von der Mutter Jesu heißt –; es dort reifen zu
lassen und dadurch uns selbst reifen zu lassen.

GEDULD MIT GOTT

Christus zu folgen bedeutet nicht, dass wir zwangsläufig
notwendigerweise mit einem Lächeln und einem Lied auf
den Lippen unter den wehenden Fahnen in der Schar der
Frommen schreiten. Auch der wahre Jünger Jesu hat Anspruch auf Momente, in denen er mit seiner Kraft am Ende
ist, in denen er genug von allem hat (einschließlich von manchen seiner Mitgläubigen) und ihm sein Leben als ein ziemlich trauriges »Theater für Menschen und Engel« erscheint.

Das »ewige Leben«, von dem Jesus spricht, ist nicht einfach dasselbe wie das »Leben nach dem Tod«. Das ewige
Leben ist ein Leben in Fülle, das sich gemäß den Evangelien
inmitten dieses Lebens im Augenblick der *metanoia*, der
Verwandlung, der Konversion, der Umkehr, des Beginns
des Glaubens oder der Erleuchtung eröffnet und gemäß
der später ausgearbeiteten Lehre der Kirche in den Sakra-
menten vermittelt wird, besonders durch die Taufe. Ein so
verwandeltes Leben bedeutet ein derart tiefes Eintauchen
des Gläubigen in die Wirklichkeit der göttlichen Liebe, die
sich in Christus gezeigt hat, dass nichts den Menschen von
dieser Verbindung mit Christus trennen kann – nicht einmal der Tod. Christus hat freiwillig und aus Liebe zu den
Menschen den Tod auf sich genommen und hat so dessen
Macht gebrochen. Er hat dem Tod den Stachel seiner
Macht gezogen, mit dem er schmerzhaft unser Leben
durchdrungen hat – nämlich die Angst vor dem Tod, die
Furcht vor unserer Endlichkeit. Dieser Glaube ermöglicht
dem Apostel Paulus, dass er in den Schlund des Todes und

des Nichtseins mit Ironie schauen kann: »Tod, wo ist dein Sieg, Tod, wo ist dein Stachel?« (1 Kor 15)

WAS OHNE BEBEN IST, HAT KEINE FESTIGKEIT

Das Meditieren über Christus, der in uns lebt, eröffnete mir einmal ein vollkommen anderes Begreifen und Erleben des Gebets. An die Stelle der Versuche, ein »Telefonat in den Himmel« zu führen, trat ein stilles, meditatives Eintauchen in jene Tiefe, die nicht mehr nur unsere eigene Tiefe ist, sondern das Eintauchen in das »lebendige Wasser«, das uns durchfließt – unsere Lebensgeschichte, unsere Gedanken, ja auch unsere Schmerzen und Schwächen. Auf einmal eröffnete sich für mich das Verständnis der Verheißung Jesu, dass dem, der an Jesus glaubt, aus Jesu Inneren Ströme lebendigen Wassers zufließen werden, die Quelle zum ewigen Leben.

VERSÖHNTE VERSCHIEDENHEIT

Manchmal fällt mir ein, dass wir uns in den seelsorgerlichen Gesprächen mit vielen heutigen Menschen vielleicht die Mühe sparen könnten, die antiken Vorstellungen von der Unsterblichkeit der Seele oder einzelne theologische Traditionen über Formen des Lebens nach dem Tod zu verteidigen. Vielmehr sollten wir uns auf den Kern der Sache konzentrieren: auf die Hoffnung, dass sich letztendlich die Liebe als stärker als der Tod erweisen wird, dass der Tod nicht das letzte Wort haben wird. Was darüber hinaus geht, lassen wir offen und gleichzeitig als Geheimnis verborgen. Denn das, worüber wir Rechenschaft ablegen und was wir verteidigen können sollen, ist dem Apostel zufolge gerade unsere Hoffnung und nicht unsere philosophischen Ansichten oder religiösen Vorstellungen.

WAS OHNE BEBEN IST, HAT KEINE FESTIGKEIT

Grundsätzliche Worte müssen immer das Schweigen, das Gebet und die Meditation als Basis haben. Wie viele nichtssagende Worte gibt es um uns herum, die uns allzu leicht über die Lippen gehen und dann weder gewichtig noch fruchtbar sind, weil sie nicht aus der Tiefe der Stille und Kontemplation entsprungen sind – und ich meine damit auch abgedroschene Phrasen und fromme Klischees im kirchlichen Umfeld.

VERSÖHNTE VERSCHIEDENHEIT

Das Gebet ist eine Möglichkeit zu leben. Wir können beten oder wir können das Beten vergessen. Wir können uns entscheiden, schreibt in einem ähnlichen Zusammenhang der Rabbiner Lawrence Kushner, »dass wir uns jenen kaum hörbaren Laut bewusst machen, den wir von uns geben, wenn wir unwillkürlich unsere Lunge leeren und sie wieder mit Luft füllen, diesen Laut, dank dessen wir am Leben sind. Oder wir können ihn ignorieren oder ihn für selbstverständlich halten. Das Einzige, was wir in diesem Fall einbüßen, wird das Bewusstwerden unseres Selbst sein, das Gefühl, dass wir leben.« Wenn das *Bewusstwerden* des Lebens nicht nur mit Staunen verbunden ist, sondern auch mit Dankbarkeit, wenn es mich lehrt, das Leben als ein Geschenk wahrzunehmen, ist das bereits ein Gebet.

NICHT OHNE HOFFNUNG

Wenn ich nicht meditieren, nicht beten würde, wenn ich überhaupt nicht von Gott wüsste, würde sich mein Leben vielleicht gar nicht so sehr verändern, müsste ich vielleicht nicht unbedingt ein schlechterer oder weniger glücklicher Mensch sein. Damit jemand ein anständiger Mensch ist, muss er nicht notwendig ein gläubiger Mensch sein. Aber was ich sicher einbüßen würde, ist jenes Bewusstwerden und Erleben, dass das Leben zum einen keine Selbstverständlichkeit ist, sondern ein Geschenk, und zum anderen, dass es kein »Monolog« ist, sondern *ein Dialog sein kann.* Ja, gerade im Gebet wird das Leben explizit zu einem Dialog. Und ein Leben, *das als Dialog erfahren wird,* als ein Zusammenspiel von Zuhören und Antworten, verwandelt sich selbst in ein Gebet.

NICHT OHNE HOFFNUNG

Das Gebet ist kein Mittel zum Erreichen beliebiger Ziele oder Güter (und zwar egal, ob es sich um materielle oder »geistige« handelt), denn dann wäre es Magie, also das Gegenteil eines Gebets. Das Beten als ein bestimmter Lebensakt erhält seine Wahrhaftigkeit erst im Kontext eines Lebens, das als Dialog gelebt wird, aber im Moment des Betens wird dieser Kontext nicht nur vergegenwärtigt, in Erinnerung gerufen und bewusst artikuliert, sondern gleichzeitig geformt, gebildet und gestaltet.

NICHT OHNE HOFFNUNG

Gewiss dürfen wir im Gebet unsere Wünsche, Bitten, Sehnsüchte, Sorgen und Ängste aussprechen und vortragen (wahrscheinlich tut dies so gut wie jeder Betende zumindest manchmal) und gewiss werden diese Wünsche und Bitten auch in vielen Fällen erhört; jedoch ist dies nur eine »untere Ebene« des Gebetes, die seinen wirklichen Charakter nicht verdecken sollte. Das Gebet ist nämlich seinem Wesen nach ein *Akt der Hoffnung,* ein Ausdruck von Hoffnung. Es geht hier nicht um die »kleine Hoffnung« im Sinne einer Erwartung der Erfüllung unserer einzelnen konkreten Wünsche (da würde sich die Karikatur der Hoffnung, der »Optimismus«, in uns breitmachen).

NICHT OHNE HOFFNUNG

Was ist ein Fürbittgebet, worin besteht sein Sinn? Bedeutet es, Gott über die Bedürfnisse der Menschen zu informieren? Das wäre albern. Bedeutet es, das Leid der anderen und die Schmerzen der Welt irgendwohin ins Jenseits zu schicken, mit der Aufschrift: »Kümmere Dich darum, Gott!«? Das wäre eine Selbsttäuschung in Form eines Alibis, Magie und Aberglaube, also genau das, was sich diejenigen »unter einem Fürbittgebet« vorstellen, die von dem wirklichen Geist und Sinn eines christlichen Gebets nichts wissen – nämlich die Atheisten, die es verspotten, und (leider) auch manche Gläubige, die es auf gerade diese Weise »praktizieren« und empfehlen. Ein Fürbittgebet ist ein Gespräch mit Gott über das Leid der anderen, das ich als mein eigenes Leid empfinde. In diesem Gespräch – konfrontiert mit dem Wort des Evangeliums, in einer stillen Distanz zu meinen eigenen eindimensionalen Emotionen, Wünschen und Ideen – lerne ich im Geist eines kostbaren Gebets das zu unterscheiden, was ich selbst verändern und was ich nicht verändern kann. Ich lerne, das als Eigenes anzunehmen, in dem ich mich zumindest irgendwie selbst engagieren kann, und bitte um den Mut und die Kraft zu helfen, nicht auszuweichen, nicht aufzuschieben, nicht zu vergessen, nicht die Augen zuzumachen.

BERÜHRE DIE WUNDEN

Ein Gebet ist keine beruhigende Droge und auch keine Gelegenheit, in die Schürze Gottes zu schluchzen, es ist die Schmiede Gottes, in der wir mit dem Wort des Evangeliums umgeschmolzen und in die Form Seines Werkzeugs geschmiedet werden sollen. Ein Werkzeug, das jedoch in Seinen Händen weder die Freiheit noch die Verantwortung verliert, zu entscheiden, wie und wozu es benutzt wird.

Ein Gebet ist kein Phantasieflug in den Himmel und keine Flucht in das Jenseits unserer Wünsche, im Gegenteil: Es wendet unseren Blick auf die Erde zurück, immer dann, wenn wir verträumt und passiv in den Himmel unserer Vorstellungen, Projektionen, Träume und Utopien schauen wollen – genauso wie am Tag der Himmelfahrt, als eine himmlische Stimme die Jünger des Herrn mahnte: Ihr Männer von Galiläa, was steht ihr da und schaut zum Himmel empor? Dieselbe Stimme befreit uns von allen frommen Ausflüchten, sie lehrt uns, fest auf der Erde zu stehen, *der Erde treu zu sein*, sich bewusst zu werden, dass *der Boden, auf dem wir stehen*, heiliger Boden ist.

BERÜHRE DIE WUNDEN

Im Gebet werden wir uns bewusst, dass *diese Welt* – eher als der Kant'sche »Sternenhimmel über uns und das Moralgesetz in uns« – jener Acker ist, in dem der Schatz Gottes verborgen ist. »Der Acker ist die Welt«, sagt Jesus zu seinen Jüngern, als er ihnen das Gleichnis vom Sämann erklärt. Der Acker, auf dem Er unablässig arbeitet und wohin Er auch uns unablässig zu arbeiten schickt, ist jedoch auch unser Herz, unser Leben, das in diese Welt gesetzt ist. Es ist jener Boden, der sich durch die Qualität und durch den Umfang der Bebauung unterscheidet: Wenn das Wort Gottes in die Dornen fällt, geht es nicht auf, wenn es zwischen die Steine unserer harten, »unbeschnittenen« Herzen oder ins flache Wasser unserer Oberflächlichkeit fällt, geht es ein und bringt keinen Ertrag.

BERÜHRE DIE WUNDEN

Wenn wir uns beim Gebet vor das Kreuz oder eine Ikone stellen, dann soll für uns dieses Symbol kein magisch-heiliges Objekt sein, kein Zauberinstrument, sondern eine Erinnerung *(anamnesis),* die uns aus unserem Träumen, aus unserem narzisstischen Kreisen um uns selbst herausreißt, uns aus der Versuchung zum Monolog hinausführt.

BERÜHRE DIE WUNDEN

Das Gebet ist ein Dialog; deshalb dürfen wir im Wasserfall unserer schönen und frommen Gedichte Gottes Rede nicht überhören. Die Antwort Gottes an uns ist kein geheimnisvolles Flüstern, in das wir immer – ob naiv oder raffiniert – eigene Antworten einflechten könnten, die wir schon von vornherein hören wollten. Das göttliche »Klopfzeichen gegen die Mauer« unserer Gefängnisse hat nichts zu tun mit dem Tischklopfen bei spiritistischen Séancen, mit dem Lesen aus Karten, die wir schon verteilt haben, oder aus Vogellebern, mit dem »zufälligen Öffnen der Bibel« und auch nicht mit dem, was wir uns von Predigern einreden lassen, die den vulgären Stil der amerikanischen Fernsehprediger nachahmen. *Die Antwort Gottes ist unser eigenes Leben*, gelesen jetzt in Ruhe und mit gewissem Abstand, im Licht des Wortes Gottes, vor Seinem Gesicht. Ein Text, dessen oftmals verschlungene Chiffren wir mit dem Schlüssel des Evangeliums entschlüsseln können (und das Evangelium verstehen wir immer wieder und immer tiefer durch die eigenen Lebenserfahrungen).

BERÜHRE DIE WUNDEN

Im Gebet und in der Meditation wird das Leben, dieser schnell verlaufende Strom von Erlebnissen, erst in *eine Erfahrung* verändert; umherfliegende Wortfetzen verändern sich zu einem sinnvollen Text, das zu heiße Eisen unserer Gefühle oder der Verbrennungen unseres Lebens wird auf dem Amboss der Schrift umgeschmiedet. Ja, das Gebet ist eine Schmiede Gottes, es ist nicht nur eine stille Ecke des wonnevollen Schlummerns der edlen Seelen, es geht hier manchmal sehr heiß zu!

BERÜHRE DIE WUNDEN

Häufig spreche ich vom »Segen des unerhörten Gebets«. Erst angesichts einer solchen Erfahrung gerät der Mensch an die wirkliche Schwelle des Glaubens. Wenn der Mensch (oft nur im Verborgenen oder ohne es zuzugeben) Gott bis dato für einen Automaten hielt, der zuverlässig und fehlerfrei seine Bestellungen ausführt, muss er sich jetzt davon überzeugen lassen, dass »Gott so nicht funktioniert«, dass ein solcher Gott, als zuverlässiges, leistungsstarkes Gerät im Haushalt des Menschen, gar *nicht existieren* kann. Wenn der Mensch einen solchen Gott und eine solche Religion verwirft, dann tut er sehr gut daran. Erst dann nämlich öffnet sich ihm die Chance zu begreifen – was jedoch sicher nicht ein breiter Weg ist und sein wird, auf dem viele gehen werden –, dass es im Glauben und im Gebet eher darum geht, dass wir uns bemühen, die *Wünsche Gottes* zu begreifen. Hier sollen wir Kraft und Weisheit schöpfen und die großzügige Bereitschaft entwickeln, die Wünsche Gottes unseren Wünschen und Forderungen vorziehen zu können.

BERÜHRE DIE WUNDEN

Das Gebet ist – ganz anders als das Vorlegen einer Liste mit unseren Bestellungen – »ein Sorgentausch«. Sorgt euch nicht ängstlich um euer Essen, Trinken, Wohnen und eure Kleidung, sorgt euch zuerst um das Reich Gottes und seine Gerechtigkeit, und alles übrige wird euch dazugegeben, sagt Jesus. Dies bedeutet begreiflicherweise nicht, dass ich die Sache des Reiches Gottes Gott von den Schultern nehmen muss, um »das Reich« in eigener Regie zu realisieren.

Die Ankunft des Reiches Gottes ist wirklich Gottes Job, nicht unsere Aufgabe; denn immer wenn sich die Menschen darum bemühten, mit all ihren eigenen Kräften und Möglichkeiten den Himmel auf Erden zu verwirklichen, verwandelten sie in aller Regel die Erde sehr bald in eine Hölle. Es bedeutet ebenfalls nicht, dass ich die alltägliche Verantwortung für meine Existenz, für meinen Lebensunterhalt, einfach auf die Engel abwälzen kann oder auf Engel in menschlicher Gestalt.

BERÜHRE DIE WUNDEN

Das Gebet und die Meditation sind eine Werkstatt, in der unsere *Grundentscheidungen* geformt werden, in der nach dem Zerfallen des flüchtigen Schaums der *Gefühle* der *Wille*, Gott zu antworten, reift – nicht wie bei Adam, versteckt im Gestrüpp der Ausreden, sondern *von Angesicht zu Angesicht*.

BERÜHRE DIE WUNDEN

Das Gebet und die Meditation sind letztendlich auch der Ort der *Heilung der Wunden unseres Lebens*.

BERÜHRE DIE WUNDEN

Die Gnade des Glaubens ist wie das Talent aus dem bekannten Gleichnis Jesu. Wir dürfen es nicht eingraben und ängstlich seine Unversehrtheit hüten, sondern wir sollen mutig damit wirtschaften, um es zu vermehren – und das nicht nur nach außen, durch die Bekehrung von anderen, sondern vor allem mit der Entwicklung des eigenen Glaubenslebens. In der klassischen erbaulichen Literatur kann man lesen, dass sich der Glaube durch das Lesen der Heiligen Schrift nährt, durch das Studium der christlichen Lehre, durch die Mitfeier der Liturgie und der Sakramente, und durch das Gebetsleben – aber es ist hier hinzuzufügen, dass unser persönlicher Glaube auch durch alltägliche Erfahrungen, durch den Strom der Erlebnisse im Arbeitsleben, in Begegnungen oder aus der Literatur gesättigt und vertieft wird. Diese alltäglichen Geschehnisse beinhalten eine Unzahl von göttlichen Herausforderungen und Inspirationen für denjenigen, der ihnen zuhören und sie intelligent interpretieren kann. Es ist notwendig, »Gott in allen Dingen zu finden«, lehrte der heilige Ignatius von Loyola.

GOTT LOS WERDEN?

Die Wüste ist kein Ort, an dem man etwas gewinnen oder erwerben könnte. Sie ist der Ort, an dem man alles ablegen kann. Gott offenbart sich in der Wüste gerade in der Leere und im Schweigen. Die Wüste ist nicht der äußerliche Rahmen, in dem sich Gott zeigt, sie ist selbst sein Bild. Gott ist kein »Etwas« – er ist von allem vollkommen befreit, er ist die Befreiung. Gott ist die Leere – und deshalb können alle Dinge in Gott geborgen sein, sie können dort ganz sie selbst sein.

WAS OHNE BEBEN IST, HAT KEINE FESTIGKEIT

Der religiöse Glaube artikuliert sich im betenden Dialog mit Gott. Das Evangelium fügt jedoch im gleichen Atemzug hinzu, dass dieser Dialog den Dialog mit dem Menschen weder ersetzten noch überflüssig machen kann. Wie kannst du Gott lieben, den du nicht gesehen hast, wenn du den Bruder hasst, den du vor Augen hast? Jesus besteht darauf, dass sich ein gläubiger Mensch mit seinem verfeindeten Bruder versöhnt, bevor er zum Altar tritt. Im Gleichnis vom barmherzigen Samariter verurteilt er den Priester und den Leviten, die auf dem Weg zum Tempel an dem Verletzten vorbeigegangen sind, der im Graben lag.

WAS OHNE BEBEN IST, HAT KEINE FESTIGKEIT

Gott wohnt nicht »gegenüber« oder »oben«, sondern er ist die Tiefe, die Seele deiner Seele. Er ist nicht derjenige, der dich zensiert und der dich wie ein Gefängniswärter bewacht, sondern die Quelle deiner Freiheit. Er führt dich auf dem Weg der radikalsten Freiheit: auf dem Weg der Liebe, auf dem du sogar von dir selbst frei bist, weil du dich selbst vergisst und dich selbst überschreitest.

WAS OHNE BEBEN IST, HAT KEINE FESTIGKEIT

Gerade weil das menschliche Ich und Gott sich einander so nahe sind, spielt sich auf diesem schmalen Grat unsere Erlösung ab. Wenn wir aufhören, Gott und unser Ich zu unterscheiden, und Gott in unseren Augen mit unserem Ich derart zusammenfließt, dass wir Gott mit unserem Ich verwechseln, verlieren wir unsere Seele. Wenn wir Gott und unser Ich komplett trennen und beginnen, Gott als irgendetwas völlig Äußerliches und von unserer Seele Getrenntes zu betrachten, verlieren wir den lebendigen Gott und erschaffen an seiner Stelle einen Götzen. Die ständige Aufgabe der Theologie besteht darin, jene Durchdringung von Transzendenz und Immanenz aufzuzeigen, zu zeigen, dass der Glaube ein Geschenk der Gnade ist und freier Akt des Menschen, dass der Glaube die Begegnung Gottes mit dem Menschen ist.

WAS OHNE BEBEN IST, HAT KEINE FESTIGKEIT

Die hohen moralischen Ideale, die uns die religiösen Traditionen vorlegen, sind zweifelsohne das Salz des Lebens; wenn das Leben nur eine kurzatmige Befriedigung unserer materieller Bedürfnisse wäre, wäre es bald langweilig, banal, platt, unappetitlich wie ungesalzene Nahrung. Ein geistliches und moralisches Leben zu führen ist allerdings schwierig – und – anders als viele Menschen denken – besteht die Schwierigkeit nicht vor allem darin, dass man mit eiserner Disziplin seine Faulheit und seinen Egoismus zähmen muss, um diese Ideale zu verwirklichen. Die größte Schwierigkeit besteht meiner Meinung nach darin, die dauerhafte schmerzhafte Spannung zwischen den hohen Idealen und der Realität unserer Schwächen und Unvollkommenheiten auszuhalten, mit der wir immer konfrontiert sein werden, sofern wir nicht Engel oder völlige Heuchler werden. Wir sind nämlich vielen Versuchungen ausgesetzt, um dieser Spannung zu entfliehen: Wir können beim Versuch, das Ideal zu erreichen, resignieren, oder wir können uns damit billig entschuldigen, nicht in der Lage zu sein, es realisieren zu können – oder aber wir überspringen den anstrengenden Weg scheinbar dadurch, dass wir uns in jenem idealen Zustand auf eine bestimmte Weise »einnisten«, als hätten wir das Monopol darauf: Wir propagieren den idealen Zustand eifrig und messen alle anderen daran; wir machen daraus keine antreibenden Sporen, um unsere eigene Schlaffheit zu überwinden, sondern einen Schlagstock, den wir gegen die anderen verwenden ...

WAS OHNE BEBEN IST, HAT KEINE FESTIGKEIT

Der Glaube ist im Unterschied zur Religion, die vererbt wird und die mit Tradition und Autorität verbunden ist, etwas, das aus der *Umkehr* geboren wird. Manchmal ist es eine Umkehr aus dem Atheismus, heute jedoch eher aus der gedankenlosen »Gott-losigkeit«, die die Menschen früher in den kommunistischen Ländern »automatisch« (konform, unwillkürlich, unkritisch) aus dem Umfeld aufgesaugt haben, in dem sie aufgewachsen sind. Ein anderes Mal handelt es sich um die Umkehr aus einer Art »neuheidnischer Religiosität«, von der es um uns herum mehr gibt, als man denkt; oder es handelt sich um die Entfernung aus einer traditionellen, geerbten »Volksreligion« oder einer eher folkloristischen christlichen Religiosität der eigenen Kindheit.

NACHTGEDANKEN EINES BEICHTVATERS

Konversionen sind in der Regel nicht nur ein einmaliger Akt; es handelt sich meistens um einen langwierigen Prozess, in dem sich wiederholt Etappen der Flaute, der Krise und des Aufbruchs abwechseln. Der Glaube ist ja keineswegs eine »Weltanschauung«, er besteht nicht darin, eine bestimmten »Überzeugung« zu vertreten, und er ist schon gar nicht etwas Statisches, Unbewegliches. Ein wirklicher lebendiger Glaube ist ein permanenter Kampf mit unserem eigenen Ich, das sich – auch wenn es kurzzeitig im Augenblick der Umkehr »aus der Position Gottes« verbannt wurde – trotzdem immer wieder darum bemüht, diese Position wieder einnehmen zu können.

NACHTGEDANKEN EINES BEICHTVATERS

Der lebendige, wirkliche Glaube gelangt nicht so zu einem Menschen, dass er sich allzu lange entscheiden müsste oder könnte, ganz ähnlich wie er sich nicht dazu verhalten kann, ob er sich verlieben soll oder nicht. Er stellt fest, dass er bereits glaubt, ganz ähnlich wie er feststellt, dass er verliebt ist; und erst dann fragt er sich in der Regel, wie und wann das passiert ist, und sucht Gründe dafür, warum das Ganze eigentlich gar nicht so verrückt ist, wie es den Ungläubigen oder den Nichtverliebten um ihn herum von außen erscheinen mag (und wie es in manchen Momenten auch ihm selbst vorkommt).

NICHT OHNE HOFFNUNG

Die Geburt der Liebe oder des Glaubens, ihre tatsächliche Herkunft und Quelle bleibt für den Menschen ohnehin ein Geheimnis; trotz aller Rationalisierungen liegt es dort tief verborgen, wohin die Vernunft nicht hinabreicht (womit nicht gesagt ist, dass dies eine Angelegenheit der Unvernunft oder der Widervernunft darstellt). Vernünftiger als alles Räsonieren darüber, wie mir dies passieren konnte, ist es eher, sich ganz der logischen Überlegung zu widmen, was aus der entstandenen Situation (»hier stehe ich, ich kann nicht anders«) für mein weiteres Leben erwächst, das davon nicht unberührt sein kann, wenn ich ehrlich und konsequent bleiben will.

NICHT OHNE HOFFNUNG

Jedoch »wird« der Mensch auch zu »dem, was er verehrt«, wie die Propheten und die Psalmen gut wussten; gemäß der Bibel werden die Hersteller von Götzenbildern geistlos, während diejenigen, die sich ihres Ruhmes entsagen und auf den Herrn vertrauen, in ihm ihren Helfer und ihren Schild finden (vgl. Ps 115,1–11).

NICHT OHNE HOFFNUNG

Der Glaube besteht in der *Hoffnung auf die Befreiung* aus dem dunkelsten Kerker, in den der Mensch geworfen werden kann, aus dem Kerker des eigenen Ichs, aus der Besessenheit von sich selbst und aus dem ausweglosen Kreisen um sich selbst.

NICHT OHNE HOFFNUNG

Selten werden wir aus dem Kerker des eigenen Ichs ein für alle Mal und vollständig (z. B. durch dem Akt einer dramatischen Konversion) befreit; häufig geraten wir wieder in ihn hinein. Manchmal ist der Egozentrismus eines Menschen so stark, dass er auch sein religiöses Leben raffiniert in ihn einbeziehen kann. Die Botschaft des Evangeliums überbringt uns die Hoffnung, dass »Gott größer ist als unser Herz«, dass wir in diesem Lebenskampf trotz aller Niederlagen schließlich dadurch siegen werden, dass wir von Gott überwältigt werden.

NICHT OHNE HOFFNUNG

Ja, Thérèse von Lisieux ist wirklich zu Recht eine Kirchenlehrerin unserer Zeit, auch wenn sie keine theologischen Abhandlungen geschrieben hat; ihre Erfahrung mit der Gottesferne und ihre Beziehung zu den Ungläubigen ist für uns gerade jetzt vielleicht eine umso dringlichere himmlische Botschaft als die mehrbändigen Werke anderer katholischer Gelehrter und Kirchenväter. Die »kleine Thérèse« zeigt uns deutlicher als andere Heilige, wo das Herz der Kirche schlägt und was in ihm geschieht; sie kann etwas in das innerste Herz der Kirche hineintragen, das wir gerade jetzt dringend lernen müssen.

GEDULD MIT GOTT

Ich bin davon überzeugt, dass zum Reifen im Glauben auch die Annahme und das Durchstehen jener Momente – und manchmal auch langer Zeiten – gehört, in denen Gott weit weg zu sein scheint, in denen er verborgen bleibt. Das, was offensichtlich und beweisbar ist, erfordert doch keinen Glauben; wir brauchen keinen Glauben hinsichtlich der unerschütterlichen Sicherheiten, die den Kräften unserer Vernunft zugänglich sind, unserer Vorstellungskraft oder unserer Sinneserfahrung. Der Glaube ist gerade für die Momente des Helldunkels der Vieldeutigkeit des Lebens und der Welt sowie für die Nacht und für den Winter des Schweigens Gottes da.

GEDULD MIT GOTT

Ein Gläubiger ist nie *vollständig* ein Gläubiger, weil sich die ihn ansprechende Stimme öfters auch im Lärm der Welt (oder in jenen Momenten von Unsicherheit und Ängsten) oder aufgrund seiner eigenen Unachtsamkeit verliert; ja, manchmal sind wir Gläubige auch zu feige oder zu faul, um auf die Stimme zu antworten, oder wir antworten falsch und unglaubwürdig.

THEATER FÜR ENGEL

Ein Glaube, der die Flammen einer Krise durchschreitet, ohne dass er zurückweicht, wird wahrscheinlich vieles verlieren, mit dem er sich identifizierte oder was er sich selbst angewöhnt hatte, auch wenn dies in Wirklichkeit nur seine äußere Oberfläche war; vieles wird abgeflammt werden. Seine neue Reife wird man jedoch vor allem daran erkennen können, dass er nicht mehr »in der Rüstung« auftreten wird – eher wird er sich ein wenig jenem »nackten Glauben« annähern, von dem die Mystiker gesprochen haben; er wird nicht aggressiv und arrogant sein, und auch nicht ungeduldig in der Beziehung zu anderen.

NACHTGEDANKEN EINES BEICHTVATERS

Ich bin überzeugt, dass gerade ein im Feuer der Krise verwandelter und von jenem »allzu Menschlichen« befreiter Glaube stärkeren Widerstand gegenüber der ständigen Versuchung der religiösen Vereinfachung, Vulgarisierung oder eines billigen Anbiederns an den Zeitgeist leisten können wird.

NACHTGEDANKEN EINES BEICHTVATERS

Ich frage mich: Muss nicht auch unser Glaube – ähnlich wie unser Herr – *vieles erleiden, muss er nicht gekreuzigt werden und sterben* – und erst dann »von den Toten auferstehen«?

NACHTGEDANKEN EINES BEICHTVATERS

Der christliche Glaube ist ein *erneuerter* Akt des Vertrauens in den Sinn, nachdem wir dessen totales Scheitern erlebten. Er ist keine bloß mechanische Rückkehr zum Früheren, sondern er erfordert den Mut, dort zu vertrauen, wo wir bereits die Grenzen des menschlich Begreifbaren und Fassbaren überschritten haben.

NACHTGEDANKEN EINES BEICHTVATERS

Wenn wir unsere Illusionen verlassen und uns Gott öffnen, der uns damit überraschen kann, dass er auch ganz widersprüchlich zu unseren Vorstellungen handelt, dann wird unser Glaube zur Offenheit und kann zu dem Entschluss kommen, das anzunehmen, was aus der Hand Gottes kommt. Er wird sich bemühen, all das zu verstehen, ihm zuzustimmen, es auszuhalten, obwohl das manchmal schwere und schwer verständliche Sachen sind.

VERSÖHNTE VERSCHIEDENHEIT

Wenn wir die Ereignisse unseres Lebens nicht nur nach den Kriterien unseres Vorteils, Erfolgs oder Misserfolgs wahrnehmen, sondern sie auch als konkreteAnsprache, sei es im Sinne einer Aufmunterung oder Ermahnung, einer Aufforderung oder Warnung, begreifen, dann ist sie etwas, das meine Antwort erfordert – eine Antwort in der Gestalt unserer Gesinnung und unserer Entscheidung, unserer Taten, unseres moralischen Lebens. Und das betrifft nicht nur unser Privatleben, sondern auch die »Zeichen der Zeit«, denn auch das, was um uns herum geschieht, dürfen wir nicht nur im Geist der journalistischen Kommentare wahrnehmen, sondern auch dort sollten wir das für uns bestimmte Wort Gottes suchen. Ein weiterer Schritt besteht dann darin, die Realität des Lebens, so, wie sie auf uns kommt, anzunehmen und auszuhalten, zu ertragen – gerade deshalb,

Geistliches Leben

weil ich sie als Geschenk und Aufgabe aus der Hand Gottes begreife und annehme.

VERSÖHNTE VERSCHIEDENHEIT

Es existiert noch ein weiterer Hinweis auf einen gesunden Glauben: die Schönheit. Wo der Glaube gesund ist, dort findet er in einer starken, wahren Kunst seinen Ausdruck. Wenn ich in kirchliche Einrichtungen komme, die wie schaurige Panoptika eines übersüßten katholischen Kitsches aussehen, kann ich mich nicht des Verdachts erwehren, dass mit dem Geschmacksverlust auch ein Unterscheidungsverlust einhergeht, und zwar zwischen Frömmigkeit und Bigotterie, zwischen Glaube und Aberglaube.

VERSÖHNTE VERSCHIEDENHEIT

Die Religion ähnelt heute in Europa einem Fluss, von dem viele Arme austrocknen. Die Spiritualität ist jedoch der Arm mit einer reißenden Strömung, der sogar die alten, zu schmalen Ufer mit sich reißt. Geschieht dies deshalb, weil heute die Spiritualität – in Folge der Globalisierung und des »Durchdringens der Welten« – von zahlreichen Zuflüssen aus den weiten Meeren gespeist wird? Geschieht dies deshalb, weil die jahrhundertelangen Bemühungen der Kirche, die Spiritualität zu regulieren und sie in streng bewachten Grenzen zu halten, versagten? Geschieht dies deshalb, weil die Menschen vom Lärm der extrovertierten Zivilisation der Moderne müde sind und sich danach sehnen, die Expansion nach außen mit dem Rückzug ins Innere auszugleichen? Geschieht dies deshalb, weil unsere Zeitgenossen eine Gestalt von Religion suchen, die außergewöhnliche Erlebnisse bietet, aber nicht mit zu vielen moralischen Ansprüchen belästigt?

SPIRITUALITÄT FÜR UNSERE ZEIT

Manche Soziologen behaupten: *Die Religion verwandelt sich im Westen in Spiritualität.* Als sich der Protestantismus bemühte, aus dem Christentum alles »Monastische« zu vertreiben, ergoss sich die kontemplative Dimension des religiösen Lebens damals spontan in die Musik, in die Oratorien von Johann Sebastian Bach oder Heinrich Schütz. Ergießt sich heute – in einer Zeit, in der kirchliche Institutionen ihre Attraktivität und ihre Glaubwürdigkeit verlieren, sich die Kirchen entleeren und viele Christen sich nicht länger den moralischen Vorschriften der Kirche verpflichtet fühlen – auf eine ähnliche Art die »religiöse Energie« in eine nicht regulierte *Spiritualität*, die mehr Freiheit, Spontaneität und Kreativität bietet?

SPIRITUALITÄT FÜR UNSERE ZEIT

Es scheint so, dass die Religion durch die Betonung der Spiritualität dem Menschen unserer Zeit entgegenkommt, der eifersüchtig das Recht auf einen individuellen Weg hütet, jedoch gleichzeitig seiner Einsamkeit entfliehen will. Die Spiritualität ist ein *persönliches, inneres Erleben des Glaubens*, und als solche entzieht sie sich mehr als andere Formen der Religion der Regulierung und Disziplinierung vonseiten religiöser Institutionen. Trotzdem ist sie gleichzeitig eine *Form einer sehr intensiven Kommunikation* – zunächst der »direkten Kommunikation mit Gott«, aber häufig geht sie auch in eine vertrauliche Kommunikation mit jenen Menschen über, mit denen sich der Mensch entschlossen hat, diese Erfahrungen und Erlebnisse zu teilen. Das Interesse an der Spiritualität führt nicht nur in die stille Einsamkeit, sondern ist auch Wiege und Quelle neuer einflussreicher Bewegungen oder kleiner Gruppen, in denen ihre Mitglieder gegenseitige intime Nähe erfahren – Nähe, die sie oftmals nicht nur in den traditionellen

Pfarreien, sondern auch in den eigenen Familien nicht finden.

Spiritualität – und vor allem ihre radikalste Form, die Mystik – ist praktisch während der gesamten Geschichte des Christentums über jene Ufer und Grenzen getreten, die die kirchlichen Institutionen und Traditionen dem religiösen Leben setzten; die Mystiker gingen selten ganz konform mit jener Orthodoxie, wie sie das »Lehramt« der hierarchischen Kirche vorlegte. Gewiss: Viele große Theologen (stellvertretend für alle sei hier Augustinus genannt) waren Mystiker und viele Mystiker (Eckhart, Johannes vom Kreuz) inspirierten und inspirieren Philosophen und Theologen, heute vielleicht noch mehr als früher. Die Wächter über die Rechtgläubigkeit waren jedoch den Mystikern gegenüber immer sehr vorsichtig. Sie verdächtigten sie häufig (und oftmals nicht zu Unrecht) eines gewissen Synkretismus, besonders in der Form, dass sie viele Elemente der Gnosis in das Christentum hineinbrächten. Der Theologe Ernst Troeltsch vermutete, dass die Mystik eine dritte Form der Religion neben der »Kirche« und der »Sekte« bilde – dass sie eine universalistische religiöse Philosophie darstellt, die sich inmitten der einzelnen Religionen durchsetze.

Gewiss lassen sich zwischen den Mystikern der einzelnen Religionen nicht wenige Ähnlichkeiten ausmachen. Auch diese Tatsache macht die Spiritualität gerade in unserer Zeit sehr attraktiv, schließlich himmelt sie die Pluralität und die Offenheit gegenüber den fremden Kulturen an und sehnt sich gleichzeitig nach Universalität und Vereinheitlichung. Viele Anhänger des interreligiösen Dialogs behaupten, dass gerade die Spiritualität – z. B. die gemeinsame Meditation oder das Teilen geistlicher Erfahrungen – der ideale Ort der Begegnung und des Dialogs sei. Während sich die theologische Lehre (religiöse Doktrinen) und die Rituale der einzelnen Religionen stark unterscheiden, weil sie sich immer dem gegebenen kulturellen Kontext verdanken, überschreiten wohl Spiritualität und Mystik häufig diesen Kontext; in ihnen gibt es (ähnlich wie in den grundlegenden ethischen Regeln) etwas Gemeinsames und Universales.

SPIRITUALITÄT FÜR UNSERE ZEIT

Eine der charakteristischen spirituellen Quellen im Christentum sind unzweifelhaft die Wüstenväter: Sie waren zunächst Einsiedler und später die Gründer des christlichen Mönchtums. Ich vermute, dass der Exodus vieler Christen in die Wüsten Palästinas, Syriens und Ägyptens im vierten Jahrhundert und später eine Art Protest und Dissidententum gegenüber dem Mehrheitschristentum darstellte, das durch die neue Freiheit und die Privilegien in Folge der Konstantinischen Wende allzu schnell im Römischen Reich heimisch wurde, dass es sich eigentlich um den Versuch radikaler Christen handelte, ein *alternatives Christentum* in der Wüste zu schaffen. Dieser Typ des Christentums in der Wüste bewahrte sich die »eschatologische Euphorie« der frühen christlichen Gemeinden. Im Unterschied zu einem mit »dieser Welt« stark konform gehenden Christentum der Mehrheit, in dem sich die eschatologische Erwartung einer neuen Erde und eines neuen Himmels in eine individualisierte Eschatologie verwandelte (mit dem Hauptinteresse am Schicksal der eigenen Seele nach dem Tod), bewahrte sich in den frühen Mönchskommunitäten jener eschatologische Abstand zur Welt *(saeculum)*, der seinen

Ausdruck in einem asketischen Lebensstil und in den Mönchsgelübden (vor allem der Armut und der Keuschheit) fand.

Das Mönchtum *(monasticism)* und die Orden waren in der gesamten Geschichte nicht nur eine Quelle der spirituellen Erneuerung, sondern häufig auch der damit zusammenhängenden Reformen von Kirche und Gesellschaft (erinnern wir uns an die Cluniazensische Reform, die die Trennung von staatlicher und kirchlicher Macht mit sich brachte, oder an die Reformen Luthers, die zur Demokratisierung der Kirche und später auch der Gesellschaft beitrugen). Die kirchliche Autorität bemühte sich immer um die Regulierung und Disziplinierung des spirituellen Radikalismus – besonders weil sie erfahren hatte, wie die Funken dieses Radikalismus von den Klöstern auf den Laienstand übergesprungen waren und revolutionäre Feuersbrünste entfachten. Kein Wunder, dass die Mystiker – einschließlich derer, die später heiliggesprochen und zu Kirchenlehrern erklärt wurden – nicht nur der Kirche verdächtig waren, sondern auch viele Verfolgungen erlitten. Spiritualität wurde lange Zeit als Sprengstoff angesehen, der lediglich den Händen ausgebildeter Spezialisten anvertraut werden darf, wie ein zu starkes Elixier, das nur für diejenigen bestimmt ist, die sich (fast ausschließlich in Klöstern) der Bemühung um die »größere Vollkommenheit« geweiht haben. Sie waren es, die bestimmen sollten, wie viele Tropfen oder welches Maß an Verdünnung notwendig ist, welches den übrigen Christen gewährt werden könnte; eigentlich sollten diese aber eher aus den moralischen Geboten und aus der passiven Teilnahme am Ritual leben.

Viele zeitgenössische Schulen der Spiritualität betonen die Verbindung von Kontemplation und Aktion. Ein bemerkenswertes Beispiel dafür ist die 2016 heiliggesprochene Mutter Teresa von Kalkutta. Während ihres Lebens war sie außerordentlich aktiv in der caritativen Arbeit. Die Veröffentlichung ihres Tagebuches nach ihrem Tod ermöglichte es, in ihre persönliche Spiritualität und in ihr geistliches Leben Einblick zu erlangen – es war der Abgrund einer fast permanenten »dunklen Nacht«, der an die Mystiker von Johannes vom Kreuz bis Thérèse von Lisieux erinnert. Vielleicht trug diese Frau jahrzehntelang nicht nur am Tage solidarisch das soziale Elend der heutigen Welt, sondern in ihren Nächten auch das seelische und geistige Elend der Welt, ihre Depressionen und das Erleben des Schweigens Gottes.

SPIRITUALITÄT FÜR UNSERE ZEIT

11 Ethik des Dialogs

Zur Ethik des interreligiösen Dialogs gehört es, auf das *Monopol auf Gott* zu verzichten; das bedeutet aber nicht, auf Gott zu verzichten. Auf den Anspruch zu verzichten, das einzig wahre Begreifen Gottes zu besitzen, bedeutet, weniger *göttlich* und mehr *gotteszugehörig* zu werden: weniger sich wie Gott aufzuspielen und sich mehr ihm zu öffnen, sich ihm hinzugeben, ihm zuzuhören.

THEATER FÜR ENGEL

Zur Ethik des Dialogs gehört es, auf das Monopol auf die Wahrheit zu verzichten. Das Monopol auf die Wahrheit aufzugeben bedeutet aber nicht, die Wahrheit aufzugeben, sondern eher wahrheitsgetreuer zu werden; in Demut in die Tiefe der Wahrheit eintauchen zu können, zu erleben, dass sie tiefer ist, breiter, dynamischer als das, was wir bisher bei uns als die alleinige Wahrheit anerkannt haben.

THEATER FÜR ENGEL

Wer auch immer für sich oder seine Gruppe das Monopol auf die Wahrheit beansprucht, verrät schon mit diesem Anspruch, dass er außerhalb der Wahrheit steht. Weder mit der Vernunft noch mit dem Glauben können wir die Wahrheit in ihrer Fülle erobern und beherrschen.

THEATER FÜR ENGEL

Die Andersartigkeit des anderen als eine mögliche Bereicherung zu begreifen, setzt voraus, auf den Apriori-Anspruch auf die universale Gültigkeit seiner eigenen Perspektive auf die Welt zu verzichten. Es bedeutet, auf jeden Triumphalismus zu verzichten, das heißt auf die Vorstellung, dass ich im Besitz der ganzen Wahrheit bin. Es ist notwendig, sich seiner Endlichkeit, seiner Beschränktheit, bewusst zu werden und sich einzugestehen, dass jeder von uns die Welt aus einer unterschiedlichen Perspektive betrachtet. Zu begreifen, dass es also natürlich ist, dass wir über viele Sachen verschiedenartige Aussagen treffen, weil es schlicht der Wirklichkeit entspricht, dass jeder von uns an einem anderen Ort, in einer anderen Tradition, steht; dass wir selbstverständlich an viele Dinge anknüpfen, die anderen unbekannt sind und die diesen deshalb oft unbegreiflich erscheinen.

VERSÖHNTE VERSCHIEDENHEIT

Die Wahrheit ist ein Buch, das noch niemand von uns zu Ende gelesen hat. Diesen nützlichen und weisen Satz ständig zu wiederholen bedeutet nicht, auf jegliche Erkenntnis zu verzichten, sondern eifrig »weiterzulesen« – auch mit Hilfe des Dialogs mit den anderen.

DURCHDRINGEN DER WELTEN

Die Wahrheit verbirgt sich gerne, und je komplizierter unsere Welt ist, desto besser gelingt ihr dies. Wir dürfen jedoch der Wahrheit gegenüber nicht gleichgültig sein, wir können sie nicht damit beleidigen, dass wir sie nicht suchen würden oder nur das als wahr erklären würden, das wir schon gefunden haben und das wir »besitzen«.

ICH WILL, DASS DU BIST

Die Wahrheit ist ein so kostbarer Wert in unserer Welt, dass wir es uns nicht erlauben können, auch nur ein einzelnes gefundenes Fragment der Wahrheit zu ignorieren. Insofern ist es ausgeschlossen, dass wir bereits von vornherein und

Ethik des Dialogs

aus der Ferne das als unwahr klassifizieren können, was jemand, dessen geistige Welt für uns weit entfernt ist, als Wahrheit in Ehren hält. Wir dürfen jedoch die heiligen Schriften der anderen und weitere Schätze der Weisheit, die sich in den Schatzkammern ihrer Traditionen angesammelt haben, nicht nur oberflächlich, »über die Schulter blickend« lesen; wir müssen offen dafür sein, mit ihnen ein Gespräch über sie zu führen, sofern sie dies wollen, und ihnen dann mit Wertschätzung zuhören.

ICH WILL, DASS DU BIST

Wenn ich mit der Voraussetzung arbeite, dass sowohl der Glaube als auch der Unglaube Anteil an der Wahrheit haben, dann will ich mich nicht mit der billigen postmodernen Parole »Jeder hat seine Wahrheit« zufriedengeben. Wenn mich die »Wahrheit des Unglaubens« interessiert, dann nicht deshalb, um sie herablassend »anzuerkennen«, sondern um durch ihr Durchdenken und Durchleiden meinen Glauben bereichern zu können.

THEATER FÜR ENGEL

Die Schlüsselaufgabe unserer Zeit, der heutigen Gesellschaft, die national, politisch, kulturell, religiös pluralistisch ist, besteht darin, die *Unterschiedlichkeit des anderen nicht nur als eine mögliche Quelle der Bedrohung, sondern vor allem als eine mögliche Quelle der eigenen Bereicherung, Vervollständigung* zu akzeptieren, anzuerkennen und begreifen zu lernen – *und das setzt auch unser Demütigwerden und unsere Vertiefung, unser Vernünftigwerden voraus und bringt es mit sich.* Der Weg, der dahin führt, ist jedoch lang, weil die Andersartigkeit begreiflicherweise auch Risiken mit sich bringt: Missverständnisse, Spannungen und Konflikte.

VERSÖHNTE VERSCHIEDENHEIT

Wir müssen die Verschiedenheit der Wege und der Standpunkte respektieren; wir dürfen jedoch nicht beim Konstatieren dieser Verschiedenheit stehen bleiben. Versuchen wir gerade im Dialog, in der Konfrontation der verschiedenen Ansichten und geistlichen Erfahrungen gemeinsam den Horizont dessen zu überschreiten, was wir schon erkannt haben, und lassen wir »das Licht der Wahrheit« heller erstrahlen – auch wenn wir uns bewusst sind, dass wir auf dieser Welt und innerhalb der Geschichte nicht fähig sein werden, dieses Licht ganz zu erkennen, vollständig zu erkennen und ganz zu erfassen, dass wir niemals »Besitzer der Wahrheit« werden können.

DURCHDRINGEN DER WELTEN

Wenn die menschliche Erkenntnis nur völlig passiv wäre, wie Wachs, in das sich die göttliche Selbstmitteilung vollkommen einprägt, sodass hier kein Raum mehr für weiteres Fragen, Suchen, für Meditation, Interpretation, für Wachstum im Glauben oder auch für Zweifel und Irrtümer wäre, dann wäre jeder »interreligiöse Dialog« (aber auch die gesamte Theologie und alles geistliche Reifen) tatsächlich etwas völlig Überflüssiges – dann bestünde der einzig denkbare Kontakt mit Andersgläubigen in der Bemühung, sie zu bekehren oder zu bekämpfen. Es lässt sich jedoch damit argumentieren, dass Gott selbst nicht vorhatte, mit dem Menschen wie mit Wachs umzugehen, wie mit einem unbelebten »Material«, sondern wie mit einem freien Partner – dass der Glaube ein unvollendeter Dialog Gottes mit den Menschen bleibt, und deshalb auch den Raum für den Dialog über den Glauben inmitten der menschlichen Familie eröffnet.

DURCHDRINGEN DER WELTEN

Gerade das demütige Stillwerden, die Ablehnung aller Versuche, sich mit eigenen Kräften des Geheimnisses zu bemächtigen, schafft einen Raum, in dem ich hören kann, wie das Geheimnis selbst zu mir spricht. In diesem Raum kann ich gleichzeitig die Art und Weise wertschätzen, wie »die anderen« diesem Sprechen zuhören und wie sie es verstehen.

DURCHDRINGEN DER WELTEN

In einen ehrlichen Dialog können Menschen nur dann eintreten, wenn sie die Ansichten des anderen nicht schon von vornherein für eine Anhäufung von Lügen und Irrtümern halten. Es ist jedoch wichtig, dass beide Seiten gleichermaßen in der Lage sind, ihre eigenen Werte verständlich und glaubwürdig zu erklären und zu verteidigen.

DURCHDRINGEN DER WELTEN

Die Loyalität zum eigenen Bekenntnis ist ein Bestandteil der Haltung zur Religion. Aber ist dieser unser Glaube an die Wahrheit unseres Bekenntnisses wirklich so schwach, dass wir ihn mit der Dämonisierung der Religionen der anderen unterstützen müssen? Sind wir in der Lage, ihren Glauben insoweit zu verstehen, dass wir außer eines einfachen Konstatierens der Unterschiede selbstsichere Urteile darüber fällen könnten, wie nah oder fern sie von Gott sind?

»Der Geist weht, wo er will«, sagt die Bibel. Nur Gott weiß, auf welche Art und Weise und unter welchem Pseudonym er einen bestimmten Menschen ansprach und auf welche Weise ihm dieser Mensch antwortete. Der Reichtum der göttlichen Phantasie und seines Erfindungsreichtums übersteigt die Möglichkeiten unseres Vorstellungsvermögens bei Weitem.

GOTT LOS WERDEN?

In einem Dialog ist es wichtig, geduldig den anderen zuzuhören und zu versuchen, sie zu verstehen und besser ken-
nenzulernen. Jedoch tritt ein Dialog erst dann ein, wenn
auch wir reden dürfen und die anderen zuhören. Wenn
man sich bemüht, sich lediglich gegenseitig anzupassen,
den jeweils anderen nur nachzuahmen, nur das zu wiederholen, was der andere sagt, oder nur bei dem zu bleiben,
was wir gemeinsam haben, würde das den Dialog nicht
wirklich wertvoll und fruchtbar machen.

DURCHDRINGEN DER WELTEN

Die Wurzeln der heute anzutreffenden Feindschaft zwischen den Kulturen und Religionen liegt in der Regel in
uralten ungeheilten geschichtlichen Erfahrungen, die in Le-
genden und Mythen in den Genen der gegenwärtigen Kulturen weitergegeben werden. In diesem Fall setzt eine Heilung vielleicht eine gewisse geistige, moralische und
psychologische »Genmanipulation« voraus, einen Eingriff
in den Tiefenkern unserer kulturellen Gruppenidentität,
eine radikale Umwertung dieses »Erbes der Väter«. Die Bilder der Feinde, die in das »kollektive Unterbewusstsein«
von Nationen, Ethnien oder religiösen Gemeinschaften ein-
gebrannt sind, müssen ans Licht gebracht werden, um so
ihre Absurdität und ihre Gefährlichkeit zu erkennen.

ICH WILL, DASS DU BIST

Die Toleranz, jene aufklärerische Tugend, ist vom lateinischen Wort *tolerare* (ertragen) abgeleitet, was häufig im
Sinne von »etwas Unangenehmes ertragen« übersetzt wird.
Aber in der heutigen Welt geht es nicht nur darum, dass wir
uns gegenseitig tolerieren. Bei der Behauptung stehen zu
bleiben, dass »jeder sein Recht« hat, würde ich eine »billige
Toleranz« nennen, die eine *Gleichgültigkeit* gegenüber der

Wahrheit des anderen verbergen kann. Die heutige Welt braucht mehr als nur bloße Toleranz; sie braucht auch eine bestimmte Mitbeteiligung, einen Dialog, ein Teilen von Werten. Ein Verständnis und ein friedliches Zusammenleben ist ohne einen Dialog nicht möglich.

VERSÖHNTE VERSCHIEDENHEIT

Jesus warnt diejenigen, die so sehr »für die Wahrheit brennen«, dass sie mit dieser Flamme am liebsten die Scheiterhaufen mit Ketzern oder Ketzerbüchern anzünden, die eine etwas andere Auffassung der Wahrheit vertreten. Die Auffassung der Wahrheit Jesu ist radikal *anders* als die dieser Eiferer. Heute können wir in den offiziellen Dokumenten der katholischen Kirche lesen, dass die Wahrheit wirklich wahr ist, wenn sie Hand in Hand mit der Liebe und der Freiheit geht, dass sich Wahrheit, Freiheit und Liebe gegenseitig bedingen. Noch in der jüngsten Vergangenheit gab es allerdings nicht viele von denen, die auf diese Art und Weise gedacht und gehandelt haben, in einer Kirche und Welt, die einer wahren Hölle glich. Wenn wir das Wort *Toleranz* hören, sollten wir uns tief vor dem Andenken jener Denker der Aufklärung verneigen, die den Toleranzgedanken einführten: Das Wort »Toleranz« ist ihr Vermächtnis an uns.

ICH WILL, DASS DU BIST

Dennoch kann der Begriff »Toleranz« – so, wie er auf den Fahnen der Aufklärer und ihrer Erben prangt – für uns nicht ein unantastbares Idol für alle Zeiten sein. Ist dieser Begriff wirklich das letzte Wort, das unhintergehbare und zuverlässigste, stets gültige Rezept für die Heilung der Wunden unserer Zeit? Die Toleranz ist sicher die weltliche Übersetzung des neutestamentlichen Gebotes der Feindesliebe. Aber bei der Übersetzung von religiösen Begriffen in die säkulare Sprache und deren Vorstellungen geht für gewöhnlich etwas verloren. Viele aufklärerische Konzepte stellen »Minima Moralia« dar – jenen Teil der christlichen Moral, der auch für diejenigen verdaubar sein könnte, denen die Ganzheit des christlichen Glaubens und die religiösen Voraussetzungen der Ethik Jesu unannehmbar erscheinen.

ICH WILL, DASS DU BIST

Ein gewisses, auf dem Grundsatz der Toleranz begründetes Modell des »Multikulturalismus« hat daher auch nicht zu einer *polis* geführt, zu einer Gemeinschaft von Bürgern oder Nachbarn, sondern nur zu einem Konglomerat von Ghettos. »Jeder möge nach seiner eigenen Weise leben, solange er die anderen nicht stört oder einschränkt.« Das ist sicher ein humanerer Zustand als ständige Streitigkeiten oder ein permanenter Kriegszustand. Aber kann dies jedoch auch eine dauerhafte Lösung sein? Eine Toleranz dieses Typus taugt dazu, dass Menschen *nebeneinander her* leben können, aber nicht *zusammen*. Unsere Welt, das »globale Dorf«, ist jedoch zu eng dafür geworden, dass wir ungestört nebeneinander leben könnten. Wir sind mehr geworden – und es wird immer mehr von »denen geben, die anders sind als wir«, ob uns das gefällt oder nicht. Das Modell der Toleranz wurde für eine andere Welt angefertigt, für eine andere Architektur unserer Städte; diese Städte existieren aber nicht mehr so wie früher, oder sie sehen ganz anders aus als seinerzeit. Wir leben *zusammen*, ob wir wollen oder nicht – und wir müssen für dieses Zusammenleben andere Regeln finden als ein bloßes »störe nicht meine Kreise«.

ICH WILL, DASS DU BIST

Etwas, vor dem ich warnen möchte, ist jener »naive Imperialismus der Liebe«, zu dem sowohl gewisse eifrige und zuvorkommende Christen neigen als auch viele Verfechter eines säkularen Humanismus. »Jesus liebt alle«, »Wir sind alle Kinder eines Vaters« – das ist sicher wahr, aber der Vater hat *verschiedene* Kinder. Diese Verschiedenheit nicht zu respektieren, sich nur darüber zu freuen, wie gleich wir alle sind, muss nicht unbedingt aus einem Überfluss an Liebe herrühren – eher verrät diese Einstellung einen Mangel an Achtung, an Wertschätzung gerade dieser Verschiedenheit.

ICH WILL, DASS DU BIST

Eine allzu eifrig umarmende Liebe integriert übereilt das Fremde in das Eigene, überführt das Verschiedene in das Selbe (das meine ich mit dem »Imperialismus der Liebe«). Eine wirkliche Liebe respektiert jedoch bei aller Verbundenheit die Unterschiedlichkeit des anderen. Sie achtet dessen »Exteriorität«, wie man bei Lévinas lesen kann, sie enthält ihm das Recht auf sein eigenes geistiges Territorium nicht vor, sie erkennt seine Eigenständigkeit an.

ICH WILL, DASS DU BIST

Karl Rahner meinte es gewiss gut, als er sympathische Atheisten und Gläubige anderer Religionen als »anonyme Christen« bezeichnete und damit eine zu seiner Zeit bahnbrechende Perspektive an den Tag legte. Heute wird ein solcher Blick wohl eher hinderlich sein für die Ausbildung einer wirklichen Freundschaft und eines echten Dialogs, als sie zu befördern. Anderen muss es nicht unbedingt schmeicheln, wenn wir behaupten, wie sehr sie uns ähnlich seien.

ICH WILL, DASS DU BIST

Ich traue nicht den Versuchen, die religiöse Spaltung der Menschheit durch die Einführung eines »religiösen Esperantos« zu überwinden. Der Gedanke, eine künstliche gemeinsame Sprache zu schaffen, war sicherlich von einer sehr edlen Absicht geleitet; er ist jedoch als eine typisch aufklärerische Naivität zu klassifizieren. Genauso wie eine Sprache lässt sich auch eine Religion nicht »ausdenken« und künstlich erschaffen. Die Sprache ist, ähnlich wie die Religion, eine Welt für sich – und gleichzeitig ist sie die Struktur eines Verständnisses der Welt.

WAS OHNE BEBEN IST, HAT KEINE FESTIGKEIT

Die Erfahrung des Dialogs und eines vorurteilslosen Kennenlernens der Welt der anderen bringt eine große Freude mit sich: eine Freude über dieses Kennenlernen und über die Erweiterung des eigenen Horizonts. Wir können uns von der naiven und arroganten Einbildung befreien, mit der sich in der Regel diejenigen auszeichnen, die nie über den Kirchturm ihres Dorfes hinaus geschaut haben.

DURCHDRINGEN DER WELTEN

Der Dialog beseitigt Vorurteile. Er zeigt oftmals auf, dass wir uns in ganz anderen Punkten wirklich erstaunlich nah oder fern sind, mehr, als wir das bei jenem Blick aus der Ferne, der mit vielen Projektionen, Wünschen oder Sorgen belastet ist, vermuteten. Der Dialog führt jedoch nicht zur uniformen Einheit und soll auch nicht dazu führen.

WAS OHNE BEBEN IST, HAT KEINE FESTIGKEIT

Wenn ich feststelle (und beiden Seiten, den Gläubigen und den Ungläubigen versichere), dass wir wirklich mehr gemeinsam haben, als die Mehrheit von uns denkt, dann ist das nicht der Punkt, an dem wir enden sollten, an dem wir

Ethik des Dialogs

uns die Hände geben und ungestört *nebeneinander* weiterleben sollten. Ganz im Gegenteil: Wir sollten uns gegenseitig in unserer Ruhe stören!

THEATER FÜR ENGEL

Eine *versöhnte* Verschiedenheit bedeutet nicht nur eine
Aussöhnung mit der Verschiedenartigkeit, sondern den
Prozess einer friedlichen Kommunikation, der *Hermeneu-*
ten braucht: Dolmetscher, die sich bemühen, die eigenen
und die fremden Werte verständlich, treu und glaubwürdig
zu interpretieren, damit es zu einem wirklichen Verständnis
kommen kann.

VERSÖHNTE VERSCHIEDENHEIT

Weder die Liebe noch die Freiheit bestehen ohne die Wahrheit. Die Begegnung der Anhänger der verschiedenen Religionen muss eine tiefere Wurzel haben als nur Emotionen,
auch wenn es um ehrliche und durchaus sehr positive Emotionen geht. Ein gutmütiges, gegenseitiges Sich-auf-die-
Schultern-Klopfen, das mit einem stillen und billigen Ausverkauf der eigenen Identität verbunden wäre, wäre nur
die Karikatur eines Dialogs – und in Wahrheit die Vergeu-
dung seiner eigentlichen Chance.

DURCHDRINGEN DER WELTEN

Wenn die Partner eines Dialogs auf die Möglichkeit verzichten würden, den Horizont ihrer »subjektiven Wahrheit« (respektive ihrer subjektiven Wahrheiten) zu überschreiten, dann würde dies bedeuten, dass sie den
Hauptsinn und das Ziel des Dialoges vergessen haben.

DURCHDRINGEN DER WELTEN

Wenn *ein* gläubiger Mensch seine Religion nicht ernst nähme, wenn er nicht davon überzeugt wäre, dass sein Glaube die Wahrheit ausdrückt, dass er *wahr* ist, könnte er auch von den anderen nicht ernst genommen werden; paradoxerweise könnte dann auch sein erklärter Respekt vor dem ähnlichen Anspruch seines Partners und dessen Religion nicht ernst genommen werden. Die Beziehung des Glaubens zur Wahrheit ist nicht etwas, das wir abfällig beiseite wischen könnten. Es gibt jedoch einen grundsätzlichen Unterschied zwischen dem Standpunkt »*wir* haben recht« und »*nur wir* haben recht«.

DURCHDRINGEN DER WELTEN

Warum sollte jemand unseren Glauben ernst nehmen, wenn nicht einmal wir selbst ihn ernst nehmen – und warum sollte dann jemand uns ernst nehmen?

THEATER FÜR ENGEL

Es ist notwendig, dem heute verbreiteten Slogan zu widersprechen, dass man das Wort »Wahrheit«, insofern man damit etwas Höheres als nur die Authentizität einer subjektiven Ansicht meint, als gefährliches Wort streichen muss, weil es mit dem Gift der Intoleranz durchtränkt und mit dem Sprengstoff möglicher Gewalt belastet sei. Die Partner eines wirklichen Dialogs bagatellisieren in keiner Weise die Frage nach der Wahrheit: Gerade deshalb, weil sie die Wahrheit für einen so grundsätzlichen und so tiefen Wert halten, fühlen sie sich verpflichtet, jedem die Freiheit zuzugestehen, sie nach seinem eigenen Gewissen und seiner eigenen Vernunft zu suchen.

DURCHDRINGEN DER WELTEN

Ethik des Dialogs

Wenn muslimische Selbstmordattentäter sich und andere mit den Worten des Glaubensbekenntnisses töten, erschrecken wir vor einer solchen Religion; es ist aber wohl auch nicht ganz in Ordnung, wenn jemand unter keinen Umständen bereit ist, für seine Überzeugung und für die Verteidigung seiner Werte etwas zu opfern.

THEATER FÜR ENGEL

Jeder soll das Recht und die Freiheit haben, seinen Glauben, seine Erfahrung mit der Erkenntnis der Wahrheit zu bekennen, zu verkünden, anzubieten und zu verbreiten – aber niemand hat das Recht, sie den anderen mit Gewalt aufzuzwingen. Die Hingabe an die Wahrheit muss mit dem Respekt vor der Freiheit der anderen verbunden sein; diese sollen sie gemäß ihres eigenen Gewissens suchen dürfen.

DURCHDRINGEN DER WELTEN

Die Brücke, die es ermöglicht, von einem Standpunkt zum anderen überzugehen, bildet jedoch nicht die billige relativistische Behauptung »jeder hat seine Wahrheit«, insofern man damit meint, dass anstelle der Wahrheit die subjektive Meinung tritt und dass diese »relative Wahrheiten« einzelner Ansichten den äußersten erreichbaren Horizont bilden. Mit der Behauptung, dass es nicht mehr möglich ist, weiter über sie hinauszugehen, wären diese relativen Wahrheiten (subjektive Meinungen, Ansichten verschiedener Schulen) de facto verabsolutiert, respektive »ihre Relativität wäre verabsolutiert«.

DURCHDRINGEN DER WELTEN

Das gutherzige Bekunden, dass alle Religionen eigentlich gleich seien, gleich wertvoll, dass wir alle in unserem Innersten an dasselbe glauben, ist eine Aussage, die zugleich naiv wie arrogant ist. Wer bist du, Mensch, dass du dir das Recht anmaßt, so hoch erhaben über allen Religionen zu stehen, dass du sie vollkommen kennen, gerecht abwägen und vergleichen und wahrhaftig ihren Wert beurteilen könntest? Dieses Urteil muss Gott selbst überlassen bleiben.

ICH WILL, DASS DU BIST

Die oberflächliche Toleranz, die aus dem Dogma des Relativismus hervorgeht, dass »alle Religionen gleich« seien, »jede ihre (gleichermaßen wertvolle) Wahrheit« habe und das Motto gelte: »*anything goes*«, ist einfach, sie kostet nichts, wiegt aber auch nichts – sie ist nämlich Ausdruck einer nicht eingestandenen *Gleichgültigkeit* gegenüber dem Nächsten und dessen Wahrheit. Für diese Ideologie ist allerdings bereits klar, wie es sich mit der Wahrheit verhält! Eine echte Grundlage für das Zusammenleben sehe ich dagegen in der Hochachtung jener Wahrheit, die ein alles überragendes Geheimnis ist, der Wahrheit, die Gott selbst ist, der Wahrheit, auf die wir auf augenscheinlich *unterschiedlichen* Wegen hinsteuern. Ich sehe die Grundlage in der Geduld der Hoffnung, mit der wir die Unwissenheit darüber zu ertragen vermögen, wie Gott urteilt: ob wir unserem Ziel schon nahegekommen oder noch weit davon entfernt sind. Wir schreiten in der Hoffnung (nicht in der Sicherheit) voran, dass die vollständige Offenbarung der Wahrheit am Ende des Weges für jeden von uns eine frohe Überraschung sein wird.

NICHT OHNE HOFFNUNG

Du, Mensch, halte fest an deinem Glauben, wenn er den Ansprüchen deines Gewissens, deiner Vernunft und deines

Ethik des Dialogs

Herzens entspricht; sei dir seiner Wahrheit so sicher, dass du es nicht nötig hast, durch Erniedrigung des Glaubens der anderen dich bestärken zu müssen. Wenn du überzeugt bist, dass »du recht hast« (und du wärest töricht, wenn du etwas bekennen würdest, von dessen Wahrheit du selbst nicht aufrichtig überzeugt bist), füge diesem Satz nicht allzu übereilt und unvernünftig die Aussage hinzu, »*nur* ich habe recht«. Die Wahrheit ist zuweilen tiefer, als sie oberflächlich betrachtet erscheinen mag, als sie denen vorkommt, die beanspruchen, das Monopol auf sie zu besitzen. Wenn wir glauben, dass wir alle letztendlich an denselben Gott glauben, *glauben* wir daran, jedoch sollten wir Gott das Recht überlassen, dass er am Tag des Gerichts diese unsere Überzeugung verifiziert oder widerlegt.

ICH WILL, DASS DU BIST

Ich akzeptiere nicht im Entferntesten manche populären postmodernen Ideologien eines völligen Relativismus und eines radikalen Multikulturalismus. Wenn man lediglich die Unterschiede konstatiert und darin verharrt, die Unterschiedlichkeit höflich zu respektieren, könnte dies letztendlich in eine Gesellschaft münden, die nicht mehr ist als ein Aggregat strikt voneinander getrennter kultureller Ghettos. Damit würde auf eine wirklich bereichernde Kommunikation und auf das gegenseitige Sich-Mitteilen verzichtet werden.

VERSÖHNTE VERSCHIEDENHEIT

An Stelle des Relativismus, der auf alle Erkenntnis jenseits des Horizonts subjektiver Meinung verzichtet, sollte man *Perspektivismus* verteidigen, der anerkennt, dass mein Sehen und meine Erkenntnis notwendigerweise begrenzt sind und von dem Ort geprägt, wo ich stehe und von wo aus ich schaue, dass sie begrenzt sind durch alle geschichtlichen, kulturellen, sozialen und psychologischen Einflüsse, denen ich (oft unbewusst) ausgesetzt bin, dass *mein Sehen bereits immer Interpretation ist.* *Unser* Blick sollte jedoch immer für den Dialog mit den anderen offen sein und sich danach sehnen, wenigstens ein wenig die eigene Erkenntnis durch die Teilhabe an der Erfahrung und der Perspektive der anderen zu erweitern.

DURCHDRINGEN DER WELTEN

Der Perspektivismus ist etwas anderes als der extreme kulturelle und ethische Relativismus, der in der Postmoderne verbreitet ist, er ist nicht so skeptisch, was die Erkenntnismöglichkeit der Wahrheit betrifft. Er sagt nicht, dass die wahre Erkenntnis nicht existiere, er behauptet lediglich, dass sich der Mensch selbst der Wahrheit nicht bemächtigen, nicht ihr »Besitzer« sein könne, dass sein Sehen und Wissen immer irgendwie begrenzt seien. Und deshalb ist ein Dialog nötig, der es ermöglicht, auf eine bestimmte Weise an der Erfahrung des anderen zu partizipieren und wenigstens ein wenig zu verstehen, warum der andere das sagt, was er sagt.

VERSÖHNTE VERSCHIEDENHEIT

Die »absolute Wahrheit« ist keine Illusion, sondern ein *Geheimnis* – und aussprechen kann sie nur derjenige, der dieses Geheimnis *ist*, der uns alle (und unser Begreifen der Wahrheit) übergreift. Fügen wir jedoch hinzu, dass dieses Urteil selbst bereits ein Glaubensbekenntnis ist, nicht mehr und nicht weniger.

DURCHDRINGEN DER WELTEN

Ethik des Dialogs

Der Perspektivismus bedeutet, die Wirklichkeit ernst zu nehmen und zu erkennen, dass mein Sehen der Welt beschränkt ist, dass es von der Kultur beeinflusst ist, in der ich geboren wurde, von meinen Lebenserfahrungen, von einem bestimmten Typus der Sprache und dass ich deshalb nicht die Ganzheit der Wirklichkeit erfassen kann. Die Perspektivisten sagen: Bevor du mir deine Ansichten vorlegst und mir sagst, was du siehst, sag mir, wo du stehst, wenn du schaust und sprichst und auch, warum du dort stehst.

VERSÖHNTE VERSCHIEDENHEIT

Der Perspektivismus, wie ich ihn verstehe und wie ich ihn vertrete, ist wirklich etwas anderes als ein billiger Relativismus, auch wenn er das akzeptiert, was am Relativismus wertvoll ist: Er erkennt die Beschränktheit der eigenen Perspektive an, er nimmt die Beschränktheit der Perspektive seines Partners wahr, jedoch erkennt er die geheimnisvolle, unerschöpfliche Tiefe der Wahrheit insofern an, dass er sich nie auf die Position dessen begibt, der die *ganze Wahrheit* kennt und besitzt.

DURCHDRINGEN DER WELTEN

Der Perspektivismus ist nicht dasselbe wie der »Agnostizismus«, obwohl er mit einem bestimmten Typ des Agnostizismus – und vor allem mit der Tradition der sogenannten negativen oder apophatischen Theologie – die demütige Skepsis gegenüber den Möglichkeiten der menschlichen Vernunft teilt, ganz und vollständig in die Tiefe des absoluten Geheimnisses durchdringen zu können.

DURCHDRINGEN DER WELTEN

Wenn wir uns auf dem Gebiet der Religion bewegen, insbesondere auf dem Gebiet der Offenbarungsreligionen, das heißt derjenigen Religionen, die eine Wahrheit beanspruchen, zu der menschliche Vernunft und Erfahrung nicht aufgrund ihrer eigenen Aktivität gelangen, sondern welche die Gläubigen als Geschenk in Gestalt einer Selbstmitteilung Gottes bekommen haben, dann erhält die Frage nach der Wahrheit eines solchen Glaubens einen großen Ernst. Kein Wunder, dass die Wahrheitsfrage Gegenstand harter Auseinandersetzungen war. Gibt es hier denn überhaupt einen Raum für eine Diskussion, für ein weiteres Suchen, für einen Dialog mit den anderen? Ja: Dieser Raum entsteht dort, wo sich der Gläubige bewusst wird, dass es einen Unterschied gibt zwischen der Fülle der geoffenbarten Wahrheit und der beschränkten menschlichen Fähigkeit, sie vollständig zu empfangen und zu begreifen, und zwar sowohl in Folge aller bekannten Beschränkungen jedes einzelnen Menschen als auch in Folge der geschichtlichen und kulturellen Beschränkungen einer gläubigen Gemeinschaft in einem bestimmten geschichtlichen Augenblick.

DURCHDRINGEN DER WELTEN

Wenn ich in den Dialog mit einem Gläubigen eines anderen Glaubens eintrete und meine eigene Tradition des Glaubens als eine »fest Burg« wahrnehme, dann kann ich immer noch zwischen den inneren Sälen der Burg unterscheiden, in denen der Schatz aufbewahrt wird, und den vielen Burghöfen, die ich nicht so hartnäckig verteidigen muss. Als das Zweite Vatikanische Konzil offiziell anerkannte, dass der katholische Glaube ein hierarchisiertes und strukturiertes Ganzes ist, dass nicht alle Glaubensartikel dieselbe Wichtigkeit haben und dass es notwendig ist, die geschichtliche Bedingtheit und Veränderlichkeit jener Formen zu berücksichtigen, mit denen der Glaube zum Ausdruck gebracht

Ethik des Dialogs

wird, machte es einen riesigen Schritt hin zu einem dyna-
mischeren Verständnis des Glaubens und zu einer größeren
Freiheit im Dialog. Auf den Einwand, dass ein offener und
partnerschaftlicher Dialog mit den Gläubigen eines anderen Glaubens die Relativierung meines eigenen Glaubens
bedeute, können wir antworten, dass wir sicher jene äußerliche, subjektive und zeitbedingte Seite unseres Begreifens
und unseres Äußerns des Glaubens »relativieren« können,
ohne dass wir die Offenbarung Gottes selbst relativieren
oder sogar verraten würden. Wenn ich sage, dass ich unter
der Voraussetzung in den Dialog eintrete, dass ich mich
täuschen kann, sage ich es von meinem subjektiven Begreifen des Glaubens, das trotz aller kirchlicher Disziplin
mit dem Glaubensschatz der Kirche nie ganz identisch ist
(was den Stil, nicht was den »Inhalt« anbelangt). Dieser
»ehrliche Zweifel« ist von dem Smerdjakow'schen »Zweifeln« – von der Verachtung der Wahrheit Gottes – meilenweit entfernt.

WAS OHNE BEBEN IST, HAT KEINE FESTIGKEIT

Gott hat den Menschen die Freiheit geschenkt. Diese Freiheit schließt die Möglichkeit mit ein, den Glaubensweg frei
zu wählen. Kein Mensch darf einem anderen diese Freiheit
aberkennen. Jeder muss selbst das Risiko tragen, dass seine
Wahl »objektiv« nicht richtig ist und die Absicht verfehlt,
mit der Gott diesen unendlichen Fächer an Möglichkeiten
vor den Menschen verborgen hat. Allerdings kann ich hun-
dertmal der Meinung sein, dass mein Nächster sich falsch
entschieden hat (und sicher kann ich mit ihm darüber reden
und habe auch das Recht – und im gewissen Sinne auch die
Pflicht –, ihm gegenüber meine Entscheidung, meinen
Glauben zu bezeugen), das *endgültige Urteil* darüber muss
ich jedoch Gott selbst überlassen. Im Glauben egal welches

Menschen kann man nämlich »das Objektive« und »das Subjektive«, den Inhalt des Glaubens und den Akt des Glaubens, nicht strikt voneinander trennen. Zudem ist jeder lebendige Glaube viel zu sehr ein Weg, ein Reifeprozess, der bewusste und unbewusste Komponenten beinhaltet – diejenigen, die es gewohnt sind, Religion akademisch als »System« zu beschreiben, sollten zur Kenntnis nehmen, dass es im Fall des gelebten Glaubens eines einzelnen Menschen geboten ist, im Urteil zurückhaltend zu sein.

NICHT OHNE HOFFNUNG

Auch die Gewissheit meines Glaubens ist mit der *Hoffnung* verbunden, dass ich die göttliche Ansprache richtig verstanden habe; und wenn ich Gott als Geheimnis ernst nehme, das alle Menschengeschlechter übersteigt, darf ich nicht die *Hoffnung* aufgeben, dass Gott auch die Art und Weise annimmt, in der mein Nächster sein Rufen verstanden hat.

NICHT OHNE HOFFNUNG

Wenn wir als Christen die Worte, die Jesus im Johannes-Evangelium über den Geist sagt, ernst nehmen, nämlich dass der Geist die Jünger an die Lehre Christi erinnert und *sie in ihr vollständigeres Begreifen einführen* wird, und wenn wir an die Anwesenheit seines Geistes in der Kirchengeschichte glauben, dann sollte es uns keine allzu großen Schwierigkeiten bereiten, die Tatsache zu akzeptieren, dass sich das Verständnis des Glaubens in der Geschichte verändern, vertiefen, entwickeln kann, dass diese stille Arbeit des Geistes eine Realität ist, die einen geschichtlichen und dynamischen Charakter hat. Und wenn Jesus von demselben Geist sagt, dass er »weht, wo er will« – ist es denn nicht ganz natürlich und konsequent, dass die katholische Kirche auf dem letzten Konzil auch offen davon spricht, dass der Geist jenseits der sichtbaren Grenzen der Kirche auch in den anderen Religionen wirken kann?

WAS OHNE BEBEN IST, HAT KEINE FESTIGKEIT

Manche Arten und Weisen, mit denen die Christen des Öfteren bis heute Jesus und seine Einzigartigkeit darstellen, sind tatsächlich unnötig arrogant und irreführend. »Ich bin die Tür«, sagt Jesus (Joh 10,9); hüten wir uns jedoch davor, das »Ich« Christi einzuengen; denn er selbst hat es verbreitert, indem er sich mit allen Bedürftigen identifizierte (und sicher nicht nur mit den Bedürftigen in einem materiellen oder sozialen Sinne). Hüten wir uns davor, die breit geöffnete Tür seiner Liebe halb zuzuschließen, sich vor ihr aufzubauen und »zu durchleuchten«, wer durchgehen darf und wer nicht: Das ist nicht unsere Aufgabe. Jesus lehnte es ab und lehnt es ab, auf die neugierigen und ungehörigen Fragen seiner Jünger zu antworten, wie viele Erlöste es geben werde und wer das sein werde. »Bemüht euch mit allen Kräften«, antwortet er auf diese Sorgen. Jesus ist die Tür – und diese Tür steht *jedem* offen, der unsere Hilfe und Nähe braucht. In diesem Sinne erleben wir ihn als *unendlich zahlreiche Türen*, ohne die Einzigartigkeit Jesu zu leugnen.

ICH WILL, DASS DU BIST

»Niemand kommt zum Vater außer durch mich« (Joh 14,6). Es gibt nur wenige Worte Jesu, die so häufig gegen den Geist Jesu, gegen den Geist einer großzügigen und alle Grenzen überschreitenden Liebe missbraucht wurden! Diejenigen, die sich für die »ausschließlichen Eigentümer Christi« halten und folglich für die Besitzer und Wächter des Monopols auf die ganze Wahrheit, benutzen dieses Wort meistens wie ein Verbotszeichen: »Durchfahrt verboten«, und beziehen es auf die Wege von allen, die dem gegenüber, was nicht explizit christlich ist, auch ein noch so kleines Entgegenkommen äußern. Sie verdächtigen sie der Häresie, des »religiösen Pluralismus«. Der Weg Jesu ist wirklich anspruchsvoll und steil, er ist keine bequeme, *alles aufnehmende* Straße. *Die Arme Jesu sind jedoch weit offen.* »Was ihr für einen meiner geringsten Brüder getan habt, das habt ihr mir getan«, sagt Jesus in der berühmten Szene des Jüngsten Gerichts. Das bedeutet, dass eine der Folgen der Menschwerdung der grenzenlosen göttlichen Liebe, die sich in Jesus zeigte – und die sich in der Stunde des Gerichts erst in ihrer ganzen Fülle offenbaren wird –, darin besteht, dass *in jedem Armen und Bedürftigen Jesus selbst auf uns wartet.* Und wenn wir auf die Not des *Bedürftigen* eingehen, begegnen wir Ihm und gehen *durch Ihn* zum Vater ein.

ICH WILL, DASS DU BIST

Dialog ist etwas völlig anderes als Mission. Das Ziel des Dialogs besteht darin, den Glauben der anderen und seinen eigenen Glauben besser zu verstehen sowie seinen eigenen Glauben tiefer zu verstehen (weil ich ohne eine ehrliche Konfrontation mit dem anderen und dem von mir Unterschiedenen nie mein Eigenes erkennen kann), eventuell den Raum eines gemeinsamen Zusammenlebens zu kartieren und Gebiete für eine mögliche Zusammenarbeit herauszufinden.

WAS OHNE BEBEN IST, HAT KEINE FESTIGKEIT

Es wäre unehrlich, den Dialog als Deckmantel für die Mission zu gebrauchen oder sogar zum Proselytismus. Der Dialog hat im Unterschied zur Mission wirklich nicht das Ziel, den anderen auf die Position der eigenen Meinung herüberzuziehen. Er kann jedoch beiden Partnern des Dialogs die

Ethik des Dialogs

wunderbare Möglichkeit bieten, die Welt und sich selbst wenigstens für einen Moment »mit den Augen des anderen« zu sehen.

WAS OHNE BEBEN IST, HAT KEINE FESTIGKEIT

Dadurch, dass ich meine Berufung eher auf dem Gebiet des Dialogs als in der Mission sehe, stelle ich in keiner Weise die Wichtigkeit von Mission in Frage. Ich lehne es ab, Mission als etwas Illegitimes oder etwas nicht mehr in die Zeit Passendes zu bezeichnen. Das Christentum darf nie seine Berufung zur Mission aufgeben, die Christus selbst seinen Jüngern anvertraut hat. Wenn die Christen aufhören würden, den Menschen aller Nationen und Kulturen und aller sozialen Schichten die Lehre Jesu anzubieten, würde das Christentum aufhören, das Christentum zu sein und die Kirche die Kirche. Es würde sich zu einer esoterischen Kaste entwickeln, eine »Stammesreligion« oder eine Nationalreligion werden, und dies darf aufgrund seines Wesens nicht sein. Die Aufforderungen mancher Repräsentanten östlicher Religionen, dass die Christen in Europa bleiben sollten und mit den Missionen in Asien aufhören müssten, muss man eindeutig ablehnen. Das Christentum ist nicht in Europa entstanden und darf sich nicht schicksalhaft nur an diesen einen Kontinent binden. Es ist jedoch wichtig, dass die christlichen Missionare begreifen, dass es verhängnisvoll wäre, mit dem Evangelium als Konterbande die Europäisierung mit einzuführen.

WAS OHNE BEBEN IST, HAT KEINE FESTIGKEIT

Sicherlich muss auch die Mission einen dialogischen Charakter haben, wenn ihre Frucht die Inkulturation des Glaubens sein soll. Die Mission muss vor allem den Charakter des Dialogs mit den Kulturen vor Ort haben. Das ist natürlich ein sehr komplizierter Prozess, weil das Evangelium in die außereuropäischen Länder nicht in einer »chemisch reinen« Form kommt wie Samen universaler Glaubenswahrheiten, die man lediglich in eine neue Erde einsäen muss. Sie kommen dorthin immer schon als Bestandteil einer Kultur. Der »Katholizismus« – ich benutze diesen Begriff, mit der Betonung des -Ismus, für jene Gestalt der katholischen Religion, die sich in der Neuzeit als Antwort der katholischen Kirche zunächst auf die Reformation und später auf die Moderne des europäischen Westens herausbildete – war eine verhältnismäßig abgeschlossene und sehr europäische Subkultur. Daher muss gesagt werden, dass die Versuche, die Aufforderungen des Konzils und der päpstlichen Enzykliken zur »Inkulturation« des Christentums in die außereuropäischen Kulturen ernst zu nehmen, zur Erschütterung dieses »Katholizismus« und zu einer sehr gewichtigen *Verschiebung vom »Katholizismus« hin zu einer wirklichen Katholizität (Allgemeinheit) der Kirche* beigetragen haben.

WAS OHNE BEBEN IST, HAT KEINE FESTIGKEIT

Es scheint mir, dass es heute jedoch nötig ist, die missionarischen Flammen vor allem auf die eigenen christlichen Reihen hin auszurichten, sich zu bemühen, lauwarme und müde Christen und die verschlafenen kirchlichen Gemeinschaften zu einem lebendigen, tiefen Glauben zu bringen. Das nächste Gebiet sind aufrichtig suchende Menschen, die mit dem Atheismus ihres Umfelds nicht zufrieden sind. Ich denke, dass diese beiden Gruppen so viele Menschen umfassen, dass hier christliche Missionsaktivitäten so viel zu tun hätten, dass ihnen weder Zeit noch Kraft zur Umkehr von Menschen anderer Religionen bleiben würde. Nie sollten Missionen Proselytismus sein, ein Herüberziehen von Gläubigen. Die Mission muss ein freies Angebot

Ethik des Dialogs

bleiben, das offen ist für eine freie Antwort. Sie sollte auf manipulative Techniken verzichten, die evangelikale Gruppen – und unter deren Einfluss auch ähnliche Strömungen in der katholischen Kirche – häufig auf der Jagd nach einem effektvollen »Erfolg« benutzen. Auf eine ähnliche Art und Weise Menschen zu »jagen«, die in anderen Religionen verwurzelt sind, zum Beispiel gläubige Juden oder Muslime, kommt mir nicht richtig vor.

WAS OHNE BEBEN IST, HAT KEINE FESTIGKEIT

Wenn ich einen Muslim höre, wie er von der Einzigartigkeit des Propheten, der Einzigartigkeit Gottes ergriffen ist, oder einen Jünger Buddhas, der mit derselben liebenden Ausschließlichkeit von seinem Lehrer spricht, und wenn ich das respektiere, nehme ich damit nicht die Position eines grenzenlosen Liberalismus ein, der die Wahrheit des Glaubens auf das Niveau von zweifelhaften subjektiven Behauptungen fallen lässt? Meiner Überzeugung nach tue ich dies nicht. Nur vermute ich, dass uns die Wahrheiten des Glaubens nicht die wirkliche Tiefe zeigen werden, wenn wir sie ausschließlich auf den Spielplatz der »Objektivität« führen, der von der neuzeitlichen Vernunft konstruiert wurde, und sie nach den Regeln der klassischen Logik (entweder *a* oder *non-a, tertium non datur*) zurechtfeilen.

WAS OHNE BEBEN IST, HAT KEINE FESTIGKEIT

Auf die Frage, »welche Religion die wahre ist«, kann ich kühn antworten: »die meine«, solange ich und der Fragesteller uns dessen bewusst sind, dass ich in der Sprache eines Liebesbekenntnisses antworte. Ein Kind, das auf die Frage, welche Mutter die beste ist, oder ein liebender Ehemann, der auf die Frage, welche Frau die schönste ist, »*die meine*« antworten, sagen die Wahrheit: Sie sprechen eine tiefe Wahrheit in der Form der Liebe aus – sie offenbaren die Liebe als die Wahrheit des Lebens. Ein Kind, das auf eine ähnliche Frage antworten würde: »Alle Mütter sind gleich«, oder ein Ehemann, der sagen würde: »Jede Frau hat etwas Schönes an sich«, sind der »objektiven Wahrheit« vielleicht näher, aber ehrlich gesagt: Das wären ein komisches Kind und ein komischer liebender Ehemann! Manchmal ist es notwendig, in der Sprache der Liebe zu sprechen und in der Sprache des Glaubens- und Liebesbekenntnisses. Vielleicht würden viele Glaubensartikel, mit denen Menschen Schwierigkeiten haben, weil sie sie als wissenschaftliche Theorien auffassen, wieder aufleben und uns tief ansprechen, wenn wir es ihnen ermöglichen würden, aus der metaphysischen Versteinerung wieder in der Gestalt eines glühenden Ausrufes lebendig zu werden, der aus einem vor Liebe überquellenden Herz kommt. Wenn wir das Bekenntnis der Einzigartigkeit Christi aus dem Mund Maria Magdalenas oder aus dem Mund von Petrus hören, dem die Sünde des Leugnens verziehen wurde, ist das durchaus etwas anderes, als wenn wir diese Wahrheit als eine Schuldefinition lesen, die mit den Wundern Jesu und mit den Prophezeiungen der Propheten bewiesen wurde. Schon Pascal verteidigte die Pluralität der verschiedenen »Ordnungen« des Zugangs zu der Wirklichkeit – er unterschied die Ordnung der Liebe, die Ordnung des Geistes und die Ordnung der Körper – und behauptete, dass sie eine unterschiedliche Kompetenz haben; religiöse Aussagen gehören ihm zufolge in die Ordnung der Liebe und sind nur in der »Logik des Herzens« verständlich, nicht aber in der »Logik der Vernunft«.

WAS OHNE BEBEN IST, HAT KEINE FESTIGKEIT

Ich kann als Christ felsenfest von der Fülle und Echtheit der in der Offenbarung gegenwärtigen Wahrheit überzeugt sein, die durch Christus in der Geschichte anwesend ist. Ich kann von der göttlichen Inspiration der Schrift und von der Assistenz des Heiligen Geistes bei der Formulierung und Verkündigung der verbindlichen Glaubensartikel und bei der Tätigkeit des kirchlichen Lehramtes überzeugt sein. Trotzdem kann ich anerkennen – und mich dabei auf die offizielle Lehre der katholischen Kirche stützen –, dass zumindest die Form, mit der die Kirche diese Lehre vorlegt (einschließlich des so grundsätzlichen Mediums, das die Sprache ist, die Art der Formulierung, der benutzten Ausdrücke und des gesamten Stils), geschichtlich und kulturell bedingt und wandelbar ist. Der hermeneutische Zugang, die Kunst, den Text in dem entsprechenden Kontext zu interpretieren, unterscheidet dabei eine solide Theologie vom Fundamentalismus und von einem in die Irre führenden Dilettantismus.

WAS OHNE BEBEN IST, HAT KEINE FESTIGKEIT

Die Religion ist, ähnlich wie die Sprache, nicht »nur ein Werkzeug«. Die Versuche, mit der Religion wie mit einem Werkzeug umzugehen, sind immer schlecht ausgegangen. Damit meine ich nicht nur den politischen Missbrauch der Religion. Auch gut gemeinte aufklärerische Versuche, die Religion kulturell und pädagogisch als ein Werkzeug zur moralischen Veredelung des Volkes zu benutzen, führten immer zu einer Kastration der Religion. Auch in den zeitgenössischen Bemühungen um einen interreligiösen Dialog sollten wir uns ab und zu die Frage stellen, ob wir uns nicht zu sehr nur auf die Funktion der Religion bei der Regulierung der internationalen Beziehungen fokussieren. Es ist sicher nützlich, den gesellschaftlichen und kulturellen Kontext der Religion und deren politische Rolle zu beachten, aber wir sollten nicht die Frage außer Acht lassen, was wir eigentlich meinen, wenn wir von Religion und von den Religionen sprechen.

WAS OHNE BEBEN IST, HAT KEINE FESTIGKEIT

Die Vorstellung von Religion und die Kategorien, mit denen wir »andere Religionen« wahrnehmen und beschreiben, sind im 17. und 18. Jahrhundert aus Überlegungen heraus entstanden, die unbestritten edel motiviert waren, aber mehr noch aus der Naivität und aus den kulturellen Vorurteilen der damaligen Zeit. Die Vorstellung, dass »Religion« als eine allgemeine Kategorie (*genus*) existiert und dass es möglich ist, in sie (wie *species*) sowohl verschiedene Varianten des Christentums als auch eine Reihe von Erscheinungen der geistlichen Kultur einzubeziehen, mit der sich Europa bei der Entdeckung der neuen Kontinente konfrontiert sah, ist typisch für die rationalistische Leidenschaft, die Wirklichkeit zu klassifizieren und sie den Kapazitäten unserer Museen und Galerien unterzuordnen. Vornehme anglikanische Gentlemen aus Cambridge konnten hier an das Gefühl des Überdrusses anknüpfen, das viele europäische Intellektuelle aufgrund der zerstrittenen und kriegführenden Formen des »real existierenden Christentums« schon lange hatten, und sind ihrer Bemühung entgegengekommen, einen »dritten Strom« jenseits der existierenden Denominationen zu schaffen. Sie halfen ihnen dabei, eine »natürliche Religion« zu konstruieren – eine vernünftige, moralische und tolerante, von der sie aus unbekannten Gründen vermuteten, dass sie in etwa dem frühen Christentum entspreche und dass sie gleichzeitig die Wiege und die ursprüngliche Gestalt aller Religionen gewesen sei, bevor sie der Aberglaube des Volkes und die habgierigen Absichten priesterlicher Betrüger verdorben hätten. Die religiöse Pluralität und Diversität wurde als ein Übel begriffen – kein Wunder, weil sie vor allem in der Zeit religiöser Kriege erfahren wurden, die Europa verwüsteten – und das ersehnte Ziel bestand darin, die ursprüngliche Gestalt der »natürlichen Religion« zu erneuern. Es war ein mächtiger Mythos, der bis heute noch in der erweiterten Phrase überlebt hat, »dass alle Religionen in ihrem Kern gleich« seien.

WAS OHNE BEBEN IST, HAT KEINE FESTIGKEIT

Heute können wir verantwortet sagen, dass die Vorstellung einer ursprünglichen, »natürlichen« Religion reine Fiktion ist, die aber in der Geschichte immer wieder auftrat; die Welt der Religionen und der Kulturen war immer, ist und wird wahrscheinlich bis zum Ende der Welt pluralistisch, bunt und vielgestaltig sein. Alle Versuche, sie auf einen »gemeinsamen Nenner« zu bringen, werden immer damit bezahlt, dass etwas Wichtiges beim Blick auf die Religion verloren geht, das davon überschattet wird, was für den Forscher und seine Zeit gerade aktuell ist. Falls wir die Tatsache akzeptieren, dass die Religionswissenschaft – wie jede Wissenschaft – ein Strom von Hypothesen ist und uns kein endgültiges, »wissenschaftliches und damit wahres« Urteil bieten kann, muss uns diese Tatsache nicht allzu nervös machen. Nur müssen wir uns die Frage stellen, ob nicht auch in der Religionswissenschaft, ähnlich wie in vielen anderen Wissenschaften, die Zeit reif wäre für einen radikalen Paradigmenwechsel.

WAS OHNE BEBEN IST, HAT KEINE FESTIGKEIT

Die aufklärerische Sicht auf die Religion deformierte nicht nur das Christentum, sondern prägte – viel schicksalhafter – unsere Wahrnehmung der außereuropäischen geistlichen

Wege. Sowohl christliche Missionare als auch aufklärerische Philosophen sind von der Voraussetzung ausgegangen, dass das Christentum, wenn es bisher eine derart bedeutende Rolle in der europäischen Kultur spielte, »etwas ähnliches« auch in den Kulturen anderer Nationen sein müsse, in denen das Christentum unbekannt war. Aufgrund dieser zweifelhaften Voraussetzung begannen sie, Teilinformationen über das Denken, über die Rituale und die Autoritäten außereuropäischer Nationen zu klassifizieren, sodass ihnen davon ein Bild entstand, das sie in ihrer Zeit vom Christentum hatten: Sie schufen ein »System« der Lehre, der Zeremonien, der Institutionen, der Dogmen und des Priestertums. So entstanden die »-Ismen«, die wir heute nicht nur in allen Schulen der westlichen Kultur erlernen. Uns gelang es in beträchtlichem Maße darüber hinaus, auch Menschen aus außereuropäischen Kulturen die Existenz dieser -Ismen zu suggerieren. So sind aufgrund dieser Denkmodelle Kategorien wie »Buddhismus«, »Hinduismus«, »Shintoismus« – aber auch »Theismus«, »Polytheismus« oder »Pantheismus« entstanden.

WAS OHNE BEBEN IST, HAT KEINE FESTIGKEIT

Eine Reihe von Theologen sowie offizieller kirchlicher Dokumente verbinden einigermaßen halsbrecherisch die Tatsache der offensichtlich unüberwindlichen religiösen Pluralität mit der »geheimnisvollen Zugehörigkeit aller Menschen zur Kirche«. Aus der Sicht der Kirche sind Bemühungen, die Einzigartigkeit und Unersetzlichkeit Christi und seiner Kirche angesichts des stark werdenden Bewusstseins der Pluralität der Religionen zu verteidigen, völlig legitim. Wenn wir uns jedoch in das Denken der anderen hineinversetzen, die diese Voraussetzung des christlichen Glaubens nicht teilen, brauchen wir uns nicht zu wundern, dass ihnen

Ethik des Dialogs

jene Worte von den »anonymen Christen« nicht als ein Ausdruck des Entgegenkommens erscheinen, sondern als ein Ausdruck von Arroganz und geistlichem Imperialismus.

WAS OHNE BEBEN IST, HAT KEINE FESTIGKEIT

Das gegenseitige Bereichern, Aufwiegen, Ergänzen der »Fragmente der Wahrheit« in den geschichtlich und kulturell bedingten Gestalten des Glaubens und Unglaubens zu suchen, ist keine Arbeit für einen Archäologen, der aufgefundene Scherben eines schon einmal angefertigten Gefäßes in aller Ruhe zusammensetzt. Es ist eher der Laborversuch eines Chemikers, aus dem eventuell etwas Unerwartetes, Neues hervorgehen kann; er sollte sich jedoch bewusst sein, dass er ab und zu auch mit explosiven Stoffen hantiert ...

THEATER FÜR ENGEL

Derjenige, der etwas von der Macht der Religion, der Sprache und der Symbole weiß, sollte auch verstaubte und scheinbar unschuldige religiöse Begriffe mit Warnaufschriften versehen, wie wir sie auf den Masten von Stromleitungen finden: »Berühren Sie nicht einmal die auf den Boden gefallenen Drähte!« Gerade dort, wo die Gewissheit herrscht, dass »Gott tot ist«, sind nämlich die verschiedensten Götzen und Dämonen sehr lebendig.

THEATER FÜR ENGEL

Gerade die moderne Welt, die die Religion unterschätzt (einschließlich ihrer potenziellen zerstörerischen Kräfte), spielt allzu leichtsinnig mit religiöser Rhetorik und mit religiösen Symbolen, besonders, wenn sie sie »nur als Metapher« in politischen Auseinandersetzungen benutzt.

THEATER FÜR ENGEL

Dort, wo die Menschen beginnen, in den politischen Auseinandersetzungen und in den Meinungsstreitigkeiten eine religiöse Rhetorik zu benutzen, wo sie in ihren Gegnern Dämonen (den Großen Satan, das Reich des Bösen usw.) sehen und damit häufig ihre eigenen Dämonen, »Schatten«, uneingestandene negative Eigenschaften loslassen und auf die Gegner projizieren – droht die Gefahr, dass das Aufeinanderprallen der Meinungen in tatsächliche verheerende Konflikte ausarten kann.

THEATER FÜR ENGEL

Religiöse Unverträglichkeit ist oft die Frucht eines verborgenen Neides gegenüber den anderen, »denen außerhalb«, – eines Neides, der aus einem verbitterten Herzen von Menschen hervorgeht, die nicht bereit sind, sich das Gefühl einer tiefen Unzufriedenheit mit dem eigenen geistlichen Zuhause einzugestehen. Sie haben nicht die Kraft, es weder zu verändern noch zu verlassen – und deshalb klammern sie sich daran mit einer verzweifelten Krampfhaftigkeit und bemühen sich, alles von der Bühne zu räumen, das sie an mögliche Alternativen erinnern würde. Ihre eigenen, nicht eingestandenen und nicht gelösten Zweifel projizieren sie auf die andren – und dort kämpfen sie mit ihnen.

NACHTGEDANKEN EINES BEICHTVATERS

Viele, die in der Kirchengeschichte nach Toleranz gerufen haben, haben sich mit Recht auf das wichtige Gleichnis Jesu vom Unkraut und dem Weizen berufen. Es ist eine Aufforderung zur eschatologischen Geduld: Wer auf die Zeit der »Ernte« warten kann, wird nicht in der naiven Bemühung um die Reinheit des göttlichen Feldes zusammen mit dem Unkraut auch den Weizen herausreißen.

Ethik des Dialogs

Jesus warnte seine Apostel davor, dass sie der eschatologischen Aufgabe der Engel nicht vorgreifen sollten. Die Bemühung, die Rolle der Engel des Jüngsten Gerichtes einnehmen und seine Nächsten allzu schnell in Gute und Böse einteilen zu wollen, macht aus Menschen Engel der Finsternis. Der Zelotismus der Revolutionäre, der Inquisitoren und der religiösen Terroristen ist eine Sünde gegen alle drei »göttliche Tugenden«: gegen die Hoffnung, den Glauben und die Liebe.

(IN)TOLERANZ AUS DER PERSPEKTIVE EINES THEOLOGEN UND
RELIGIONSWISSENSCHAFTLERS

Der religiöse Eifer für die Wahrheit und die leidenschaftliche Hingabe an die Berufung, ihr Reich zu vergrößern, haben nicht selten zu Gewalt geführt. Der Ausweg aus dem Labyrinth der Geschichte der Gewalt ist jedoch nicht darin zu finden, auf die Leidenschaft für die Wahrheit zu verzichten. Noch viele weniger sollte auf den Anspruch verzichtet werden, dass der eigene Glaube die Wahrheit beinhaltet und sich auf das Ganze der Wahrheit bezieht. Vielmehr sollte die Versuchung, *die Wahrheit mit Gewalt zu verbreiten*, konsequent abgelehnt werden.

DURCHDRINGEN DER WELTEN

Das Durchdringen der Welt der Menschen, die sich für Gläubige halten, und der Welt derer, die sich Ungläubige nennen (oder genannt werden), ist sicher eine Chance: Menschen, die früher als geschlossene und scharf getrennte Reihen und Formationen wahrgenommen wurden, können sich heute besser verstehen und auf ihre Art und Weise an der Erfahrung des jeweils anderen partizipieren. Aber es besteht hier auch ein Risiko, nämlich dass Menschen ihre eigenen Überzeugungen nicht ernst genug nehmen und nicht tiefgründig genug auffassen, mit ihnen unverbindlich experimentieren und sie leichtfertig aufgeben.

THEATER FÜR ENGEL

Zwei beunruhigende Strömungen, der christliche Fundamentalismus und der militante Säkularismus, provozieren sich heute gegenseitig und stärken sich dadurch: Einer legitimiert die Existenz des anderen, und damit halten sie sich nicht nur gegenseitig am Leben, sondern radikalisieren sich durch ununterbrochene Konflikte. Auch wenn beide die Notwendigkeit des Ausmerzens des anderen proklamieren, brauchen sie sich notwendigerweise gegenseitig: Extremisten sind nicht in der Lage, ohne einen Feind zu leben.

THEATER FÜR ENGEL

Es graut mir vor dem Hochmut des Glaubens, der die Stimme der kritischen Vernunft ignoriert, genauso wie vor dem Hochmut der säkularen Vernunft, der die geistliche und moralische Berufung des Glaubens verachtet. Ich sehe in diesen beiden Verblendungen und Einseitigkeiten, die sich, voneinander abgerissen, gegenseitig anfallen, provozieren und dabei nicht sehen, wie erschreckend sie sich gegenseitig ähneln – das ist die größte, wirklich akute Gefahr für unsere Welt.

THEATER FÜR ENGEL

In der Zeit des Kommunismus ging bei uns ein russischer politischer Witz um, der von einem Juden handelte, der aus der Sowjetunion auswandern wollte. Auf die Frage des Polizisten, wohin er eigentlich auszuwandern beabsichtige, verlangte er zunächst *einen* Globus, drehte ihn lange und fragte dann: Hätten sie nicht *einen* anderen Globus? – Genauso stellt sich die Situation auch für uns dar: Wir haben

Ethik des Dialogs

keinen anderen Globus. Wir haben keine andere vernünftige Alternative als zu lernen, in einem vielfach verbundenen Raum verantwortlich zusammen zu leben.

ANGEBETET UND NICHT ANGEBETET

12 Die Kirche

Wenn ich einer von evangelischer Armut geprägten Kirche begegnen würde, voll von Demut und Heiligkeit aller ihrer Glieder, niemandem auch nur einen Anlass zur Empörung bietend, ja, jene schöne Braut, »die heilige, berühmte, makellose Kirche« (vgl. Eph 5,27), von der wir in der Schrift lesen, würde ich zugeben, dass sich dieses Mal die höllischen Maskenbildner noch mehr bemüht hätten. »Wo sind deine Wunden?«, würde ich fragen; wo sind all die Zeichen unserer menschlichen Schwäche, Sündigkeit und Kleingläubigkeit, wo ist die beständig verstaubte und schlammige Erde unseres Menschseins, in die Gott den Samen seines Wortes legte und aus der er den Menschen formte; wo ist die ewig unreine und unaufgeräumte Erde, auf die er sein Wort sandte und *Fleisch werden* ließ, seinen Sohn, und aus der also auch Sein *mystischer Leib* geformt ist, die Kirche – Menschen wie wir? Ist nicht vielleicht auch *die Geduld* ein wesentlicher Bestandteil der Treue, die zu halten wir Christus und seiner Verlobten, der Kirche, gegenüber verpflichtet sind? Gibt sie uns nicht die Kraft, allen illusorischen Versprechungen zu widerstehen, dass wir »die heilige, berühmte, makellose Kirche« schon jetzt und hier erblicken und erleben werden – und nicht, wie uns verheißen wurde, erst am Ende der Zeiten? So wie die Göttlichkeit des Sohnes in seinem Kreuz verborgen ist und die Göttlichkeit des Vaters sich auch im finsteren Schweigen des Karfreitags verbergen kann, so wird die Authentizität der Kirche Gottes bis an die Schwelle zur Ewigkeit in den Ambivalenzen unseres Menschseins verborgen sein, immer wird es hier eine menschliche Kirche geben – fast *zu menschlich* und manchmal auch unmenschlich, so wie die Menschen unmenschlich sein können –, immer wird es hier *die verwundete und die verwundende Kirche* geben.

BERÜHRE DIE WUNDEN

Die wahrhaftige Kirche Christi, aus Menschen wie uns gebildet und mitten in einer Welt, die voll ist von Menschen wie uns, wird jedoch immer auf irgendeine Weise verwundet werden und wird selbst verwunden – und gerade an dieser *zweifachen Art* der Wunden ist es möglich, sie von der Hure Babylon aus der Apokalypse zu unterscheiden, die raffiniert in schickem Purpur und Scharlach gekleidet, mit Perlen, Schminke und mit den Parfüms einer scheinbaren Vollkommenheit aus dem Modesalon »*Satan und Söhne*« geschmückt ist. Sind die Wunden, mit denen die Kirche verwundet und gleichzeitig verwundet wird, nicht häufig dieselben Wunden?

BERÜHRE DIE WUNDEN

Wenn sich der Mensch bewusst ist, dass sein Erleben des Glaubens immer von seinen subjektiven Gegebenheiten gefärbt ist und dass sein Blick immer von seiner bestimmten Perspektive ausgeht (der Perspektivismus ist ein sehr wichtiges Prinzip in der Philosophie und in der Theologie und heute in allen Wissenschaften überhaupt), dann sollte er sich auch bewusst werden, dass gerade darin der Grund liegt, warum er für seinen Glauben die Gemeinschaft der Kirche braucht. Jene bildet den großen Kontext, unser individueller Radius bleibt dagegen immer nur fragmentarisch.

VERSÖHNTE VERSCHIEDENHEIT

Die Kirche interpretiert sich selbst als das »Sakrament der Einheit der gesamten Menschheit«. Sie symbolisiert diese

Einheit, auf die sie sich in der Sehnsucht, in der Hoffnung und im Glauben als auf eine »eschatologische Wirklichkeit« bezieht, also auf etwas, das erst in der Ewigkeit vollendet wird. Sie bietet keine Vision einer uniformen und eintönigen Einheit auf dieser Welt, keine Utopie eines Paradieses auf Erden. Sie ist für alle offen, aber sie erwartet nicht, dass sich ihre Strukturen hier auf Erden in den Tempel verwandeln, der alle umfasst – gesetzt den Fall, dass wir diejenigen außer Acht lassen, die den Grundsatz der »eschatologischen Differenz« vergessen und auf häretische Weise die Ewigkeit mit der Geschichte und den Himmel mit der Erde verwechseln. Auch im größten missionarischen Eifer sollte sich der Katholik bewusst sein, dass die irdischen Strukturen der Kirche immer ein nicht fertiggestelltes Gebäude bleiben werden, das nicht durch kirchliche Erfolge vollendet werden wird, sondern erst durch den Herrn bei seiner »zweiten Ankunft« am Ende der Zeiten.

WAS OHNE BEBEN IST, HAT KEINE FESTIGKEIT

Kein Christ und kein Theologe kann selbst bei bestem Willen und mit fleißigstem Studium die gesamte Weisheit der Kirche und das Ganze der Tradition erfassen. Ich halte es für wichtig, zu betonen, dass auch in der kirchlichen Tradition eine beträchtliche Pluralität existiert und ich deshalb nicht einfach so tun kann, als könne ich ihrer Gesamtheit ganz gerecht werden. Ich bin schlicht und einfach eine Stimme, ein Instrument, das jedoch ein ganzes Symphonieorchester voraussetzt: die Tradition der Kirche und die Traditionen der verschiedensten spirituellen und theologischen Schulen. Gerade deshalb halte ich es für unheimlich wichtig, dass sich der Mensch aus der Gemeinschaft der Kirche und aus dem Strom der Tradition nicht ausschließt.

VERSÖHNTE VERSCHIEDENHEIT

Die Kirche

Kann man die Kirche gleicherweise als Bestandteil der Welt und der Geschichte sehen, wenn auch als eine in der Welt »nicht vollendete«, für die eschatologische Zukunft offene Kirche? Sie ähnelte damit der irdischen Geschichte Jesu, die an ihrem Ende für die eschatologische Vollendung (wie das »leere Grab«) offen bleibt, sprich: für das Geheimnis der Auferstehung und der *parousia* (für die »zweite Ankunft Christi«).

NACHTGEDANKEN EINES BEICHTVATERS

Zur Katholizität gehören die Empfänglichkeit und die Offenheit gegenüber all dem Guten, was auf dem Baum des Christentums auf dessen verschiedensten Zweigen gereift ist. Ich propagiere damit nicht irgendein »überkonfessionelles Christentum«; denn ein künstliches »Esperanto« in der Religion ist mir völlig fremd. Ich denke, dass es gut ist, zu wissen, in welcher kirchlichen Tradition der Mensch sein Zuhause und seine Wurzeln hat, und faktische Unterschiede nicht zu überspringen oder zu ignorieren. Nichtsdestotrotz sind wir von Christus zur Liebe untereinander, unter seinen Jüngern, aufgefordert, und zu dieser Liebe gehört ebenfalls der »Austausch von Geschenken«.

VERSÖHNTE VERSCHIEDENHEIT

Der Kampf um die Katholizität der Kirche ist auch ein Kampf um ihre Offenheit und um ihr Verständnis für »diejenigen, die nicht mit uns gehen« – von den »schlechten Katholiken« auf den Fluren der kirchlichen Praxis über die »Dissidenten« von rechts und von links, über schwer einzuordnende ununterbrochene religiöse Sucher, über Menschen vom Typ eines Nikodemus, die nur in der Nacht mit uns gehen, bis hin zu »anonymen Christen« und »Sympathisanten«, also denjenigen, die sich selbst nicht für

Christen halten, denen wir jedoch jene »kleinen Samen des Logos« nicht abstreiten können, die gemäß der alten Tradition der Kirche in die Herzen aller ausgesät sind, die ehrlich die Wahrheit suchen.

Es ist sicher legitim und wichtig, dass sich die Kirche um die Aufrechterhaltung der Kontinuität der Tradition bemüht, um die Belebung eines »festen Kernes« sowie um die klassische Mission. Wenn sie ihre Identität verlieren oder wenn diese bis zur Unkenntlichkeit zerrieben würde, jene Identität, die in Tausenden von Jahren gebildet wurde, hätte sie gerade diesen Menschen am Rande und »hinter den Mauern« nichts zu bieten. Aber damit die Kirche Kirche bleibt und sich nicht in eine Sekte verwandelt, muss sie wie der Planet Saturn auch ihre »äußeren Ringe« bewahren. Ein beredsames Symbol dafür ist die Vatikanische Basilika des heiligen Petrus, die – wenn wir die Absicht der Architekten richtig verstehen – nicht nur aus dem inneren Kirchenraum besteht, sondern auch aus dem von der offenen Kolonnade gesäumten Platz, über den ununterbrochen Menschenmassen strömen, die sich meistens gar nicht dessen bewusst sind, dass sie gleichzeitig draußen und »drinnen« sind.

ANGEBETET UND NICHT ANGEBETET

Einer der Hauptgründe, warum ich als mein geistliches Zuhause die katholische Kirche gewählt habe, besteht in dem, was Josef Zvěřina immer wieder betont hat: Das Hauptprinzip des Katholizismus ist »nicht nur, sondern auch« – nicht nur die Freiheit, sondern auch die Gnade; nicht nur die Gnade, sondern auch der freie Wille; nicht nur Gott, sondern auch der Mensch; nicht nur der Mensch, sondern auch Gott. Mich faszinierte die Kirchengeschichte, jenes Drama des Zusammenpralls der Gegensätze, aus denen die

Dogmen wie Funken schlugen. Ich liebte die Dogmen, als ich über sie im Kontext der Streitigkeiten nachgedacht habe, aus denen sie entstanden sind. Sie kamen mir wie Lavastücke vor, die noch leuchteten und glühten wegen der Bewegung des in der Geschichte herrschenden Geistes, aus dem sie geboren wurden.

WAS OHNE BEBEN IST, HAT KEINE FESTIGKEIT

Auch wenn ich tief in der katholischen Tradition verankert bin, betone ich den Unterschied zwischen der Katholizität und dem Katholizismus. Die Katholizität begreife ich als die weit geöffneten Arme des Christentums, die Universalität des Christentums, die wirkliche Allgemeinheit der Kirche: Ich glaube an die eine, heilige, allgemeine (katholische) und apostolische Kirche. Diese Katholizität steht vor uns Christen – einschließlich uns Katholiken – vor allem als Aufgabe. Sie ist ein Wert, um den wir uns stets bemühen müssen, den wir stets pflegen müssen. Sie ist der Gegenstand des Glaubens und der Hoffnung, der erst *in eschato* zu seiner vollkommenen Vollendung gelangen wird, wenn »Gott alles in allem sein wird«. Dann wird auch endgültig die Verheißung Christi in Erfüllung gehen, dass es eine Herde und einen Hirten geben wird. Momentan befinden wir uns auf dem Weg dorthin und wir müssen lernen, uns in Liebe und in Geduld zu ertragen, nicht nur in unserer gegenseitigen Unterschiedlichkeit, sondern auch in unserer und der anderen Unvollkommenheit. Auf diesem Weg müssen wir uns jedoch ununterbrochen bemühen, die verletzenden Hindernisse und Vorurteile zu beseitigen.

VERSÖHNTE VERSCHIEDENHEIT

An der katholischen Kirche habe ich immer ihre innere Pluralität und ihren Reichtum geschätzt. Das Studium der Geschichte des Christentums, das mich schon von Anfang an interessierte, führte mich zur Erkenntnis, dass die Vorstellung, dass die Christen der ersten Generationen und der ersten Jahrhunderte eine einheitliche Kirche wie aus einem Guss bildeten, eine Illusion darstellt. Die aus der Apostelgeschichte bekannte Erzählung von der Jerusalemer Urgemeinde, dass alle »ein Herz und eine Seele« waren, darf man nicht allzu wörtlich nehmen und man kann sie sicherlich nicht verallgemeinern. Offensichtlich gab es schon seit den apostolischen Anfängen in der Kirche erhebliche Unterschiede, und es existierte nie eine uniforme Kirche. Das Christentum der ersten Generationen war vielleicht sogar bunter als das Christentum der Moderne.

VERSÖHNTE VERSCHIEDENHEIT

Die Heiligenverehrung ist für mich ein wichtiger Glaubensartikel, weil in ihr ein fleischgewordener Glaube sichtbar wird, ein »Christentum mit vielen menschlichen Gesichtern«. Gerade in der Heiligenverehrung wird die Pluralität des Christentums offensichtlich. Denn wir haben Heilige, die zu den Gelehrten und den größten Genies der Menschheit gehören, wie Augustinus oder Thomas von Aquin, aber auch ganz einfache Menschen. Es gibt unter ihnen sowohl Kinder als auch Greise, Könige sowie Bettler, Menschen verschiedener Nationen und Rassen, verschiedener Phasen der Geschichte und Menschen verschiedenster Charaktere. Nichts lässt wohl die Pluralität, den inneren Reichtum und die Buntheit der Kirche und des Christentums so deutlich werden – und das ist etwas, auf das man stets hinweisen sollte, weil nur ein plurales Christentum eine plurale Gesellschaft ansprechen kann.

VERSÖHNTE VERSCHIEDENHEIT

Die Kirche

Gott schafft stets Originale, keine »Serienprodukte«! Schauen wir uns die Originalität der Heiligen an! Als würde jeder von ihnen aus dem Schatz Christi, aus dem Schatz des Glaubens und der Kirche etwas anderes heraustragen, was es hier noch nicht gab – und doch wurden sie nicht zu Gründern neuer Religionen (auch wenn Menschen wie Benedikt von Nursia, Franziskus von Assisi, Dominikus oder Ignatius von Loyola es durchaus »drauf gehabt hätten«), sondern sie machen aus sich »nur« originale *Interpreten Christi*. Übrigens kommen authentische Christen uns oft viel origineller und schöpferischer vor als diejenigen, die sich bemühen, eine neue Religion, eventuell ein »religiöses Esperanto« zu gründen.

VERSÖHNTE VERSCHIEDENHEIT

Für uns, die in der Zeit des Kommunismus konvertierten, stellte die Kirche ein sehr wichtiges Motiv dar, weil wir ihr in der Gestalt einer armen, verfolgten Kirche begegneten, in der Gestalt einer Gemeinschaft junger Menschen, die häufig einem großen Risiko ausgesetzt waren, und häufig vermittelt durch Priester, die damals erst vor Kurzem aus einer langjährigen Haft entlassen worden waren – und diese Gestalt der Kirche war für uns außergewöhnlich glaubhaft. Viele von uns haben sich gesagt, dass es wohl wahr sein müsse, wenn etwas behauptet wird von einer Kirche, die so viele Prüfungen durchging und sich vom totalitären Regime (zumindest in den Formen, die wir kennengelernt hatten) weder verschlingen noch zähmen ließ. Die Glaubwürdigkeit der Kirche war für uns etwas, das uns auf den Glauben hinwies und die Gewähr für die Wahrhaftigkeit der Botschaft war, die die Kirche verkündete.

Heute höre ich von den jungen Menschen oft: Ja, der Glaube ist eine wunderbare Sache, und wenn es ohne die

Kirche nicht geht, dann halten wir das auch irgendwie aus. Für viele ist heute die Kirche, wie sie sie um sich herum erleben, eher ein Hindernis auf diesem Weg als eine Hilfe. Das ist eine schon ein gewisser Unterschied.

VERSÖHNTE VERSCHIEDENHEIT

Ich bin überzeugt davon, dass die katholische Kirche in ihrer theologischen, spirituellen und liturgischen Tradition über einen enormen Reichtum verfügt, den jedoch viele von denen, die ihn weitergeben sollten, selbst nicht gründlich genug kennen und daher nicht in der Lage sind, ihn glaubwürdig zu vermitteln. Deshalb wundert mich die gegenwärtig zu beobachtende Distanz vieler Menschen von der heutigen institutionellen Gestalt der Kirche nicht so sehr. Aber gleichzeitig »habe ich Mitleid mit diesen Menschen«, ja es tut mir unheimlich leid, dass so viele Menschen die Kirche verlassen oder an ihrem Rand leben, dass sie nicht aus ihrem geistlichen Reichtum schöpfen können. Diese sehen nur das Elend und die Armseligkeit der Kirche (manchmal real, manchmal durch das mediale Bild verzerrt), aber sie sehen nicht ihre Schätze.

VERSÖHNTE VERSCHIEDENHEIT

Benedikt XVI. schlug vor, dass die Kirche nach dem Vorbild des Tempels von Jerusalem einen »Vorhof der Heiden« eröffnen solle – oder genauer einen »Vorhof für die Völker« –, wo auch diejenigen, die den christlichen Glauben an Gott nicht vollständig teilen, sondern für die Gott eher ein »unbekannter Gott« ist, zu diesem »unbekannten Gott« beten könnten, und dadurch trotzdem eine bestimmte Teilnahme daran haben könnten, was »im Inneren des Heiligtums« geschieht. Dieser Gedanke erinnerte mich an meine eigenen Metaphern – an die Aufgabe, »Zachäus« anzusprechen oder sich die Kirche vorzustellen wie die Basilika des heiligen Petrus im Vatikan, zu der nicht nur das Innere dieses großen Heiligtums gehört, sondern auch der Platz davor mit den offenen Armen der Kolonnaden Berninis.

Verrät jedoch diese Metapher nicht einen bestimmten Triumphalismus der Kirche? Ist die Kirche heute in einer Situation, in der sie es sich erlauben kann, solche Räume zu öffnen und zu bieten, oder ist jene erhabene »Tempelgestalt« der Kirche so sehr zerstört, dass uns von ihr – ähnlich wie vom Tempel in Jerusalem – nur eine »Klagemauer« übrig geblieben ist? Ist nicht der »Vorhang des Tempels« schon längst entzwei gerissen, weht der Geist Gottes nicht schon längst frei über alle Mauern hinweg, die die einzelnen »Höfe« trennen?

VERSÖHNTE VERSCHIEDENHEIT

Es scheint mir, dass die Kirche drei Gestalten besitzt – und wahrscheinlich immer besaß und diese auch weiterhin bewahren muss. Es muss in ihr sowohl für diejenigen einen Platz geben, die sich um das »Erbe der Väter« kümmern, als auch für diejenigen, die von der Neuheit des Lebens mit Christi ergriffen sind und die Freiheit vom Gesetz verteidigen, die der Sohn brachte. Aber dann ist es notwendig, dass es in ihr eine Offenheit für das Wehen des Geistes gibt, der »weht, wo er will«, der alle Grenzen überschreitet und es denjenigen, die »drinnen« sind, nicht erlaubt, dass sie sich darauf berufen, dass sie die einzigen legitimen »Kinder Abrahams« seien, denn gerade durch sein Wirken kann Gott aus Steinen Kinder Abrahams erwecken.

ANGEBETET UND NICHT ANGEBETET

Das Zweite Vatikanische Konzil erinnerte deutlich an den Unterschied zwischen der geschichtlichen Kirche und der »*ecclesia triumphans*«, es definierte die Kirche mit Hilfe des alttestamentlichen Bildes eines *wandernden Gottesvolkes* – und in einer ganzen Reihe von Reformen versuchte es, die Symbole und die Mentalität des Triumphalismus zu beseitigen. Als Großtat des symbolischen Abschieds vom Triumphalismus kann das öffentliche Bekenntnis der geschichtlichen Schuld der Kirche – das berühmte »*mea culpa*« Papst Johannes Pauls II. am Aschermittwoch des Jubiläumsjahres 2000 – gesehen werden. Sicher blieb diese Abwendung vom Triumphalismus in vieler Hinsicht eine »unvollendete Revolution«. Es scheint, dass auf die Theologen die größte Aufgabe im Bereich der Ekklesiologie wartet, respektive in der Verbindung der Ekklesiologie, der Lehre von der Kirche, mit der Pneumatologie, der Lehre vom Heiligen Geist. Über die Kirche reflektiert man heute nicht nur als dem »mystischen Leib Christi«, sondern auch als der »Ikone der Dreifaltigkeit« – und der Heilige Geist stellt dann jene Dynamik und Freiheit des göttlichen Wirkens dar, die weit über die sichtbaren, institutionellen Strukturen der Kirche hinausgeht. Mit *Katholizität* meine ich die Berufung der Kirche zur Allgemeinheit, zur Universalität, die in erster Reihe eine radikale Öffnung der Kirche gegenüber der *Fülle* der Offenbarung Gottes bedeutet und auch die pfingstlich weit geöffneten Arme für die Menschen aller Sprachen, Rassen, Nationen und Kulturen einschließt. Die Katholizität gehört zu jenen wesentlichen Attributen, die wir der Kirche im Glaubensbekenntnis zugestehen. Zusammen mit der Einheit, mit der Heiligkeit und mit der Apostolizität bildet sie ein grundsätzliches Charakteristikum der Kirche. Es ist jedoch notwendig, hinzuzufügen, dass die Katholizität, die Allgemeinheit – ähnlich wie die anderen komplementären Merkmale der Echtheit der Kirche, die Einheit, die Heiligkeit (und letztendlich auch die Apostolizität als die Treue zur apostolischen Lehre und zur Kontinuität des apostolischen Dienstes) – Wirklichkeiten von *eschatologischem* Charakter sind. Das bedeutet, dass sie in das Wesen der Kirche *in nuce, in statu nascendi,* als Keim, als Geschenk und als Aufgabe hineingelegt sind – als ein Geschehen, das wieder *erst in der eschatologischen Perspektive,* erst in Ewigkeit, in seiner Fülle zum Ausdruck kommen wird und seine Vollendung findet.

ANGEBETET UND NICHT ANGEBETET

So wie die Kirche während der ganzen Zeit ihres geschichtlichen Wanderns gleichzeitig heilig und sündhaft sein wird, so wird sich in ihr immer wieder die radikale Offenheit, die wir *Katholizität* nennen, vermischen mit Momenten, in der sie der Versuchung zur Abgeschlossenheit, zur Verengung aufgrund von Ängsten aller Art erliegt, in der sie der Versuchung zu einer übertriebenen Abhängigkeit und zum Festhalten an bestimmten Weisen des Denkens und des Sich-Ausdrückens erliegt. Auch wenn die Katholizität, die Einheit, die Heiligkeit und die Apostolizität während des »irdischen Wanderns« in den empirisch fassbaren Strukturen der Kirche nie in ihrer ganzen Fülle und ihrem ganzen Ruhm zum Ausdruck kommen werden, bleiben sie die Werte, die in der Kirche gepflegt, behütet, entwickelt und manchmal auch durchgekämpft werden müssen.

ANGEBETET UND NICHT ANGEBETET

Die Tendenz zur universalen Offenheit, zur *Katholizität,* muss ständig neu erweckt und mit einer prophetischen und reformerischen Bemühung vertieft werden – laut Augustinus ist die Kirche »*ecclesia semper reformanda*«. Es

ist also möglich, weder von einer »Rückkehr zur Katholizität« zu sprechen (weder die Kirche des Altertums vor der
Konstantinischen Wende noch die mittelalterliche Kirche
vor dem Eintritt in die Moderne und vor der Entstehung
des »Katholizismus« waren jenem eschatologischen Ziel
näher) noch von der »Verwirklichung der Katholizität«
(denn diese wird in ihrer Fülle erst zum Ausdruck kommen,
wenn »Gott alles in allem sein wird«), sondern von einer
ständigen Pflege und von einer verantwortlichen Sorge um
die Katholizität.

ANGEBETET UND NICHT ANGEBETET

Zur Katholizität gehört wesentlich die *Ökumene*, die öku-
menische Offenheit der Kirche – und zwar sowohl im theologischen Verständnis der Kirche als auch in ihrer Praxis.
Gerade die Betonung der Ökumene, einer der größten Bei-
träge des Zweiten Vatikanischen Konzils, ist einer der Zü-
ge, mit denen sich die »Katholizität« vom »Katholizismus«
unterscheidet; letzteren charakterisiert die Distanz zu den
anderen Christen. Ist es uns heutigen Katholiken schon ausreichend bewusst, dass wir für unsere Katholizität gerade
auch die Andersartigkeit unserer evangelischen und orthodoxen Brüder und Schwestern brauchen, dass wir uns von
den großen Geschenken des Geistes inspirieren lassen müssen, die Gott wiederum ihnen gab – genauso wie auch wir
unsere Identität und Tradition bewahren müssen (und sie
nicht billig in irgendeinem »ökumenischen Brei« auflösen
dürfen), damit auch wir bereichern können und auch ihnen
zur Erweiterung der »Katholizität« helfen können, zu der
sie sich zusammen mit uns bekennen, wenn sie das Glaubensbekenntnis beten?

ANGEBETET UND NICHT ANGEBETET

Zur »Sorge um die Katholizität« gehört auch die Offenheit für die *kleinen Samen des Logos*. Diese gilt es in allen geistlichen Strömungen und Kulturen geduldig zu suchen, mit denen die Menschen ihre Erfahrungen mit der Suche nach der Wahrheit und des Sinnes zum Ausdruck gebracht haben. Zur Allgemeinheit und zum universalen Reichtum der Kirche gehören sicher auch die Früchte jener Bemühung, die Hans Urs von Balthasar – unter Berufung auf die alttestamentarische Geschichte, die sich zu Beginn des Exodus abspielte – die »Beraubung der Ägypter« nannte. Er meinte damit die Bemühungen der Christen, sich das Wertvollste aus allen Kulturen anzueignen, die ihnen auf ihrem Weg durch die Geschichte begegneten und begegnen. Ja, zur »Inkulturation des Glaubens« und zum »Dialog des Glaubens mit den Kulturen der Nationen«, zu denen das Konzil aufgefordert hat, müssen auch die Verpflichtungen mit eingerechnet werden, die sich aus der Verantwortung für die Katholizität der Kirche ergeben.

ANGEBETET UND NICHT ANGEBETET

13 Glaube und Humor

Oft habe ich darüber nachgedacht, warum Menschen mit einem lebendigen und tiefen Glauben häufig einen großen Sinn für Humor haben, und im Gegenteil dazu Fanatiker oder verbitterte Skeptiker des Humors völlig unfähig sind. Ich bin überzeugt, dass das Geschenk des Humors nicht nur eine gewisse Indikation für die geistige, aber auch geistliche Gesundheit darstellt, sondern auch ein Indiz für einen wirklich gesunden, lebendigen Glauben ist. Der Humor hat mit dem Glauben vieles gemeinsam. Der Humor setzt, ähnlich wie der Glaube, eine bestimmte Fähigkeit der Obenansicht voraus, die Fähigkeit, manche Dinge mit Ironie zu betrachten, die wichtiger erscheinen wollen, als sie sind; die Fähigkeit, menschliche Götzen mit Ironie anzuschauen, ihren Hochmut zu demaskieren. Der Humor ist ein Instrument zum Niederreißen von Götzen. Und das ist ein wesentlicher Bestandteil des Glaubens an den einen Gott. Humor ist etwas, was in der tschechischen Tradition tief verwurzelt ist – oft war er die Waffe der Wehrlosen, die Macht der Machtlosen. Die Ironie und der Sarkasmus nahmen der vorgeblich heiligen Macht ihre Aura. Der Humor offenbarte, dass der »Kaiser nackt ist«, er sprach die verbotene und befreiende Wahrheit aus.

VERSÖHNTE VERSCHIEDENHEIT

Der Humor und der Glaube haben eines gemeinsam: dass es in ihrem Kern ein geheimnisvolles »Überspringen des Funkens« gibt. Der russische Physiker Vasilij Nalimov sprach von drei befreienden Empfindungswörtern: dem »oh« beim Ausdruck des Wunderns, dem »aha« beim Begreifen eines Problems, beim Finden eines Auswegs, und dem »haha« bei einem befreienden Lachen. Ich bin überzeugt davon, dass man auch während der Predigten Jesu alle diese drei Empfindungswörter hören konnte. Die Gleichnisse Jesu haben übrigens manchmal eine ähnliche Struktur wie eine jüdische Anekdote. Das Gleichnis wird – ähnlich wie der Witz – von demjenigen getötet, der versucht, es schulmeisterlich zu erklären. Es geht darum, dass der Funke des Begreifens überspringt, wie wenn man eine Anekdote erzählt. Über die Grenzen der Religionen hinweg existieren bestimmte Traditionen – z. B. das Franziskanische im Christentum, das Chassidische im Judentum und die Tradition des Zen im Buddhismus. Ihnen gemeinsam ist ihre Heiterkeit und die Tatsache, dass sie mit kurzen Geschichten arbeiten, die eigentlich einen anekdotischen Charakter besitzen. Mit anderen Worten: Der Humor befreit zur Wahrheit, macht fähig zu Einsicht und Obenansicht, er ist das fruchtbare Nass – und durch dieses alles stellt er eine Analogie zum Glauben dar. Im Glauben lässt uns Gott zumindest manchmal und wenigstens teilweise erblicken, wie Er selbst die Welt sieht – und uns in ihr. Dinge, die uns erschrecken könnten, relativiert er – wie die Schrift sagt. Er lacht über die Macht der Gottlosen, schaut amüsiert auf die grandiosen Türme des menschlichen Hochmutes herunter, die bis in den Himmel reichen und Ihn von Seinem Thron hinwegfegen wollten. Und ich wiederhole: Die Fähigkeit des Humors ist der Indikator dafür, dass die Religiosität eines Menschen gesund ist.

VERSÖHNTE VERSCHIEDENHEIT

Der Humor befreit und heilt, im körperlichen, seelischen sowie geistlichen Sinn; der Humor und die Menschen, die ihn verbreiten können, sind ein großer Ausdruck der Freigiebigkeit Gottes und seiner Liebe zu uns. Wenn bei dörflichen Begräbnissen die Blasmusik traurige Lieder spielt und auf dem Weg nach Hause, gleich hinter der Friedhofsmauer, fröhliche Töne anstimmt, so ist dies nicht Ausdruck von Unempfindsamkeit oder eines professionellen Zynismus. Für mich stellt es eher einen impliziten Glauben an die Auferstehung dar: daran, dass die Tragik und die Trauer, *wie sehr auch immer* sie in unserem Leben um sich greifen, nicht das letzte Wort haben werden und dürfen.

ZACHÄUS ANSPRECHEN

Das Lachen und die Fröhlichkeit, sofern es aufrichtige und liebevolle Ausdrucksweisen eines freien Herzens sind, sind Ausdruck der Zustimmung zum Leben und dadurch – mindestens implizit – auch zu Demjenigen, der es uns mit Freude geschenkt hat.

ZACHÄUS ANSPRECHEN

Es ist kein Zufall, dass Menschen mit einer gesunden Religiosität – im Unterschied zum bitteren Skeptizismus des Unglaubens und zum krampfhaften Fanatismus der Bigotterie oder der heuchlerischen und kreischenden Frömmelei – immer Menschen waren, die von Humor übergelaufen sind: von den chassidischen Rabbinen über die heiligen Franziskus von Assisi, Filip Neri oder Thomas Moore bis hin zu Chesterton oder Johannes XIII.

ZACHÄUS ANSPRECHEN

Hängt der Glaube von der Zustimmung zu den Dogmen ab?, fragen sie mich. Ja, das gehört dazu: Der Glaube ist nicht inhaltslos. Man kann ihn jedoch nicht auf die Weltanschauung und die Dogmen reduzieren. Besteht der Glaube in einem moralischen Verhalten? Ja, der Glaube muss im praktischen Leben seinen Ausdruck finden und hat seine ethischen Regeln. Man kann jedoch den Glauben nicht auf Moral, Verbote und Befehle reduzieren. Bedeutet die Religiosität vor allem regelmäßiges Gebet und den Kirchgang? Selbstverständlich artikuliert sich der lebendige Glaube im privaten sowie im gemeinsamen Gebet. Es ist natürlich, dass sich gläubige Menschen zu Vereinigungen zusammenschließen und sich versammeln, aber der Glaube ist nicht gleichzusetzen mit der Mitgliedschaft in einer religiösen Institution und besteht nicht nur im Vollziehen von Zeremonien. Das alles begleitet den Glauben – ähnlich wie der Humor drückt er sich in körperlichen und psychischen Äußerungen wie des Lachens aus, jedoch ist seine Grundlage jener geheimnisvolle Funke, der zwischen Gott und der Seele überspringt. Diesen Funken nennen wir *Gnade* – ich würde ihn mit dem Sinn für Humor in Beziehung setzen.

ZACHÄUS ANSPRECHEN

Dem Götzendienst verfällt derjenige, der etwas zu ernst nimmt, das einen solchen Ernst nicht verdient: Geld, Politik, Sexualität, Karriere, Macht – das alles hat sicher im Leben sein Gewicht. Aber wer diesem allen den letzten und den größten Ernst zuspricht, wer daraus einen Gott macht, wer sich darauf fixiert und sich daran bindet, der beginnt, ein Sklave zu sein. Wenn wir jedoch in der Lage sind, all dies zu verlachen, sind wir auf dem Weg zum Raum der Freiheit von den Götzen, dem Raum, den wir Glaube nennen.

ZACHÄUS ANSPRECHEN

Augustinus sagt, dass derjenige, der liebt – was auch immer der unmittelbare Gegenstand seiner Liebe sein mag –, dadurch schon unaufhaltsam auf dem Weg Gottes geht, weil *Gott die Liebe ist.* Und wenn der Mensch sich selbst frei überschreitet, sich vom »Geist der Schwere« befreit und das Gemüt in einem befreienden Lachen erhebt, richtet er dadurch nicht seine Seele aus zu jenen geheimnisvollen Höhen, durch die der wunderschöne Choral des göttlichen Lachens frei erschallt?

ZACHÄUS ANSPRECHEN

Textquellen

Für das vorliegende Buch wurden vom Autor Passagen aus den folgenden Büchern und Artikeln ausgewählt:

Titel, die in deutscher Übersetzung erschienen sind:

Nachtgedanken eines Beichtvaters. Glaube in Zeiten der Ungewissheit. Aus dem Tschechischen von Otfrid Pustejovsky, Freiburg, Verlag Herder 2012, 5. Auflage 2014.

Geduld mit Gott. Die Geschichte von Zachäus heute. Aus dem Tschechischen von Vratislav J. Slezák, Freiburg: Verlag Herder 2011, 8. Auflage 2016.

Berühre die Wunden. Über Leid, Vertrauen und die Kunst der Verwandlung. Aus dem Tschechischen von Markéta Barth, Freiburg: Verlag Herder 2013, 3. Auflage 2015.

Nicht ohne Hoffnung. Glaube im postoptimistischen Zeitalter. Aus dem Tschechischen von Markéta Barth, Freiburg, Verlag Herder 2014.

Ich will, dass du bist. Über den Gott der Liebe, Freiburg, Verlag Herder 2016.

zus. mit P. Anselm Grün: *Gott los werden?* Wenn Glaube und Unglaube sich umarmen, hsrg. v. Winfried Nonhoff, Münsterschwarzach, Vier-Türme-Verlag 2016.

Titel, die bislang nur im tschechischen Original vorliegen:

zus. mit Jan Jandourek: Ptal jsem se cest [*Ich befragte die Wege*], Praha, Portál 1997.

Co je bez chvění, není pevné [*Was ohne Beben ist, hat keine Festigkeit*], Praha, Nakladatelství Lidové noviny 2002.

Oslovit Zachea [*Zachäus ansprechen*], Praha, Nakladatelství Lidové noviny 2003.

Vzýván a nevzýván [*Angebetet und nicht angebetet*], Nakladatelství Lidové noviny, Praha 2004.

Prolínání světů [*Durchdringen der Welten*], Praha, Nakladatelství Lidové noviny 2006.

Divadlo pro anděly [*Theater für Engel*], Praha, Nakladatelství Lidové noviny 2010

zus. mit Tomasz Dostatni: Smířená různost [*Versöhnte Verschiedenheit*], Praha, Portál 2011.

Spiritualita pro naši dobu [*Spiritualität für unsere Zeit*], in: Universum, XXI, 2011/4, S. 26–29

Stichwortregister

Namenregister

Abraham 27, 68, 78, 104, 134, 181, 269
Adam 153, 210
Aquin, Thomas von 33, 36, 196, 266
Arendt, Hannah 118
Aristoteles 36
Assisi, Franziskus von 267, 276
Augustinus 58, 77, 107, 147, 165, 179, 181, 191, 221, 266, 271, 277
Ávila, Teresa von 194
Bach, Johann-Sebastian 220
Balthasar, Hans Urs von 112, 273
Barth, Karl 94
Benedikt XVI. 47, 119, 268
Bloch, Ernst 116
Bonaventura 57, 70
Bonhoeffer, Dietrich 40, 63, 94, 99
Buber, Martin 158
Canterbury, Anselm von 61, 70
Caputo, John 66
Chardin, Teilhard de 162
Chesterton, Gilbert Keith 113, 276
Cusanus, Nikolaus 104
David 111
Dawkins, Richard 97, 126f.
Dominik 267
Dostojewski, Fjodor Michailo-witsch 117, 140
Eliade, Mircea 116
Elija 78

Feuerbach, Ludwig 66, 77, 114–116
Frankl, George 118
Freud, Sigmund 66, 77, 115f., 118
Fromm, Erich 116
Gardavský, Vítězslav 120
Goliath 111
Hegel, Georg Wilhelm Fried-rich 97f.
Heidegger, Martin 94
Heine, Heinrich 58
Ijob 68, 74, 78, 127, 134, 152
Isaak 104
Jakob 78, 104, 120, 134f.
Jakobus, Apostel 11
Jaspers, Karl Theodor 118
Johannes, Apostel 179, 190
Johannes Paul II. 47, 119, 270
Johannes vom Kreuz 43, 46, 124, 221, 224
Johannes XIII. 276
Jonas, Hans 118
Jung, Carl Gustav 30, 54
Kafka, Franz 118
Kant, Immanuel 207
Kearney, Richard 10
Kierkegaard, Søren Aabye 94, 107, 121
Kushner, Lawrence 204
Laplace, Pierre-Simon 121, 127
Lévinas, Emmanuel 118, 233
Lisieux, Thérèse von 43, 132f., 175f., 216, 224
Loyola, Ignatius von 211, 267
Luther, Martin 98f., 223